（小学卷）

班会课，就是要解决问题

丁如许◎主编

長江出版傳媒 | 长江文艺出版社

图书在版编目（CIP）数据

班会课，就是要解决问题. 小学卷 / 丁如许主编
. -- 武汉 : 长江文艺出版社， 2022.1
（大教育书系）
ISBN 978-7-5702-2347-3

Ⅰ. ①班… Ⅱ. ①丁… Ⅲ. ①班会一教案（教育）一小学 Ⅳ. ①G625.5

中国版本图书馆 CIP 数据核字(2021)第 255338 号

班会课，就是要解决问题. 小学卷
BANHUIKE，JIUSHI YAO JIEJUE WENTI. XIAOXUEJUAN

责任编辑：马　蓓　　　　责任校对：毛　娟
封面设计：天行云翼　　　　责任印制：邱　莉　王光兴

出版：长江出版传媒　长江文艺出版社
地址：武汉市雄楚大街 268 号　　邮编：430070
发行：长江文艺出版社
http://www.cjlap.com
印刷：武汉市首壹印务有限公司

开本：720 毫米×970 毫米　1/16　印张：18　插页：1 页
版次：2022 年 1 月第 1 版　　2022 年 1 月第 1 次印刷
字数：280 千字

定价：42.00 元

做一本不一样的书

丁如许

2019年7月,《班会课,就是要解决问题》(初中卷)一书顺利出版,得到了一线班主任的欢迎。

本书的出版要将时间拉到2017年12月5日。那天,一封短信引起我的注意,网名"小蓓"的朋友告诉我:

非常高兴能联系上您,我关注您的班会课有段时间了,觉得很好。特别是现在的微班会,很灵活实用。我想,我们是否可以做一本不一样的新书。

"小蓓"原来是长江文艺出版社的编辑马蓓。作为读者,我对长江文艺出版社有所了解。长江文艺出版社这些年来非常注重教育类书籍的出版,"大教育书系"产品线异军突起,精心选题,用心编著,尽心创新,获得了市场的丰收,赢得了社会的好评。

于是,我们书信往来,不断交流,形成了这样的共识:要做一本不一样的书。

做一本不一样的书,内容上要有自己的特色。现在班会课的书已经有不少,我就主编了"魅力班会课系列丛书"。这套丛书由华东师范大学出版社出版,已出了11本,覆盖小学、初中、高中、中职校。现在内容上要有突破,我们要更注重问题的解决。《班会课,就是要解决问题》的书名明确地表达了我们的主张。摒弃"大、高、空",关注"小、低、实",紧扣学生实际,选题更接地气,是我们的出发点。

做一本不一样的书,体例上要有自己的特色。经过讨论,我们将书的体例定为教案,但这不足以形成特色,我们进一步细化为:在自己上课实践的基础上,经过认真地讨论修改,形成供自己供他人再上这节课时可使用的优秀教案。这有别于班会课纪实,班会课纪实虽是实录,但第一次实践时很多细节考虑不周，而上过的课可以给我们更多的思考；这也有别于课前的教案，教案如果没有经过课堂的检验，还只是纸上谈兵。更重要的是要“经过认真地讨论修改”，形成凝聚着集体智慧的优秀教案。

做一本不一样的书，格式上要有自己的特色。具体到一篇教案如何结构成篇，我们做了这样的设计：“问题的提出”，阐述为什么要上这节课，是对问题的分析；“目标的制定”，上课的目标既是实施的依据，也是评价的依据。目标要具体，小、实、可达成。目标也不宜多，一般不超过 3 个，这样便于聚焦。“课时的安排”，我们根据实际上课的时长，分成了 10 分钟、20 分钟、40 分钟三个时段（小学卷改为 35 分钟）。10 分钟是微班会，用时短暂，力求高效。40 分钟（或 35 分钟）是大班会（这是实践中老师们的创造性的提法，生动而形象），便于充分交流，深入展开。20 分钟则是介乎两者之间，我们称之为中班会。有老师也把这样的时段称之为微班会，我认为还是有所区别好，因为“不短不叫微班会”。“课前的准备”，我们要求按照课前准备的先后顺序来写，可以写得细一点。“实施的过程”是课的主体，要求写细，写具体。为了供老师们参考，我们提供的是详案。班主任或主持人讲述的内容尽可能详尽，而学生的发言如果是做好准备必讲的，也是提供详案，学生发言随机的，则是概述。但概述来自已有的课堂教学实践或客观的推断。“思考和建议”则是在上课的基础上，对课的反思和建议。需要说明的是原本有“课后的追踪”设计。后来考虑，现在呈现的教案很多不是原始的课，是在原始课的基础上做了优化调整，因此不宜作为原始课的追踪，便去掉这一环节。但许多课也是实际上过的，可以在“反思与建议”中介绍上课后的有关情况。“课后的点评”，是我的思考。本着“就课评课”的原则，我力求评析这节课的长处，同时也指出这节课的可改进之处。这样的格式安排要件清楚，便于操作，希望本书提供的教案格式能够成为许多学校、许多老师认同的范式。

做一本不一样的书，过程上要有自己的特色。我们认为教案是实践后形成的，因此上课的过程不能少，讨论的过程不能少，修改的过程不能少。虽然很多过程读者是看不到的，但成果体现过程。只有认真地打磨，只有反复地推敲，我们才能做得更好！

本着这样的信念，我们开始了编书的征程。

我们首先通过博客、微信、专题会议、工作室活动、外出讲课，发布了征稿信息，开展了征集选题的大讨论。感谢许多老师各抒己见，提供了丰富的话题。在这样的基础上，我们进行筛选，公布选题，面向全国进行征集。这时，刚组建的全国班会课研究共同体的老师们积极地揭榜应征，许多班主任工作室、许多班主任积极申报课题的写作。为了保证教案的质量，我们明确提出承担课题，不等于入选；必须通过上课实践，在竞争中脱颖而出。为了进一步提高教案的质量，我们还开展了密集的听课活动。2018 年 11 月、12 月，我穿行于长三角地区。可以说上海、江苏、浙江等地学校的班会课我基本上都去听了。在这些听课活动中，最令我感动的是常州市花园中学张萍校长，她不仅全程听课，还参与备课、评课活动，给老师们热情地指导。

四川雅安、重庆云阳、重庆涪陵、山东潍坊、河北邢台等地的老师也开展了认真的听课研课活动。

老师们发来教案后，我又逐篇地提出修改建议。红色字表示改笔，紫色字表示修改的建议。一篇教案要修改多次，反复推敲。用“九易其稿”来形容老师们的认真修改，是恰如其分的。

为了高效的工作，我们特意建了微信群。在群里畅所欲言地进行及时的讨论。感谢马蓓编辑也在群里和大家交流，很多金点子让大家受益匪浅。雅安班主任工作坊也特意建了一个微信群。坊主张燕、杨光蓉老师的精彩点拨，给我留下深刻印象。

《班会课，就是要解决问题》（初中卷）出版后，我们又开始谋划《班会课，就是要解决问题》（小学卷）的出版。2020 年 1 月 2 日，我们发出了征稿函，2020 年 1 月 16 日，我们就公布了老师们应征的课题。但突如其来的疫情打乱了工作步骤。原定在 2020 年 6 月 30 日的截稿时间不得不推迟到 2021 年 6 月 30 日，这是因为很长一段时间学生不能到校正常上课，而我们希望每一节课都经过实践后修改完善。

伴随着战疫的顺利推进，我们重启了征稿活动。在此期间，我带教的上海新纪元教育集团丁如许工作室高研 3 期学员潘雪慧、谢瑞蕾、吕若怡、张伟、秦鹏均带领各自的班主任工作室开展了认真地研究。我新带教的上海市嘉定区苏民学校小学班主任工作坊，则连续上课研课，打磨出多篇优秀的课例。

班会课研究共同体继续承担起攻关的重任。岳阳市岳阳楼区中小学班主任名师工作室，在领衔人刘霞辉校长的带领下精心磨课，提供了 9 篇精彩的教案，展示了强大的研究能力。同样，雅安市中小学班主任名师工作坊、成都市双流区实验小学李琴名班主任工作室、山东省威海市福泰小学谷鲁杨工作室均积极参加研究，新加盟班会课研究共同体的西安市西咸新区沣西新城第四学校、山西省运城国际学校、温州市胡晓聪名班主任工作室也迅速行动，提供了精彩的教案。

我讲课时结识的黑龙江大兴安岭加格达奇区育才小学、湖北省宜昌市伍家岗区宝塔河小学领导热情鼓励本校老师参加研究，向我们推送了优秀的教案。

我曾经带教过的四川省广元外国语学校林欢、内蒙古自治区土默特左旗台阁牧中心校达尔架小学韩春梅、浙江省金华市君华国际学校方晨敏都交上了新的作业（我带教过的学员原先每月都要交作业的）。她们还在坚持研究，我非常高兴。

《小学主题教育36课》的作者、我们的老朋友黑龙江省海林市子荣小学王教刚也积极来稿。他和爱人刘玉兰分别为我们提供了一篇文章。其实两篇文章都饱含了他俩共同的心血。

每一位作者都兢兢业业。在大家共同的努力下，这本小学卷也终于付梓了。

当我在记叙这难忘的往事时，很多事是挂一漏万的。我向所有支持这本书编写的老师们致以崇高的敬意，表示深深的谢意！

在班主任专业化发展的路上，本书将与您同行，我们将与您同行！

2021年6月30日

目　录

1 欢迎来到我们的家

——一年级新生对新班级不熟悉怎么办

浙江省瑞安市新纪元小学　潘雪慧

问题的提出

一年级新生从幼儿园进入小学，对学校生活还不熟悉，他们对事物充满了好奇，面对陌生的环境、陌生的老师、陌生的同学、陌生的学习，在心理上、行为上有很大的不适应。如果不能很快适应，学生会出现焦虑、压抑、紧张等不良情绪，不仅影响学生的文化学习，而且会影响良好习惯的养成，甚至还会导致个别学生厌恶学校生活，进而影响学生今后的健康成长。所以，作为班主任，要帮助入学新生尽早熟悉环境，尽快融入新集体，开始新的学习生活。

本节课作为一年级孩子们的第一节班会课，主要目的就是帮助孩子感受小学生活的快乐有趣，感受老师的和蔼可亲，产生安全感、信任感和归属感，感受班集体的温暖，进而形成积极向上、乐群互助的良好态度，使其尽快适应小学生活，为今后的学习生活打下良好的基础。

目标的思考

1. 通过观察，使学生了解小学生活与幼儿园生活是不同的，尽快地熟悉新学校、新班级、新老师、新同学。

2. 通过活动，帮助学生尽快适应新环境、新角色，感受成为小学生的光荣与喜悦。

3. 在活动中加强与同学、老师之间的交流与互动，认识班级里的新同学和新老师，融入新集体中。

课前的准备

1. 编辑视频《我们美丽的校园》。
2. 录制本班科任老师自我介绍的微视频《我是你的好朋友》。
3. 准备好写有每个孩子名字的挂牌。

课时的安排

35分钟（大班会）

实施的过程

一、看视频，喜欢新学校

（预备铃响后，播放歌曲《上学歌》，师生可以边唱边加上自己喜欢的动作。）

师：开学了，小朋友们背着书包来上学啦！成为一名光荣的一年级小学生，开心吗？

（预设：学生回答："开心。"）

师：看到既可爱又聪明的你们，老师也非常开心！欢迎大家来到我们的新学校，下面老师就带着你们一起去看看我们的新学校吧！

（播放微视频《我们美丽的校园》。视频简介：主要介绍学校的教学楼、教师办公楼、操场、食堂、图书馆、体艺馆等主要建筑。播放时，老师做必要的介绍。）

师：哪个小朋友能给大家介绍一下我们的新学校怎么样？你最喜欢校园里的什么？

（预设：学生介绍自己眼中的新学校及自己喜欢的活动场所。）

师：看来小朋友们都很喜欢我们的新学校。现在我们来到了新的学校，我们都是小学生了，我们长大了，可以在新学校里学习更多的知识了。你们开心吗？

（预设：学生回答：“开心。”）

二、找不同，熟悉新班级

师：一年级的小学生可和幼儿园的时候不一样啦！下面老师有几个问题，看谁能回答得又快又好。

（出示图片：校大门标志和教室门口标志）

师：谁知道我们的学校叫什么吗？你是哪个班级的学生？

（预设：大部分学生都能说出自己的校名和班名。）

师：让我们连起来说一说，一起开心地喊出：“我是××学校一年级×班的小学生。”

（预设：学生大声回答。）

师：请小朋友仔细观察一下我们的新教室，说说现在的新教室和幼儿园的教室有哪些不一样的地方呢？

（预设：学生能说出课桌的摆放、墙壁的布置等有所不同。）

师：同学们观察得很仔细，我们教室的课桌、椅子、黑板等，跟幼儿园都不一样。高一点，大一点，更漂亮一点。教室里还有公告栏、展示窗、图书角。公告栏，主要张贴班级课程表、作息时间表及班内各项工作安排表；展示窗，将展示小朋友们最得意的书法、美术作品；图书角，会有许多你们喜欢的书，让书香伴随我们成长。（出示教室有关布置的照片，做必要讲解。）

这就是我们漂亮的“新家”，而你们就是这个家的小主人了。所以，我们一定要爱护班级里的每一样物品，保护环境，热爱我们的家！你们说好不好？

（预设：学生大声说：“好！”）

师：不管是新家的布置也好，活动安排也好，都和幼儿园不一样了。在这个新家，你会学到更多的东西，有更多的收获。我们小学生要学不少新功课了。如语文（出示图片，学生一起跟着说），数学（出示图片，学生一起跟着说），英语（出示图片，学生一起跟着说），科学（出示图片，学生一起跟着说），等等。你们喜欢不喜欢？

（预设：学生大声说：“喜欢！”）

师：小朋友们，小学和幼儿园在环境和学习上都有很大的改变。最关键的是，成为一名小学生后，学习非常重要，我们要比在幼儿园花更多的时间和精力在文化学习上。

三、做游戏，认识新同学

师：在这个“家”里，我们可以认识很多好朋友。今天，老师把全班小朋友的照片都带来了，下面我们玩个“照片对对碰”的游戏吧！当看到自己的照片时，你就站起来答一声：“我在这里。”其他同学一齐喊：“某某某，欢迎你！”好吗？

（在背景音乐中，大屏幕显示小朋友的一寸照片和名字，老师马上叫出小朋友的名字。当小朋友说“我在这里”的时候，老师把写有孩子名字的挂牌挂在小朋友的脖子上，其他同学鼓掌表示欢迎。）

师：刚才老师和大家一起度过了愉快的游戏时间。下面老师要考一考小朋友，你记住了几个新同学的名字呢？我请几个同学来说一说。请到的小朋友站起来，指出你记住的新同学，并说出他的名字。

（学生指出记住的新同学并说出他的名字，老师给予鼓励和支持。）

师：小朋友真厉害，一下子记住了那么多新同学的名字。我们要尽快地和新同学做朋友，有了新朋友，我们会更快乐。也许现在有的小朋友还没有记住新同学的名字，也许自己的名字还没有被人记住，不过都没有关系，我们会在以后的学习中慢慢地认识，希望大家都能找到自己的好朋友。

四、面对面，记住新老师

师：在这个“家”里，我们不仅可以认识很多好朋友，还可以认识很多新老师呢！他们是谁呢？教我们什么学科呢？你瞧！

（播放课前录好的微视频《我是你的好朋友》，视频中老师与大家打招呼，做生动的自我介绍，简单介绍自己所教的学科。同时，对学生表示“遇到困难可以来找我”，每位老师介绍完后教师带领学生鼓掌欢迎。）

师：小朋友都记住我们的老师了吗？可不可以告诉我，你都记住了哪些老师？

（预设：大部分学生能回答出各科老师姓什么。）

师：老师就是你们的好朋友，是你们学校里的妈妈、爸爸、姐姐、哥哥，所以当小朋友以后在学习和生活上遇到困难时你们可以找谁？

（预设：学生回答：“老师！”）

师：是的，请小朋友们一定要记住：在校有困难，一定要找老师。老师们都会热情地帮助你的！当然，你如果有开心的事情也可以同老师分享哦！

五、唱儿歌，我爱我的“家”

师：从今天开始，我们就是相亲相爱的一家人了！老师还特意写了一首儿歌送给小朋友，我们一起来读一读吧！（出示课件，学生跟读。）

我爱我的家

我是小学生，每天早早起。
预备铃声响，书本放整齐。
上课守纪律，认真心专一。
课间讲文明，安全须牢记。
争做好学生，努力学知识。
我爱我的家，快乐在一起。

师：这节课，每一位小朋友的表现都很棒。老师打心底里喜欢你们。在未来的六年时间里，老师愿意陪大家一起学习，共同成长。祝愿每个小朋友在这个小家庭里健康快乐地成长！最后，让我们一起来合个影吧！

（老师和学生合影留念，并会把洗出来的“全家福”摆放在教室内，以给学生更多快乐的回忆和温暖。）

思考与建议

对于刚刚进学校的一年级新生，我希望给他们一节“及时雨”的班会课。教师要高兴、亲切地对待每个新生，说话态度温和，面容和蔼可亲，给学生留下美好的印象，消除学生紧张的心理和陌生感，让学生尽快适应新的环境、新的集体，为新的学习生活打下良好的基础。

这节课我们动了不少脑筋。如用手机录制了微视频《我们美丽的校园》，时间两分钟左右。如果学校能录制更好。在“说说现在的新教室和幼儿园的教室有哪些不一样的地方”这个环节，我建议老师提前布置教室，课前拍好照片。可以根据自己班级的需要设计不同的区域分布及墙壁布置，并做简单介绍，让学生更好地熟悉班级的环境。在“照片对对碰”的活动中，对于不敢大声回答的同学，教师要理解和鼓励，消除他们的拘谨，形成一个温馨的、相互支持的氛围。“你记住了几个新同学的名字呢?”这一个环节要启发同学们思考如何把前面同学所说的内容记住（专心倾听、抓住特点等），让大家在欢快的气氛中通过不断强化，尽快熟悉彼此。

一年级学生自我控制力较差，注意力易分散，但他们对感兴趣的事能比较持久地进行下去。因此，教师要结合儿童年龄和心理特点，多采用丰富多彩的视频、喜闻乐见的游戏活动等形式；在交流分享活动中，主要让学生表达直观感受，一般不进行深入的拓展；教师的语言，尽量多用儿童化语言，多用短语。

点评

一年级新生来到学校，他对学校充满了好奇，但新学校里环境是陌生的，老师是陌生的，同学是陌生的。他会有点紧张，有点不安。这时怎样开展好班级活动，特别是设计好、上好班会课，非常重要。因为做得好，能给学生、给家长留下良好的第一印象，能迈出班集体建设稳健且重要的第一步。

潘老师的《欢迎来到我们的家》，构思巧妙，设计新颖，操作简便，师生一定会欢迎。

课题吸睛。《欢迎来到我们的家》，“欢迎”“我们”“家”亲切的话语温暖着学生的心，有助于消弭学生的紧张心理。老师像爸爸、妈妈、姐姐、哥哥一样热情地招呼孩子们，课题具有亲切感，先声夺人。

构思巧妙。潘老师带领学生走进“家”，熟悉“家”的环境，熟悉“家”的成员，了解“家”的要求。对家的环境，潘老师采取“看视频了解大‘家’，找不同熟悉小‘家’”的方法。对“家”的成员，潘老师采取“照片对对碰”认识新同学，“我是你的好朋友”认识新老师的方法。对“家”的要求，潘老师则自编了儿歌，概括了基本的要求，师生在朗朗上口的诵读中了解要求，知晓规则。

操作性强。整节课的操作，潘老师充分考虑了一年级小朋友的心理特点、情绪特点，注意变化，张弛有度，操作性强，易学易用。

就这样，这节课揭开了本书班会课教育活动的第一篇章。

2 校园礼仪花盛开

——学生不注重文明礼仪怎么办

陕西省西咸新区沣西新城第四学校　王玥菡

问题的提出

礼仪和养成教育对学生的成长至关重要。爱玩是孩子的天性，幼儿园教育大多以“游戏”为主，没有对学生进行系统的文明礼仪和行为习惯养成教育，所以刚进入小学校园的孩子，面临着生活和学习方式的全新转型，他们缺乏强烈的文明礼仪意识。不少学生见到老师不会打招呼；撞到别人不会说对不起；接受了别人的帮助不会说谢谢。如何尽快帮助孩子们从随意、散漫的状态变得知规矩、懂礼仪，是新生入学教育的首要任务。

为了帮助一年级学生学习校园礼仪规范，更快更好地适应校园生活，高高兴兴地学习和开开心心地成长，根据学校工作部署，我决定利用一节班会课，通过活动使学生知道日常生活中为什么要使用礼貌用语，应该如何使用礼貌用语，激发学生争做讲文明、有礼貌的好学生的愿望，帮助学生养成讲文明、懂礼貌的好习惯。

目标的思考

1. 通过活动，使学生对文明礼貌用语有明确的认识，懂得人与人之间要有礼貌。

2. 通过活动，使学生感受文明语言的重要性，学会并正确使用日常生活中常用的礼貌用语。

3. 通过活动，使学生体验使用礼貌用语带来的和谐和快乐，培养学生养成使用礼貌用语的良好习惯。

课前的准备

1. 搜集有关文明礼仪的儿歌。
2. 剪辑中国古代拱手礼的视频。
3. 制作课件。

课时的安排

20分钟（中班会）

实施的过程

一、观看视频，导入话题

师：同学们，在中国，自古以来，就讲究做人要懂得礼貌谦让，因此中国被称为“文明礼仪之邦”，你们想不想看看在两千年以前，小朋友见面是怎样打招呼的？

（预设：学生很兴奋，大声说想看。）

（播放视频：《古代拱手礼》，视频介绍了古代男女如何行拱手礼。）

师：同学们，刚才我们了解了古人见面打招呼的方式，那现在的我们见面是如何打招呼呢？

（预设：学生举手回答，有的学生说会挥手说你好，有的学生说见面会握手……）

师：你们真是懂礼貌的好孩子！在校园里，除了有礼貌地跟别人打招呼，还有很多校园礼仪等着你们去了解呢！想不想跟老师一起学习啊？

（预设：学生大声回答：“想。”）

二、认识礼貌语，结交新朋友

师：你们响亮的回答，看看把哪些小伙伴吸引来了？（出示课件）

您好、请、谢谢、对不起、再见

师：他们是十字礼貌用语，你能叫出他们的名字吗？

（预设：学生回答："能！"学生大声朗读。如担心一年级小朋友识字量有限，可给汉字注上拼音。）

师：生活中，礼貌用语能帮助我们成为讲文明、懂礼貌的人。你想跟他们成为好朋友吗？

（板书：礼貌语，会使用。）

（预设：学生回答："想。"）

三、使用礼貌语，你在镜头里

师：现在让我们带上"相机"，跟着新朋友一起去"拍照"吧！现在我们来看情景题，老师邀请小朋友上来，大家看他表演得对不对。（出示课件，请学生即兴表演。）

情景题一：早上进校时（出示学生进校时的图片），你应该怎么说？怎么做？

（预设：请两位学生上台，模拟表演。）

师：小朋友做得很好。鞠躬身体要前倾，问好声音要响亮。再看第二题（出示课件，请学生即兴表演。）

情景题二：课间休息时，你不小心撞了别人一下，你应该怎么说？怎么做？

（预设：请两位学生上台，模拟表演。）

师：你们真是有礼貌的好孩子！道歉态度很诚恳。再看第三题（出示课件，请学生即兴表演。）

情景题三：书写作业时，你写错字找不到橡皮，你应该怎样向同学寻求帮助？当你获得帮助时，你应该怎么说？

（预设：请两位学生上台，模拟表演。）

师：你真棒！相信你以后获得帮助时也会这么做！再看第四题（出示课

件，请学生即兴表演。）

情景题四：放学离校时老师送你们到校门口，你应该怎么说？

（预设：请两位学生上台，模拟表演。）

师：态度诚恳，声音真洪亮！为你点赞！

四、睁大小眼睛，我来明是非

师：看来同学们很喜欢今天认识的这几位新朋友，可是，在日常生活中，总有一些“小马虎”会忘掉他们，让我们一起来看看吧！当老师说出一种行为，如果它是文明的，大家就一起点一个大大的赞；如果这种行为不文明，我们就说错，同时交叉双手给它一个“×”。（出示课件）

1. 小明大课间时不小心撞到同学，立刻说：“对不起。”（　　）
2. 小明边走边看漫画书，碰到了其他同学，一声不吭地走开了。（　　）
3. 下课了，未等老师说再见，小明就第一个冲出了教室。（　　）
4. 小英上学时碰到老师，假装没看见，低头走过。（　　）
5. 未经老师同意，不翻看老师的书籍、点名簿。（　　）

（预设：学生根据情景判断对错。第一题√，第二题×，第三题×，第四题×，第五题√。）

五、学唱礼仪歌，礼貌记心间

师：今天认识了这么多新朋友，你们开心吗？让我们一起诵读，把朋友们放到心里吧！（出示课件）

和人交往知礼仪，“十字”用语记心里。

与人见面说“您好”，求人帮助加个“请”。

得人帮助道“谢谢”，无意伤人“对不起”。

分别不忘说“再见”，争做时代好儿童。

六、教师总结，热情寄语

师：中国自古以来就是礼仪之邦，文明礼貌是中华民族的优良传统，作为新一代的少年儿童，我们更不能忘记传统，在校园这个既庄严又美丽、既紧张又活泼的环境中，我们不仅要学好文化知识，还要自觉加强道德修养，今天我们学习了十字礼貌用语，以后我们还要进一步学习升旗礼仪、进出办公室礼仪、会场礼仪等常用礼仪，让礼仪之花开遍校园！

思考与建议

对学生进行文明礼仪教育，是学校德育工作的重中之重。从一点一滴做起，从小养成良好的文明礼仪行为习惯，建立一种良好的人际关系，不仅关系着儿童的健康成长，更关系着我们中华民族的文明传承和弘扬。

这次班会活动，使学生对文明礼貌用语有了明确的认识，能够正确使用日常生活中常用的礼貌用语，体验到了使用礼貌用语带来的和谐和快乐，培养了学生养成使用礼貌用语的良好习惯。课后，我仔细观察了学生在校的文明礼仪情况，发现学生整体的文明程度都有所提高。

点评

一年级，是行为规范形成的重要时期，必须夯实基础。这节课，紧扣文明礼貌十字用语，寓教于乐，寓教于活动，扎实训练，严格要求，再辅以日常规范指导，一定能让学生养成良好的习惯。

“趣”字为先。先观看古人拱手礼的视频，再由古人拱手礼引出今人如何打招呼，引出今人交往的十字礼貌用语，十分有趣。

“实”字为重。围绕十字礼貌用语，王老师重点通过情景使用、快速判断的方法，加强训练。通过认知引导行动，通过行动促进认知。这种多次、反复的训练方法有助于一年级小朋友形成良好的习惯。

“全”字跟上。当然，要让校园礼仪花盛开，还要加强一个“全”字。全方位地推进、落实。非常高兴地看到，王老师还有“升旗礼仪、进出办公室礼仪、会场礼仪等常用礼仪”全方位的实施计划。这里有个建议，要让学生做得好，老师首先要做得好。老师要言传身教，给学生以示范。切记不要因为自己忙，对学生的礼貌问候给以简单的应付，或者冷冷的忽略。这一方面，许多班主任做得好，但也要给自己班上的任课老师提个醒，而校长要给全校的教职员工提个醒。大家一起努力，校园礼仪花才能盛开，而且盛开不败。

3 衣必整　纽必结

——学生不注重着装礼仪怎么办

湖南省岳阳市岳阳楼区青年路小学　龚娟

问题的提出

大课间活动开始了。因为上一节是体育课，所以学生们直接在操场上站好队准备开始做课间操，我来到队伍中间巡视。这个时候，几个学生的着装引起了我的注意：萌萌将校服外套系在自己的腰间，瑞瑞和鹏鹏则将校服外套搭在肩膀上。再仔细一看，还有不少学生着装有问题：裤腿卷起来的、外套随意敞开的、鞋带散着的……整个队伍没有小学生该有的精气神儿。

看着这些“散兵游勇”，我有点着急。着装是一个人精神面貌的外在表现，也是一个人甚至一个家庭素养的体现，可现在很多学生不注重个人的着装，不干净，不整洁，对着装礼仪知之甚少。一年级学生年龄小，可塑性强，正对生活的世界形成初步的认知，也是各种习惯养成的良好阶段，此时正是对他们进行着装礼仪教育的好时机。

目标的思考

1. 通过活动，丰富学生的着装礼仪知识，让其懂得着装要干净、整洁。

2. 通过活动，切实提高学生的礼仪素养，让其感受到着装整洁、得体的重要性。

3. 通过活动，引导学生学会自我整理着装，培养学生良好的着装习惯。

课前的准备

1. 观察学生在着装方面的不良习惯，拍照片。
2. 制作课件。

课时的安排

10 分钟（微班会）

实施的过程

一、解题入课

师：同学们，先跟着老师来读读课题吧。（带领学生读课题：衣必整，纽必结）你们知道“衣必整，纽必结”是什么意思吗？

（预设：学生回答，衣服必须要整洁，纽扣必须要扣好。若学生答不上来，教师可解释：整即整洁，纽是指纽扣，结是扣好的意思，以帮助学生理解。）

二、观察照片，发现问题

师：这句话理解起来不难，但是做起来就不容易了。也许有人会说，我们天天都要穿衣服，穿衣服谁不会呀？确实大家进校的时候，着装规范，注重礼仪。但上完几节课后，就不一定哦！这是我在你们上完体育课后拍到的照片，这样穿衣服合适吗？哪儿不对？（出示抓拍到的学生着装不规范的照片，面部做了马赛克处理。）

（预设：学生回答，这样穿衣服不合适，校服不能系在腰间，裤腿不能卷起来，衣服拉链要拉上，衣服的袖口太脏，等等。）

师：你有过这样的时候吗？你发现身边的人有过这样的时候吗？给我一个示意，有过就点头，没有就摇头。

（预设：学生点头，有过。）

三、图片示范，知晓规范

师：这样不整洁的穿着显然与小学生健康、阳光的形象是不相符的。有的同学说，体育课时要跑步、做运动，有时候需要解开纽扣、拉下拉链或脱下外套，这是没有问题的，但下课后，擦干汗，我们就要及时将衣服穿好，既可预防感冒，也能让自己的着装看起来更整洁。那么，作为一个小学生，要做到着装整洁应该怎么做呢？（出示学生规范着装的示范图片）谁来对照图片说一说？

（预设：学生回答，拉链要拉好，纽扣要扣好，红领巾要戴好，衣领要整理好，鞋带要系好，衣服鞋袜一定要干净，等等。）

师：为了让大家记得更牢固，老师还整理了一首儿歌，咱们一起来读一读吧（出示儿歌）：

着装礼，要牢记。
整衣领，理衣角。
拉拉链，扣纽扣。
衣服净，鞋带紧。
一天里，常整理。
长精神，美形象。

师：现在我们还不是少先队员，等我们入队了，成了一名光荣的少先队员，上学时，我们还要每天佩戴好红领巾，因为红领巾是少先队员的标志。

四、动手整理，落实行动

师：我看到有的同学已经开始悄悄整理了，那么现在就让我们对照图片和儿歌，开始动手整理衣着吧。

（全体学生起立，从头到脚进行个人整理。）

师：同桌间互相检查，互相整理，相互提提建议。

（师快速扫描，及时发现问题。）

师：（请两位衣着整理稍差的同学上台）请你仔细看看他的衣着，你对他有什么好建议？

（预设：同学提出针对性的建议。）

师：这么一整理，同学们看起来可就精神多了。为他们鼓掌！

（同学们热情地鼓掌。）

五、聆听教诲，明确要求

师：同学们，“人生的扣子从一开始就要扣好”，这句话对我们的成长有着重要意义。让我们每一个人从扣好身上的每一粒纽扣做起，做一个注意着装礼仪，讲究文明着装的好孩子，认真做好每一件事吧！

思考与建议

短短的10分钟微班会，学生们了解了基本的着装礼仪，也学会了整理着装的基本方法，走出教室，学生们衣着整洁，大方得体。

明谦同学是一个平常不太注意着装的孩子，衣物经常弄得很脏且穿得特别随意，这节课后有了很大的变化，衣着干净整洁了，还经常到我的身边来问我：“龚老师，今天我的衣服干净吗？我这样穿可以吗？还有什么地方需要再整理一下？”

课后，我还在班级微信群里就本堂课的着装礼仪对家长们做了强调说明，希望能够得到家长们的支持。家校配合，共同强化，让孩子们养成好的着装习惯。老师和家长要成为孩子们的着装榜样，帮助孩子们扣好人生的第一粒扣子。

需要注意的是良好的着装习惯不是一节10分钟的微班会就能养成的，它需要老师和家长在此后的一周甚至一月、几月内，不断提醒、不断强调、不断训练，直到学生真正养成习惯，成为自觉的行动。

关于着装礼仪可展开专题教育班会课，让低年级学生懂得“着装要干净、整洁”，中年级的着装礼仪可强调“着装要注意场合”，高年级则要突出“着装要注意身份”。通过专题微班会，让学生对着装礼仪有更多的了解和更好的实践。

点评

走进一个学校，走进一个班级，从学生的着装就可以看出学生的精神面貌，看出班级的管理水平。

能否做到“衣必整，钮必结”，反映出是否养成了良好的习惯。要养成良好的习惯，就需要从小学低年级学生抓起。

培养低年级学生的良好习惯，既要靠老师、家长、同学的他律，更要靠自己的自律。要做到自律，明理践行很重要。

这节课重明理，重践行。通过自查、互查、师生查，加强了训练，还根据学生的特点，对容易出问题的体育课后的着装做了必要的提醒，更通过家长群加强协同教育，家校配合，帮助学生扣好“人生的扣子”。

4 自己的东西自己理

——学生不会收纳整理怎么办

湖南省岳阳市岳阳楼区东升小学　严蓉

问题的提出

步入一年级，就是小学生了，这是一个崭新的起点。孩子们离开了家长，自己的事情得自己做。可是一年级的班主任，可真忙啊——“老师，老师，我的鞋带松了，能帮我系鞋带吗?”“老师，我不会叠雨衣，您能帮我叠一下雨衣吗?”放学铃声响了，同学们急得满头大汗——有的孩子不会整理书包；有的孩子文具太多，不会收纳；有的孩子拿着雨衣，无所适从；有的孩子干脆把东西一股脑儿全塞进课桌……

看来离开了爸爸妈妈，不少同学的自我生活能力还很弱。为了让一年级孩子们尽快学会整理、学会收纳，我们在班上开展了“自己的东西自己理”班会活动。

目标的思考

1. 通过活动，培养学生自己的事情自己做的意识。

2. 通过活动，互相帮助，互相学习，体验生活自理的快乐。

3. 通过活动，掌握学校生活常用的自理方法，努力学会自己的事情自己做。

课前的准备

1. 设计学生劳动情况问卷调查表，请家长协助调查。
2. 要求学生在家练习和掌握系鞋带、整理书包、整理书桌等劳动技能。
3. 收集学生劳动的图片和视频。
4. 制作课件。

课时的安排

20分钟（中班会）

实施的过程

一、问卷调查分析

师：同学们，前段时间老师发放了《一年级学生劳动情况问卷调查表》，请你们的爸爸妈妈协助调查，老师把调查结果做了统计。瞧，这就是劳动调查结果统计图。（出示课件）

统计结果：全班45人。会扫地的同学40人，会叠雨衣的同学45人，会系鞋带的同学35人，会整理书桌的同学36人，会整理书包的同学32人。

师：仔细看一看，你发现了什么？

（预设：同学们发现会自己叠雨衣的人最多，会自己系鞋带的人也有不少，还有不少同学不会整理书包，也不会整理自己的书桌。）

师：是的，通过调查，老师发现不少同学变能干了，自己的事学着自己做。

（出示图片，学生在系鞋带、铺床、整理书包。）

师：瞧！这是你们劳动中的样子，夸夸自己吧！（出示课件）

夸夸我自己：我是劳动小能手，我会（　　　　）。

（预设：有学生说，我是劳动小能手，我会自己系鞋带；有学生说，我是劳动小能手，我会叠雨衣；有学生说，我是劳动小能手，我会扫地；等等。）

师：同学们，你们的小手会做这么多事情，老师真为你们感到高兴。可是统计结果显示会整理书包、整理书桌的人还比较少。老师观察了一下，发现在平时的生活中确实有不少同学还不会整理自己的书包和课桌，说明大家的收纳整理能力还需要加强。

二、倾听书包的烦恼

师：瞧，这是咱们班几个同学的书包，很乱是吧？（出示图片，乱糟糟的小书包）这不小书包都有意见了！（出示课件：小书包的烦恼。）

我的小主人叫丽丽，我很喜欢和她做朋友，可是我也有烦恼。因为丽丽的书包——我，每天都是乱糟糟的。书本呀、文具呀、水杯呀到处乱放，丽丽找不到东西，就把我翻来覆去，好几次都把我摔到地下。呜呜，可真疼！小朋友们，你能帮我教教她怎么整理小书包吗？

师：小朋友们，你们有什么妙招帮助丽丽？

（预设：有的同学说，可以按大小分类，把大书放在一起，小书放在一起；有的同学说，可以把书本和作业本分开放；还有的同学说，笔袋放在夹层，水杯放在侧口袋。）

三、学习收纳整理

师：同学们的办法可真多，但是要把这么多学习用品、生活用品都放进书包，首先得学会物品归类。瞧，收纳整理小能手图图是这样归类的。我们来看视频《图图课堂之归归类》。（播放视频，视频简介：这个视频教孩子们把各种用品按用途摆放在一起，方便需要的时候能快速找到。）

师：同学们，你学会了归类吗？请你们把物品拿出来，按照图图的方法也归归类吧！

（学生活动：把物品摆放到课桌上，再进行归类。）

师：同学们，你们都有一双巧手，这么多用品都归类好了。怎样把这些物品都放进书包里呢？接下来我们继续观看视频《图图课堂之整理书包》。（播放视频，视频简介：这个视频教学生把归类好的物品按用途和大小分别装在书包的大层、小层和侧袋里。）

师：看了图图整理书包，你们也学会了吗？接下来请大家把刚刚归类好的物品放进书包，看哪个同学把书包整理得快又好。

（学生活动：整理小书包。）

四、整理书包大比拼

师：同学们，你们学会了整理自己的书包，高兴吗？

（预设：同学们都说高兴。）

师：大家是不是真的学会了整理书包？还得考考你们。接下来比试比试，看谁最先拿出老师说的物品。

（学生活动比一比：根据老师的要求找作业本、水杯、跳绳等物品，看谁找得快又准。）

师：你们的小脸都洋溢着微笑，看来劳动是欢乐的源泉。今天你们学会了整理，所以你们就能很快地找到自己需要的物品。希望你们在家里和学校都勤动手，养成自己的事情自己做的习惯，相信你们的小手还能给家人带去幸福，给班级增添光彩。

思考与建议

通过本次活动，学生学会了基本的整理技能，自己整理书包、整理书桌、收纳文具。这些活动，调动了学生的劳动积极性，体验到了劳动的乐趣。家长们反馈道：活动开展得很及时，孩子在家能把自己的事情打理好，还学着做力所能及的家务活，好像一下子就懂事了。

这堂班会课充满了趣味性，孩子们一直在活动着，体验着。班会课结束后，我看到了学生的变化，不但自己的事情能自己做，还能积极主动地为班级服务。每当看到学校优秀班级的流动红旗挂在自己教室的墙上，他们都很自豪。

点 评

孩子进了小学，背上了新书包。书包怎样整理，除了家长帮助外，学校的指导很重要。道德法治课“开开心心上学去”有“爱新书、爱书包”的内容。但那是刚开学，书包还比较轻，东西还不太多。伴随着时间的流逝，学生的书包也慢慢地重起来，孩子们整理书包的热情也没有了。这时召开“自己的东西自己理”的班会很有必要。

严老师设计的是中班会。20分钟的时间内，通过观看视频、动手操作、学习比较、课堂竞赛等方法加强指导，进行训练。同时严老师举一反三，要求孩子们不仅要整理好书包，还要整理好课桌，整理好更多的自己的东西。这就是“自己的东西自己理”的丰富内涵。

因为各地教室条件不一样。在有储物柜的教室里，我建议教师还应指导学生把一些学习用品放在储物柜里，合理放置，巧妙运用，这也是学会整理的一种方法。我们不希望小学生要拖着拉杆箱去上学。

5 告别小马虎

——学生总是丢三落四怎么办

湖南省岳阳市岳阳楼区蔡家小学　尹欢

问题的提出

一年级的孩子刚离开幼儿园，进入学校学习，大部分独立意识还不够，活动、行为缺乏目的性，并且容易分心，生活上、学习上丢三落四是常事，要经常提醒他们注意什么、检查什么。而此时正是习惯养成的重要阶段，如何使孩子的小学生活有一个好的开始，引导孩子走好第一步非常重要。

每到周末，班级群里的“寻物启事”特别多，这个孩子的校服落在音乐教室了，那个孩子新买的文具不见了，还有水杯不知道是落在教室了，还是在操场上遗失了……周一的早上事情特别多，孩子们一个个懵懵懂懂，反映这样东西找不到，那样东西忘带了。平时做练习时，漏题、写字“缺胳膊少腿”的现象也很常见。

看着一年级的小可爱们，我思考着，这个时期他们对家长、老师的依赖心理比较重，独立性不强，应该积极引导他们学习独立自主地做事，学会认真细心地做事，改变过分依赖，做事丢三落四的坏习惯。为了解决这一问题，我决定给他们立规矩，教方法，开展“告别小马虎”的微班会。

目标的思考

1. 通过活动，引导学生发现丢三落四的坏处，增强做事的条理性。

2. 通过活动，教给学生告别丢三落四的小妙招，努力改变丢三落四的坏习惯。

课前的准备

1. 剪辑《丢三落四的小海豹》的视频。
2. 制作课件。

课时的安排

10分钟（微班会）

实施的过程

一、观看视频，导入话题

师：同学们，我的好朋友小海豹最近有点儿不开心，因为大家都笑话它，还给它取了个外号，叫“小马虎”，这是为什么呢？我们一起去看看吧。（播放视频《丢三落四的小海豹》：小海豹去钓鱼竟忘记带鱼饵，闹出了笑话。）

师：你们知道原因了吗？

（预设：学生回答，小海豹去钓鱼钓了半天没钓到，原来没有带鱼饵，真是粗心呢。）

师：小海豹只是因为忘记带鱼饵吗？故事还没结束呢。（继续播放视频《丢三落四的小海豹》：小海豹找到了鱼饵，却把钓竿落在了沙滩上。）

师：发现什么问题了吗？

（预设：学生回答，开始是忘记带鱼饵，这一次找到了鱼饵，又把钓竿落下了，难怪大家要笑话它，它可真是个丢三落四的“小马虎”呀！）

二、各抒己见，总结妙招

师：看来，小海豹确实是个“小马虎”，难怪大家会笑话它，我们身边也有很多这样的“小马虎”呢，你们看——（出示图片）

图片①　一位同学上体育课忘记带跳绳，其他同学都在练习，他一个人躲在一旁。

图片② 一位同学看着试卷，考试时有一道题目忘记写了，错失了“优”。

这些同学的马虎体现在哪里呀？

（预设：学生回答，体育课忘记带跳绳；考试时有一道题目忘记写了。）

师：那这些“小马虎”有什么坏处呀？

（预设：有学生回答，丢三落四会耽误时间；有学生回答，会让人着急；有学生回答，会让事情做不成；等等。）

师：真是坏处多多呢，本来可以正常进行的活动，被自己的丢三落四搅和得糟糕透了！我们有什么好办法能治治这马虎的毛病吗？（再次出示刚才的两幅图片）

（预设：学生回答，第二天有体育课就要提前将跳绳准备好；考试时要仔细检查。）

师：你们的建议都很不错，老师来帮你们总结，告别马虎的妙招就是：会准备、会检查。（板书：会准备，会检查）我们一起读：

（学生齐读：会准备，会检查。）

三、实践演练，掌握方法

1. 准备

活动一：这样做对吗？

师：接下来，我们来评判“这样做对吗？”（课件出示题目），请你评一评：

①周日晚上，妈妈催促小美准备第二天上学需要的用具，小美在客厅看着电视，没有答应，最后妈妈将她的东西准备好了。小美这样做，对吗？

（预设：学生回答，不对，小美应该自己去准备，自己的事情要自己去做！）

师：能自己动手准备的同学，老师要为你点赞！你已经学会自己的事情自己做。同时每次都要妈妈帮你准备的同学也要试着自己动手了哦！（板书：准备人——自己）

②明天有美术课，小军晚上将水彩笔、图画本准备好，放在书包里。明天没有音乐课，他又将小竖笛从书包里拿出来。小军的做法对吗？

（预设：学生回答，对的，准备需要的东西，不需要的拿出来，这样我们的书包就会轻一些。）

师：没错，做准备不是什么都要准备，我们要准备有用的，需要的，其他的物品我们就要放弃，这样行动会更轻松。（板书：准备物品——需要的）

2. 检查

活动二：大家来找“茬”

师：准备环节做得好，丢三落四远离我。可是“小马虎”无处不在呢，我们来玩一个小游戏——大家来找“茬”。

（出示图片：左图文具盒里有3支铅笔、1块橡皮、1个小转笔刀，右图文具盒里有2支铅笔、2块橡皮。）

师：小华放学时检查自己的文具盒，左边是自己文具盒里本来的样子，右边是放学时的样子，是一样的吗？

（预设：学生回答，回答正确予以表扬。）

师：多亏了你们帮忙，小华及时检查就能及时找回自己的铅笔和转笔刀，而且也不会将别人的橡皮带回家了，所以我们要及时检查，及时发现。（板书：及时检查）

（出示小美的抄写本：拼音书写“dà xiǎo”中“dà”没有标声调，汉字书写“日月”中“月”少写了一横。）

师：这是小美的抄写，我们来帮她检查一下吧！

（预设：学生回答，回答正确予以表扬，回答不完整予以提示。）

师：你们可真是火眼金睛呀！这么快就帮助小美检查出了错误，我们在做完作业后可一定要仔细检查，不然会闹出大笑话的。（板书：仔细检查）

四、诵读儿歌，快乐结课

师：我们常常因为粗心、懒惰而掉入马虎的陷阱里，以后可要多使用今天学会的准备和检查两大妙招，赶走小马虎，和细心、认真交朋友哦！下面有首儿歌，我们一起来诵读。（出示课件，大家齐声诵读）

小马虎，闹笑话，捡了这个忘了那，
老师今天来支招，会准备，会检查。
准备什么要想好，自己动手最重要。
如果都靠别人帮，什么时候能做好？
检查环节不要忘，及时纠正不乱忙，
细心认真有必要，丢三落四远离我。

准备检查都做好，告别马虎能做到！

思考与建议

这节微班会旨在教给孩子会准备和会检查的方法，培养孩子们在学习和生活中先准备勤检查的习惯，减少因马虎、丢三落四导致的掉东西、漏题错题等差错。让孩子形成独立、细心、认真的意识，从小养成良好的习惯。

课后，发现家长群里的“寻物启事”明显减少，讲台上也没有再增加找不到主人的物品了，特别是以前周一总是忘记穿校服、忘记戴红领巾的同学，通过本课的学习，周日晚上也会自己做好准备。如沈卓同学是一个做事情特别粗心的男孩子，从不提前准备，事到临头就急急忙忙一把抓，所以总是今天将语文课本落在家里，明天把文具盒落在教室抽屉，现在也会在告别马虎儿歌的提示下，检查是否将东西装入书包。冯米琪的家长在微信中反馈，以前周日的晚上都要再三提醒孩子将校服和红领巾准备好，而且很多时候都是他们代劳，现在到了周日晚间孩子就会将周一要用到的东西自己准备好，有时候爸爸出差，她还能帮助爸爸准备东西，并且仔细检查。

本次微班会只是教给了学生方法，但是对于如何去管理的具体操作还需要班主任的引导和落实，班主任要多开展一系列的小活动，让孩子们尽快地养成良好的习惯。

点评

道德法治课上有“不做小马虎”一课，实际生活中，班主任、家长也常常被一些“小马虎”搞得手忙脚乱。学生必须养成良好的习惯，必须尽快地养成良好的习惯。这是学生成长的需要，也是班集体建设的需要。因此，有必要利用班会课开展随机的加强教育。尹老师动了脑筋，这节课有两个特点：

1. 紧扣班情，把握重点。学生的“小马虎”在低年级既表现在生活上，也表现在学习上。特别是学习上，如果养成粗枝大叶、不认真的坏习惯，对学习、对成长都是麻烦事。因此尹老师在举例时既重视生活上的举例，又重视学习上的举例。表明了两个方面都重视，对学生将是很好的引导。

2. 选题精当，举一反三。因为是微班会，时间有限，需要我们精选课例。尹老师的课例接地气，是学生的常见问题，也是典型问题。看图辨析题，也做到形式多样，涉及面广。这样精心的设计，可以起到举一反三的作用。

字里行间，我们看到的是暖暖的话语；框架设计，我们感受到了教者的智慧。相信在有温度的教育下，孩子们的成长会更快一点。

6 一枝一叶总关情

——学生不会爱护教室的花草怎么办

四川省雅安市雨城区八步乡中心小学　石鸿锐

问题的提出

现在很多班级都在教室里放置花、草盆，作为班级环境布置的必备内容和班级文化建设的重要抓手。小学一年级的孩子第一次参与这项活动，积极性特别高，每个孩子都希望通过自己的努力将教室装扮得漂漂亮亮的。孩子们将自己喜爱的花草带到了教室——兰花、红掌、黑魔法、映山红、绿萝、水葫芦、仙人掌、文竹、富贵竹等都被放在了教室的花架上。这些鲜艳的花草为教室增添了生机，让孩子们特别开心。有一天下课后，小轩急匆匆地向我跑来，着急地对我说："石老师，不好啦，不好啦！有的同学掰弄花草，让花草受到了伤害……"我赶紧来到花架旁，查看花草的受伤情况。

还好，花草只是受了点小伤。我站在花架旁和孩子们做了交流。我问，为什么掰弄花草呀？他们有的说，花很好看，想摸一摸；有的说，听说映山红的花可以吃，就尝了尝；有的说，看到多肉的泥土干了，浇花时就一起浇了浇。

听了孩子们的话后，我因他们对生活充满好奇而暗喜，又为他们不知如何爱护花草而难过。常言道：一花一草皆生命，一枝一叶总关情！因此，我决定召开"一枝一叶总关情"主题班会，让学生感受花草的美，知晓喜欢花草要掌握必要的养护知识，懂得花草对美化教室的意义，大家一起努力，共同爱护班级的花草。

目标的思考

1. 通过活动，让学生感受花草的美丽，知晓生长良好的花草对美化教室的意义。

2. 通过活动，让学生了解班级里花草受伤的原因，增强爱护花草的情感。

3. 通过活动，让学生通过自己的努力，共同爱护班级的花草。

课前的准备

1. 拍摄《我们班的花草》短视频。

2. 拍摄花草受伤的照片。

3. 制作多媒体课件。

课时的安排

10分钟（微班会）

实施的过程

一、观看视频，感受美好心愿

师：孩子们，为了把我们的教室装扮得更漂亮，大家都积极地参与了“我为班级送花草”活动，每位同学都将自己喜欢的花草带到了教室，老师为你们积极参与活动点赞！现在想请同学们看我特意拍的短视频《我们班的花草》。（视频简介：以推拉摇移的方法拍摄班级的花草。）孩子们，看到这段视频，你们想说什么？

（预设：有的同学说，这些花草真漂亮，我很喜欢它们；有的同学说，这些美丽的花草，让我感到很快乐；有的同学说，这些美丽的花儿，让我们的教室更美丽了，我要好好地爱护它们！）

师：你们说得真好！老师感谢大家都积极地参与“我为班级送花草”活

动，大家共同的努力使我们的教室变得真漂亮！

二、提出问题，进行原因分析

师：然而，在你们满满的爱的背后呀，老师也发现了一些特别的“爱”！（出示受伤的花草的图片）你们看，这盆多肉的叶子上有了伤痕；这棵黑魔法的叶子掉了好些呢；这棵映山红的花朵不知被谁摘走了；再看这盆绿萝叶子越来越黄了……同学们，看到这些受伤的花草，你有什么感受呢？

（预设：有的同学说，黑魔法掉了叶子，不好看了；有的同学说，映山红没有花朵，也不漂亮了；等等。）

师：是啊，老师的感受和同学们一样。那是什么原因让这些娇艳的花儿不再漂亮了呢？快想一想吧，想好了就举手告诉我们。

（预设：有的同学说，我觉得是有些同学老是喜欢弄花草，弄伤了它们；有的同学说，我觉得是有些同学不会养护花草，比如多肉喜欢干燥的土壤，而他们总喜欢给多肉浇水，导致多肉烂根，反而不漂亮了。）

师：是啊，老师也分析了花草受伤的原因。（出示课件）

攀折花草的枝叶；养护方法不正确；缺乏阳光的照射；无意间的伤害……

师：老师希望大家爱护花草，不要伤害它们！

三、共同讨论，寻找有效方法

师：同学们，通过刚才对花草受伤原因的分析，现在你们想到了哪些爱护花草的好办法呢？

（预设：有的同学说，我们不要折花草的枝叶；有的同学说，我们要学习养护的方法；有的同学说，将花草搬到教室外，让它们多晒晒太阳；有的同学说，我们要勤快一点，对花草多一些关心。）

师：同学们，你们真聪明！找到了很多爱护花草的好办法，快把热烈的掌声送给自己吧！（师生齐鼓掌）综合大家的意见，老师建议：因为有些花草喜欢阳光，有些花草喜欢“喝水”，而教室里阳光不是很充足，浇水的量也不能太大，我们选喜阴耐旱的花草留下来。有些不太适宜的花草想请带来的同学再带回家。谢谢你们！我们的一分钟视频《我们班的花草》已留下它们漂亮的身影。

老师还建议，为了养护好花草，我们班打算设花草专管员，可以叫“花长”，也可以叫“花仙子”，专门负责给花草浇水，专门负责管理花草，你们说好不好？

（预设：学生说：“好。”）

师：老师先指定两位同学担任班级花草专管员，负责班级花草的养护工作。过一段时间，我们再作调整，让大家都有机会来养护班级的花草。但老师想强调的是，我们班每个同学都要支持班级花草专管员的工作，都要爱护班级的花花草草。

四、热情寄语，勉励全班

师：同学们，这节微班会时间虽然不长，但相信大家一定有不少收获。相信在大家的努力下，我们的花会更艳，草会更绿！同时，老师希望你们爱护班级里的花草，爱护校园的一草一木，让我们和花草一起成长！

思考与建议

本课是基于一年级学生不会爱护教室里的花草而设计的，课前我对班级花草养护情况做了调查，将学生刚带来的花草拍摄成一分钟的短视频，让大家感受花草的美丽。随后举出存在的问题，引导学生认识到应该爱护花草。接着通过讨论，引导学生从花草存在的问题中，找到爱护班级花草的方法，突显“一枝一叶总关情”这一主题。最后热情寄语，鼓励学生爱护花草，养护好花草，和花草一起成长！

课后，我仔细观察学生养花护花的表现，发现学生改变很大，再也没有伤害花草的行为了。现在，班级的花草在花草专管员的管理下，得到了很好的养护，花草们恢复了勃勃的生机。

其实，对一年级学生来说，因为年纪小，生活阅历不够，他们需要增强的认识，需要学习和掌握的技能、方法还有很多，后续的班会课可以根据班情和成长需要来开展。建议多开微班会。这样聚焦话题，容易加深印象，收获成功。

点评

教室里布置花草，已成为许多教室的标配。为什么教室里要有花草？很多年轻老师的回答不到位，他们认为是美化教室的需要。

教室里布置花草，固然是美化教室的需要，但更重要的是建设班集体的需要。班级不等于班集体，班集体是教育学上的专有名词。它指的是，通过师生的共同努力，班级具有共同的奋斗目标、多角色的班级岗位、经常的班级活动、向上的班级舆论、出色的努力成果。而教室里的花草，正好可以检测班集体建设的水准。

小学一年级的班主任“诸事待兴”，通过教室花草的养护，设定必要的管理岗位，形成积极的集体舆论，确定明确的奋斗目标，期间要开展必要的活动，进而也会取得努力后的成果，可谓“一盆花草关乎全局”。石老师设计的这节课时间不长，操作也方便。拍视频以便观看，提问题聚焦原因进行分析，想办法着眼问题解决。流程清晰，重点突出。石老师对植物也有一定的了解，一连串花草名称脱口而出，一系列花草养护方法跃然纸上，“一枝一叶总关情”，让我们感慨这是一个热爱花草、热爱生命的师者。这也充分说明，班主任老师阅历的丰富、视野的开阔很重要。

7 我是小小值日生

——学生不会值日怎么办

浙江省瑞安市安阳实验小学　陈贤婵

问题的提出

当下，许多家庭由于生活条件不断改善，家长对学生过度保护，家里的事务基本上由家长一手包办，孩子们的劳动观念薄弱，劳动能力普遍较差。

孩子进入小学后，需要承担班级里的值日工作。在一年级的时候，由于学生比较小，有的学校让老师或家长帮助值日；到了二年级，更多的学校让学生值日打扫，但班级值日问题频出。有的学生没有掌握正确的值日方法，值日费时费力，结果还令人不满意；有的学生值日过程中打闹玩耍，把值日当作玩游戏；还有的学生没有集体意识，只是做好自己的那一部分值日工作。在班级里，经常可以听到学生抱怨值日难，值日累。

如何解决学生在值日中存在的不足与困扰，提高学生的值日能力，引导学生会劳动、爱劳动呢？我决定结合学生平时在值日中遇到的困难与存在的问题，开展一节“我是小小值日生”的主题班会。

目标的思考

1. 通过活动，让学生知晓班级值日的基本方法，提高学生对值日工作重要性的认识。

2. 通过活动，让学生体会做值日工作的快乐。

3. 通过活动，让学生养成良好的值日习惯，认真做好值日工作。

课前的准备

1. 课前调查学生值日中的烦恼，做好调查统计。
2. 拍摄相关视频。
3. 准备扫把、簸箕等值日用具。
4. 制作课件。

课时的安排

35 分钟（大班会）

实施的过程

一、小小值日烦恼多

师：同学们，关于值日，你有什么烦恼？

（预设：有的同学说，扫地总是扫不干净；也有的同学说，垃圾很难扫进簸箕……）

师：课前，老师加强了观察，进行了“我的值日烦恼”大调查，也与同学作了交流，发现同学们的值日烦恼可真不少！（出示学生调查表格）老师对大家的烦恼进行了分类，发现同学们在扫地面、擦黑板、摆桌椅、倒垃圾等方面都有烦恼（出示统计图）。老师梳理出了里面最常见的烦恼，你瞧！（出示课件）

扫地：总扫到脚上，桌缝、墙角难扫净，小的垃圾难进簸箕，同伴随意扫。

擦黑板：粉笔灰入口鼻，上面擦不到。

摆桌椅：桌椅难对齐。

倒垃圾：倒垃圾时，垃圾乱跑。

其他：打闹玩耍，分工不明确，只做自己的工作。

（预设：请学生读烦恼。）

师：看来做个小小值日生确实不简单。这节课，我们就来解决这些烦恼，让每一位同学都成为优秀的值日生。

二、解决烦恼我有招

（一）解决值日烦恼

师：这么多烦恼，老师把它们装进了信封里，每个信封里有一个烦恼，现在请小组长来拿信封，小组讨论信封里的烦恼该如何解决。讨论时间两分钟。

（预设：学生进行小组讨论。）

师：同学们讨论得很认真，接下来就让我们一起解决这些烦恼。

1. 扫地面

师：请分到扫地面的小组先来汇报！

（预设：学生汇报，我们小组要解决的烦恼是扫地面的垃圾时总扫到脚上，我们的办法是人侧过来扫。学生演示。）

师：原来扫地姿势很重要！不仅人要侧过来，拿扫把的姿势也要正确呢！同学们，你们是怎么拿扫把的？再请四位同学上来演示一下。同学们，你平时和他们拿扫把的姿势一样吗？他们的姿势对了吗？

（预设：有的学生说对，有的学生说不对。）

师：不着急，我们一起看一看正确的拿扫把姿势。（出示图片：拇指把端轻轻按，四指握紧扫把杆。一手在上一手下，身体微倾不疲劳。）请这四位同学再拿一拿，对了吗？试着侧过来扫一扫，垃圾还会扫到脚上吗？

（预设：学生回答，对了。不会再扫到脚上。）

师：请另外几组的组长也上来试一试！对了吗？

（预设：学生回答，对了。如不对，请学生纠正。）

师：接下来我们进行小组活动，请看活动规则，请一位同学读一读。

生：小组成员轮流拿扫把扫一扫。一人拿时，其余成员做小评委，看一看，评一评，如果他拿错了，再帮一帮。音乐起，活动止。

师：清楚了吗？开始吧！

（预设：学生进行小组活动，互相点评，如果拿错了，其他小组成员帮一帮。）

师：你们组都拿对了吗？感觉怎么样？

（预设：学生回答，都拿对了，这样就不会把垃圾扫到自己的脚上了。）

师：是啊，扫地姿势要记牢，好处可不少！第一个烦恼顺利解决。再请第二小组来汇报。

（预设：学生汇报，我们小组要解决的烦恼是课桌缝隙、角落难扫净，我们的解决办法是课桌缝隙扫不干净时，可以把两张桌子分开扫；扫到两张课桌缝隙和角落时可以把扫把竖起来再扫。）

师：好主意！你们真是爱动脑筋的孩子！要不要上来试一试？

（预设：学生示范打扫课桌缝。）

师：打扫缝隙角落有小窍门，你们的主意真不错。这个烦恼轻松解决！接着请第三小组来汇报。

（预设：学生回答，我们小组要解决的烦恼是小的垃圾很难扫进簸箕，我们的办法是可以利用门口的高度落差，如果门口没有高一点的地方，我们可以把簸箕微微立起来。）

师：你们小组一下子给出了两个小窍门，真了不起！把簸箕微微立起来，有同学愿意上来试一试吗？

（预设：学生顺利把垃圾扫进簸箕。）

师：没错，就是这样。同学们，你们发现了吗？这时候我们的两只手都还握在扫把上吗？

（预设：学生回答，没有，一手拿扫把一手拿簸箕。）

师：这样可以更轻松方便，第三个烦恼也顺利解决！再看第四个烦恼——同学各自随意扫，怎么随意扫呢？老师发现了这些情况。（播放视频。视频简介：扫地时，有人漫不经心地随意扫。）请你说说为什么说这些同学随意扫？

（预设：学生回答，视频中的同学东扫扫西扫扫，没有顺序；也有学生回答，视频里的同学扫一点垃圾到簸箕，再扫一点垃圾到簸箕，这样扫地很慢。）

师：那到底应该怎么扫？

（预设：学生回答，扫地要有顺序，可以从前向后一排排扫，也可以从后向前一排排扫，把垃圾轻轻地往一处扫，扫成一堆，再扫入簸箕。）

师：是啊，打扫地面有顺序，垃圾成堆入簸箕。你们真是太了不起了！顺利解决随意扫的烦恼！扫地烦恼被我们一一解决，我们知道了拿好扫把很重要，打扫地面有顺序，垃圾成堆入簸箕，各个角落都干净！大家的智慧真了不起！

2. 擦黑板

师：现在解决擦黑板的烦恼。虽然我们现在使用的是微尘粉笔，但使用过程中仍有一些粉笔灰。擦黑板时粉笔灰落入口鼻，又该怎么解决？

（预设：学生汇报，我们小组的解决办法是在擦黑板的时候，用手捂住口鼻。）

师：说得真好，一手捂口鼻，一手擦黑板，身体还可以微微远离。同时，我们还要定期清理黑板擦。黑板上半部分擦不到的烦恼谁来解决？

（预设：学生汇报，首先，擦黑板和扫地一样要有顺序，可以从上到下或者从下往上，高一点的地方我们踮起脚尖或者轻轻跳起来擦。跳起来也擦不到的地方，我们可以站在椅子上，但是要注意安全。擦好后，还要擦一擦椅子，把椅子放回去。）

师：你说得太好了，还提醒我们要注意安全！集体的智慧大，擦黑板也难不倒大家。老师把擦黑板编成了一首儿歌，我们一起拍着手来读一读吧！（出示对应图片和儿歌）

擦黑板，捂口鼻，身远离，有顺序，稍高踮脚尖，高处站椅子。

（预设：学生拍手齐读。）

3. 摆桌椅

师：那摆桌椅呢？谁来汇报你们小组的讨论成果？

（预设：学生回答，我们小组解决的烦恼是摆桌椅很难对齐，我们的解决方法是利用地上的瓷砖，让横排竖排都对齐。）

师：很好！

4. 倒垃圾

师：倒垃圾的两个烦恼，老师把它变成两幅图，哪幅图能解决我们的烦恼？请分到倒垃圾烦恼的小组来汇报。

（预设：学生回答，第二幅图，把垃圾桶端平就可以避免垃圾倒出来。）

师：真棒，老师还有个好主意，我们的卫生间就有一个大垃圾桶，咱们把垃圾倒到这个垃圾桶，走的路少了，垃圾也少跑出去了！老师的主意怎么样？

（预设：学生回答，不可以，学校规定了垃圾要倒到垃圾屋，倒在卫生间清洁阿姨会很辛苦。）

师：原来是这样，那我们一定要把垃圾倒到垃圾屋哦！同学们，刚刚我们通过讨论和交流，借助集体的力量，帮我们解决了关于值日方法的烦恼，收获真不小！当然，还有很多值日小窍门我们可以在平时的值日工作中继续去发现。

（二）解决态度烦恼

师：有了方法是不是就可以把教室打扫干净，成为优秀的小小值日生了呢？我们来观看视频《今天，我们值日》。

（观看视频。视频简介：值日时，大家都争着去摆桌椅，一个同学提醒大家值日前要先分工，不然什么事也做不好，于是高个子女孩负责擦黑板和整理讲台桌，其他成员每人负责打扫一组的卫生。分工好，开始值日了，两个男同学竟然把扫把举高打闹，其他同学劝阻，他俩还不以为意，结果翻在桌上的椅子被打落，他俩才收手；负责擦黑板的女同学擦好了黑板，就想要不要先回家，其他同学提醒她要团结互助，她决定和同学一起擦桌子。最后，经过大家的共同努力，值日工作顺利完成。）

1. 值日打闹

师：他们做得对吗？如果你也在现场，你会和他们说些什么？

（预设：有的学生说，不对，值日时不能打闹；有的学生说，不对，值日也要抓紧时间。）

师：是啊，看来想要成为优秀的小小值日生，态度认真很重要。

2. 做好自己的值日就回家

师：如果你是擦黑板的女孩，你该怎么做？为什么？

（预设：有的学生说，我会帮没有做好值日的同学，一起把值日工作做好；有的学生会说，没有多余的值日工具时，我会监督他们把工作做好，再一起回家。）

师：每一个值日小组都是一个集体，分工明确很重要，团结互助也很重要！

三、小小值日我能行

师：同学们，通过这节课的学习，我们知道了值日的正确方法，也知道了值日时态度要认真、分工要明确，还要团结互助，收获真不小。课后，老师还会开展明星值日小组评比的活动，每一次值日，你可以对着值日评比表自己评一评，老师也会给你们小组作评价，一个月后，让我们看看哪些小组能成为优秀值日小组，该小组的同学也会获得优秀值日生的称号！

思考与建议

这节班会课旨在解决学生平时值日中遇到的问题以及困扰，引导学生初步掌握正确的值日方法，养成良好的值日习惯，提升值日能力，初步形成劳动意识。

课后，我仔细观察了学生的值日工作，与班级小干部一起对同学们的值日工作进行评价，发现学生的值日能力得到了很大的提升。以前，有的学生未掌握正确的值日方法，不会拿扫把、地面总是扫得不干净、被粉笔灰呛到等，现在，学生已经能够利用正确的方法值日，班级里再听不到学生抱怨值日难、值日累；有的学生之前总是喜欢在值日的时候打打闹闹，甚至将扫把当作打闹的工具，这种现象极少再发生；之前只管做好自己的值日工作的学生现在也能在做好自己的值日工作之后，帮助还未完成的同学一起完成。

陈南希同学说："老师，以前值日是我最讨厌的事情，又难又累，现在我发现原来值日也没有那么难、那么累，掌握了值日的方法，值日变得轻松了不少，好像也没有那么讨厌了。"

吴俊豪同学的家长也跟我反映，孩子以前在家里从来没有做过家务，现在也主动打扫起卫生，像模像样的，还说以后家里打扫卫生的工作他承包了。

通过在班会课上学生们的表现和课后的反馈，我觉得我们教师可以通过讨论、体验等多种方法让学生掌握值日的方法，端正值日的态度，引导学生养成良好的值日习惯，形成初步的劳动意识，培养学生爱劳动的思想，为今后的生活做好准备。

点 评

"一屋不扫，何以扫天下。"如果说，学生的着装是学生文明素养的体现，那教室的环境就是班级文明水准的展示。陈老师重视学生的日常值日，开展了专题教育，收到良好的效果。这节课有两个特点：

1. 聚焦学生烦恼。发现班级值日中存在问题后，陈老师不是简单地训斥，而是观察、调查、交流，了解学生在值日中有哪些困难，有哪些烦恼，进行梳理，然后以"解烦恼"为目标，积极予以解决。这种基于观察、调查、交流的做法，起到了聚焦作用。

2. 加强具体指导。针对学生值日中烦恼的问题，陈老师毫不含糊。"扫地面”“擦黑板”“摆桌椅”“倒垃圾”四个操作要点，逐一予以具体指导。或讨论，或示范，或纠错，或练习，导之以法，反复训练。同时又加强思想的引导。对“值日打闹”“做好自己的值日就回家”这两类现实问题，晓之以理。

当然，要将工作做得更好，我建议对“值日打闹”，不仅要晓之以理，还要约之以规，制定必要的班级规章，值日不得打闹，违反者要重新值日，以示惩戒。

8 课间玩出新花样

——课间学生喜欢冲撞打闹怎么办

湖南省岳阳市岳阳楼区白杨坡小学　毛晓红

问题的提出

课间学生的安全问题一直是学校工作的重点。每次开例会，校领导都会特别强调课间学生要文明游戏，禁止追逐打闹。作为班主任，我们也是天天把课间文明游戏挂在嘴上。尽管如此，课间因为冲撞打闹造成意外伤害的事还是时有发生。我们班前不久就有两个孩子上完体育课后追赶打闹，不小心摔跤，导致手骨折。

课间十分钟本是学生进行课间休息、放松大脑的时间。为什么很多孩子不能很好利用课间十分钟开展有益的活动呢？我做过随机采访。一个在走廊拍球的孩子说他喜欢打球，跑到操场的话怕上课迟到，于是在走廊拍球。他显然没有意识到在走廊拍球可能会冲撞到同学。几个围在一起“斗鸡”的学生说，大家都觉得好玩，很多同学都喜欢玩，可他们却不知道有个孩子玩“斗鸡”后摔成了重伤。趴在地上“打卡”的孩子，他们没想到灰尘、细菌会在游戏中进入他们的口鼻，可能引发疾病。

玩是孩子的天性，一味地禁止是不行的。如何变堵为疏，引导学生课间文明有序地游戏，进行有益的活动，是我们应该思考的。特别是二年级的孩子，爱玩，又有想象力，于是我设计了这堂微班会，在班上开展了“课间玩出新花样”的班会活动。

目标的思考

1. 通过讨论，让学生知晓课间不文明的游戏容易造成意外伤害。课间活动应遵守规则，做到文明、安全、卫生、有序。

2. 设计并学习有益的课间游戏，学会合理安排课间十分钟。

课前的准备

1. 调查课间学生的活动情况，并拍照记录。

2. 学生开展小组合作，搜集有益的适合在课间开展的游戏及其规则，完成游戏征集表。班主任与班委会讨论后，确定发言的内容。

3. 制作课件。

课时的安排

20分钟（中班会）

实施的过程

一、视频导入

师：同学们，课间十分钟本是大家进行休息、放松大脑的时间，但是我通过调查，发现很多孩子都没有很好地利用课间十分钟开展有益的活动。老师用镜头记录了下来，让我们一起来看看这些行为背后可能暗藏的危险。（播放视频《“快乐”的活动》。视频简介：下课了，很多学生在走廊追赶，有的学生在走廊拍球；有的趴在地上“打卡”；有的踮脚趴在围栏上；等等。这些孩子玩得很快乐，但这些“快乐”却暗藏着危险。）

（学生观看视频。）

二、聚焦课间安全

师：刚才看的视频里，有我们课间十分钟经常能看到的景象，你有过类似的经历吗？这些行为背后隐藏着怎样的危险？

（预设：学生回答，课间不能趴在地上玩，很不卫生；课间不能在走廊上打球，球很容易砸到人；课间休息时不能踮脚趴在围栏上，容易摔下去；等等。）

师：趴在地上“打卡”，手上、衣服上都会沾满灰尘，在低头拍卡的过程中，灰尘、细菌会随之进入我们的口腔引发疾病。课间休息时踮脚趴在围栏上，老师每次看到这种情形都很紧张，都会立刻上前阻止。因为重心压在上身，万一翻下去，后果不堪设想。

因为课间追赶而造成意外伤害的事在我们校园里时有发生。上学期我校二年级有两个小朋友因为课间追赶，在奔跑中摔跤，导致一位小朋友的门牙被磕掉一截，这是一颗恒牙，掉了的部分要修补，但要花时间花金钱，很麻烦，他现在成了“豁牙齿”，不美观，生活上也有些不方便。我们班前不久有两个孩子上完体育课后追逐打闹，不小心摔跤，导致了手骨折。给自己带来痛苦，给家长带来许多烦恼。这样的例子虽然不是很多，但一旦落在哪个同学身上，落到哪个家庭，伤害都是巨大的。

三、进行案例分析

师：这是一个典型的案例。（出示课件）

2019 年的一天，河南郑州某小学课间。学生小杜和两名同学在校园内玩“斗鸡”游戏。不料，游戏中小杜摔倒受伤。随后老师和家长一起将小杜送到镇平县中医院检查治疗。因伤情严重，小杜又被转至郑州大学第一附属医院住院治疗，被诊断为小儿急性偏瘫综合征，经鉴定为八级伤残。

“斗鸡”这个游戏大家都很熟悉。我也经常看到我们学校有很多男孩子玩。我是看到就阻止。因为这个游戏是高风险的游戏，不适合在教室走廊、在课间休息时玩。我想问同学们，这样惨痛的教训带给我们什么启示？

（预设：学生回答，我们班男生就经常玩这个游戏，有一次他们几个人撞倒了趴在地上，真的很危险；想不到这样的游戏还藏着危险，下次再也不玩了；我们应该吸取教训，下课时不玩危险的游戏；等等。)

师：校园里发生的很多意外伤害，都是因为没有遵守秩序，我们只要做到有序、文明地游戏，就能避免这些安全事故的发生。让我们牢记这些惨痛的教训，找到适合自己的活动方式，让课间休息成为高效学习的加油站。

四、交流课间玩出新花样的游戏

师：哪些是适合课间玩耍既安全又有益的小游戏呢？课前我们进行了“课间玩出新花样”游戏征集。现在，进行交流。先请第一小组——（小组派代表汇报本组推荐的课间小游戏。)

第一小组：我们小组推荐五子棋。有道：五子棋，入门易，人人学，个个喜。下棋时，讲规矩，落子稳、不悔棋。下完棋、有礼貌，握握手、增友谊。

师：第一小组的推荐形式生动，朗朗上口，很好记忆。下棋既安全又益智，非常好。孩子们，大队辅导员老师还特别为全校学生创作了“红领巾飞行棋”(出示红领巾飞行棋)，看，整个棋盘的设计，将学生作品、中国传统节气文化和少先队元素相结合，让我们在游戏中熟悉节气文化和少先队知识。老师这里也有两盒，大家可以一起玩哦。现在请第二小组——

第二小组：我们小组推荐的游戏是魔方。魔方，是匈牙利建筑学教授鲁比克 1974 年发明的。人们发现这个由小方块组成的玩意实在是奥妙无穷。大家可以来尝试。

师：玩魔方可以锻炼手的灵活性，还可以训练人的空间思维能力，我也很喜欢，我们班上可以开展“魔方大赛”，比比谁能在最短时间将六面拼好。第三小组，到你们了——

第三小组：我们小组推荐跳绳。花花绳子一条条，大家比赛把绳跳，单脚、双脚、翻花、双摇，花样多来姿势巧，从小锻炼身体好。

师：跳绳很方便！同学们玩时要站好，轮流玩。要注意不要到人多的过道上玩，以免影响他人行走。最后是第四小组——

第四小组：我们小组推荐能量拍手游戏。手臂 90 度，双手握拳是“休”，积攒能量。

双手抱胸是“格挡”，扣除对应的积攒的能量，积攒能量后就可以升级。

师：这个游戏很安全，也不受人数和场地的限制，相信会受到大家的喜欢。课间十分钟既短暂又宝贵，开展安全有益的活动可以缓解疲劳，提高学习效率，还能增进同学间的友谊。

五、教师推荐新花样

师：老师今天也向大家推荐一个游戏——翻花绳（播放翻花绳小视频），请同学们从抽屉拿出老师为你们准备好的花绳，同桌两人一组，跟着视频学一学，玩一玩吧。

（同桌两人一组跟着视频翻花绳。）

师：同学们，如果遇上雨雪天气，不能到室外活动，大课间有半小时，我还有更好玩的新花样推荐给大家，《手指操》《扇子操》《头肩拍拍操》，我会发到家长群里，请家长和你们看一看。我还将视频保存在了班级多媒体上，下雨的天气我们一起学。

六、快乐寄语

师：课间十分钟是短暂的，也是宝贵的。利用课间十分钟开展丰富多彩的游戏，不仅能让我们身心放松，还能增进友谊，避免安全事故，提高我们的学习效率。这里我送给大家课间休息八字诀，即“走走（走路放松），看看（看远放松），聊聊（交流谈心），玩玩（开展游戏）”，大家不妨试一试。

孩子们，让我们快乐学习，快乐玩耍，快乐成长！

思考与建议

本节班会针对课间不安全不文明的游戏现象，通过视频、照片等手段，引导学生发现这些行为背后隐藏的危险。发生在校园里的安全事故，引发学生的思考。课间玩出新花样游戏征集调动了学生的兴趣。这次中班会后，课间我再也不用悬着一颗心，担心学生打闹了。孩子们喜欢上《手指操》《头肩拍拍操》、踢毽子。那几个特别喜欢追赶的男孩子，再也看不到他们打闹的身影，取而代之的是围在一起下飞行棋、军棋，我也多次被他们邀请一起下棋。

当然并不是一节班会课就能解决课间不安全、不文明游戏的问题，要让学生形成习惯，还要有相应的评价机制。我在班上开展了“课间文明之星”的评比活动，并将课间文明游戏纳入“优秀小组”的评比中。获评为“课间文明之星”“优秀小组”的可得到五子棋、魔方、毽子等游戏用品的奖励。在评比的激励下，人人都争当“课间文明之星”。

学生玩游戏都有疲倦感，作为二年级学生，玩同一个游戏持续的时间不会很长。这时，如果在班上开展一次比赛，学生的热情就会被调动起来。这节班会后，我还在班上开展了玩魔方、下象棋、踢毽子、颠乒乓球等多种比赛活动，激发了孩子们的兴趣。

课间，只要我在班上，都会和学生在一起做手指操、跳《少年》等，并拍视频发到家长群中，家长们纷纷为这些创意的活动点赞。丰富多彩的课间活动促进了学生身心健康成长。本学期我们班的《扇子操》参加了学校阳光课间特色活动的录制，还参加了全市的阳光课间操活动的比赛。

点评

课间安全、课间休息、课间文明，是许多班主任关注的话题。毛老师的这节课给我们三个启发：

1. 通过案例，晓以利害。学生不重视课间安全，是因为学生感到危险离我们很远。毛老师通过本校、本班的例子，告诫全班同学“这样的例子虽然不是很多，但一旦落在哪个同学身上，落到哪个家庭，伤害是巨大的。”这样的选例具有震撼作用，说明安全教育必须用好身边的真实事例。

2. 针对隐患，加强教育。联系身边安全隐患，选取典型事例，是本课的又一特点。毛老师针对班上学生喜欢“斗鸡”游戏，特意介绍了2019年河南郑州某小学课间因“斗鸡”游戏，造成严重伤害的典型事例，进行了剖析。这加强了教育的针对性和有效性。

3. 发动学生，寻找新招。面对课间安全存在的问题，毛老师认识到堵不如疏。她动员学生行动起来，“搜集有益的适合在课间开展的游戏”，并在班级介绍、推广。让学生选择、实践，充分尊重学生的主体地位。

当然，毛老师自己也推荐了一个活动，积极参加学生推荐的课间活动，注意课间游戏的适时更新，都是可取的。我还要提醒老师们，文中提到的课间休息八字诀，“走走（走路放松），看看（看远放松），聊聊（交流谈心），玩玩（开展游戏）”是课间休息的生动概括，值得分享。

9 小事可以自己来裁判

——学生爱告状怎么办

上海师范大学第一附属小学　李阳林

问题的提出

小学时期是儿童心理发展历程的一个重要时期，是儿童学会人际交往、适应学习生活、融入集体生活的基础阶段。在学校生活就需要和同学交往，一些小矛盾在所难免。有的学生一有矛盾就告诉老师，这在小学低年级尤为明显。学生爱告状的现象，反映了这个年龄阶段的学生自主解决矛盾的能力比较欠缺。

学生告状的动机也是多种多样：有的向教师求赏，表现自己；有的向教师求助，讨回公道；有的向老师揭发，维护秩序。但不少孩子不分场合、不论事情大小一律求助老师，让老师面临艰难的选择。如果不理学生的告状，或批评学生的告状，有时会错失处理事情的最好时机；如果鼓励学生告状，又会让小学生争相模仿，觉得告状是解决问题的最好方式，导致他们与同伴难以相处，不利于人生的成长。面对这样的难题，教师只用无视或批评的方式处理学生的告状问题是行不通的。

有一次午间管理，我发现教室后排的两名学生又闹起来了。不一会儿，小凡急匆匆地跑过来对我说："李老师，我同桌把我的橡皮抢走了！"

我把他的同桌小昊叫来了解情况。小昊说："是小凡昨天先拿走了我的橡皮！"小凡回答："昨天我问你借了橡皮，可我现在找不到了！"小昊委屈极了，哭着说："那我现在没有橡皮了，我只能拿你的了！"小凡也着急了，说："我又没同意你拿，你明明是抢！"小昊说："你不还我橡皮，我现在又没有橡皮，我当然只能拿你的橡皮了！"

这两名学生的同学关系一直不好，不是今天告“谁拿了谁的橡皮”的状，就是明天告“谁说了谁的坏话”“谁又撞了谁”的状，没完没了。更令人头疼的是，他们的告状行为让其他学生也效仿，鸡毛蒜皮的小事也要告诉老师。

我深深地感到，对屡见不鲜的学生告状现象应予以高度重视。如果不处理好，不仅会增加工作量，也无益于学生身心的健康成长。向老师告状的行为实际上是借助外界的力量解决问题，而非依靠自己的智慧化解自己与同伴的矛盾。老师能解决眼下的问题，却不能帮他们解决一世的难题。俗话说：“授人以鱼，不如授人以渔。”

小学二年级的学生，我应该引导他们正确处理同学矛盾，即自己想办法调节情绪，协商解决方案。我想，这次的告状事件正是提高学生道德判断能力的好机会。因此，我组织召开了一次有关“告状”的班会，让学生知晓并体验小事可以自己来裁判。

目标的思考

1. 通过活动，使学生懂得小事告状的坏处和自己解决的好处。

2. 通过活动，引导学生反思自身言行，体会他人情绪，学会换位思考，增进同学间的友谊。

3. 通过活动，指导学生学习自主解决矛盾的方法，在实践中提高语言表达能力、人际交往能力和解决问题的能力。

课前的准备

1. 准备“我是小小调解员”卡片，打印“友谊树”，准备空白标签贴。

2. 制作课件。

课时的安排

35 分钟（大班会）

实施的过程

一、听故事，学会换位思考

师：在一片大森林里，住着许多可爱的小动物，也有一所美丽的森林学校。今天森林学校里发生了什么事？让我们一起去看看吧，请听小故事《爱告状的皮皮猴》。

皮皮猴成绩很好，每次都考全班的前几名，可是同学们却不喜欢他。因为皮皮猴平时特别爱管闲事，什么事都喜欢向老师告状。

这天课间休息时，嘟嘟猪的肚子饿了，吃了好多零食，把垃圾扔得到处都是。皮皮猴看见了，大声地嘲笑嘟嘟猪："邋遢猪，你生产了这么多垃圾，难道是要造一个垃圾房住进去吗？哈哈哈……"

嘟嘟猪一听，火冒三丈，生气地说："你怎么能这样？怎么能说我是邋遢猪呢！"

皮皮猴说："说的就是你，邋遢猪，喜欢垃圾堆的邋遢猪！"

嘟嘟猪说："我看你才是烦人猴！一只多管闲事的烦人猴！"

这时，上课铃响了，绵羊老师走进教室，正准备给小动物们上课。皮皮猴火急火燎地冲到绵羊老师面前，大声说："老师，你快看地上的垃圾，那些全是嘟嘟猪丢的垃圾！他刚才还给我起绰号，叫我'烦人猴'！"嘟嘟猪一听也不乐意了，他也站起来，说："明明是他先说我坏话，是他先叫我'邋遢猪'的！"绵羊老师示意他们先坐下，告诉他们要上课了。可皮皮猴仍然一脸不情愿，委屈地说："这不公平，嘟嘟猪把教室地上弄得这么脏，老师为什么不罚他！"就这样，上课的时间已经不知不觉地过去了3分钟……

师：看完了这个故事，请同学们想一想，这个故事中，嘟嘟猪有错吗？为什么？

（预设：学生回答：有错，嘟嘟猪乱扔垃圾，把教室弄得很脏；虽然皮皮猴先给嘟嘟猪起绰号是不对的，但嘟嘟猪也不应该给皮皮猴起难听的绰号。）

师：故事中的皮皮猴有错吗？为什么？

（预设：学生回答：有错，皮皮猴嘲笑嘟嘟猪，还给嘟嘟猪起绰号；皮皮猴不应该在上课时告状，影响同学们上课学习。）

师：既然他们都有错，光指责对方的错误，不反思自己的错误，行不行？

（预设：学生回答，不行。）

师：在这个事件中，如果站在对方的角度，我们就能更清楚地看到对方的委屈、对方的难处。这有利于我们平复情绪，理智地解决与对方之间的矛盾。那么，聪明的你，想怎样解决他们之间的矛盾？

（预设：学生回答，互相承认错误；握手言和；自己和对方协商解决的办法等。）

师：看来，同学们都能明辨是非，都是解决问题的高手！今天，李老师就给同学们一个做“小小调解员”的机会，看看谁的办法好，谁的点子妙！

二、学协商，调解同伴矛盾

师：刚才同学们说得都很棒，实际上，我们可以分别从“语言”和“行动”两个方面想想具体的办法。请同学们拿出“我是小小调解员”的卡片。卡片上有两个栏目，分别是：“我想对你说”和“我会这样做”。

请四个小组分别完成各组的任务。第一组想一想“我想对你说”这个栏目，如果你是皮皮猴，你会和对方说什么；第二组想一想“我想对你说”这个栏目，如果你是嘟嘟猪，你会和对方说什么；第三组想一想“我会这样做”这个栏目，如果你是皮皮猴，你会怎么做；第四组想一想“我会这样做”这个栏目，如果你是嘟嘟猪，你会怎么做。

想说的话和想做的事要具体一些，把你的想法写在卡片上。

（学生想、写“我想对你说”或“我会这样做”。）

师：如果你是皮皮猴，你会对嘟嘟猪说什么？

（预设：学生认为皮皮猴应该委婉地指出嘟嘟猪的错误，告诉他乱扔垃圾是不对的，教室是大家共同的“家”，提醒他把自己周围的垃圾收拾干净。）

师：如果你是皮皮猴，你会怎么做？

（预设：学生认为皮皮猴应该帮助嘟嘟猪一起收拾垃圾，人多力量大，一起收拾动作更快，用时更短。）

师：如果你是嘟嘟猪，你会对皮皮猴说什么？

（预设：学生认为当嘟嘟猪听到皮皮猴指出他乱扔垃圾的错误后，应该承认自己的错误，并保证下次不犯同样的错误。）

师：如果你是嘟嘟猪，你会怎么做？

（预设：学生认为嘟嘟猪应该尽快把周围的垃圾收拾干净，不要影响同学走路，不要影响后面上课。）

师：说得真好！刚才我们让“原告”与“被告”有了更深层的对话，让他们在对话中明白别人的想法，了解自己的不足。今天你们都是出色的调解员，能通过自己的智慧化解同伴间的矛盾！如果下次你遇到和同学间的小矛盾，是不是一定要向老师告状，让老师解决？

（预设：学生回答，不是。）

师：如果同学间有小矛盾也要向老师告状，会有什么坏处？可以从不同的角度说一说，对自己、对同学、对集体、对老师来说，小事告状会有什么坏处。

（预设：学生回答有哪些坏处。例如：不利于同学间的友谊，会失去朋友，甚至没有人愿意和这样的人做朋友；不利于班级团结；增加老师的工作负担，影响老师的日常教学；等等。）

师：通过对这个事件的分析和调解，同学们已经感悟到了很多。如果下次你遇到同学间的矛盾，你可以怎么做？

（预设：学生回答，要冷静下来，换位思考，理解对方的苦恼；要大方、清楚地表达感受；该道歉的道歉，要与对方协商解决方案，握手言和；等等。）

师：你们都说得很对！你们用的这些办法都没有依靠老师，都是用自己的智慧来解决问题的。自己解决问题有什么好处？可以从不同的角度说一说，对自己、对同学、对集体、对老师来说，自己解决问题有什么好处。

（预设：学生回答有哪些好处。例如：能提高自己的本领，提高自己的表达能力，解决问题的能力；能增进友谊，让原本就是朋友的人关系更好，让不是朋友的人成为朋友；能减轻老师的负担；能让班级的氛围更融洽；等等。）

师：通过刚才的讨论，同学们收获了很多。自主解决问题，把大事化小，小事化了，这样你的个性也会越来越棒，朋友也会越来越多！在班级的日常生活中，大部分的小矛盾、小困难，都可以由自己解决或者协商解决。（出示课题：小事可以自己来裁判）当然少数解决不了的问题，比如一些伤害事故，一些威胁到健康和安全的大问题，还是需要及时向老师寻求帮助的。

三、提要求，做受欢迎的人

师：如果有人经常和其他同学闹矛盾，你觉得他可能是个怎样的人？

（预设：小气、不遵守规则、爱嘲笑他人、脾气大等。）

师：因此，为了减少自己和他人的矛盾，老师希望每个同学都能正确地和同学交往，做受欢迎的人！那么，你应该怎样对待同学呢？请同学们拿出空白的标签贴，写下你觉得正确对待同学的方式，然后装饰在你们的“友谊树”上！

（学生活动。每4个人贴一棵友谊树。）

师：现在我们来做交流。

（学生交流。比如：能够认真倾听同学的烦恼、同学犯错不嘲笑他、不在背后说同学坏话、在同学有困难时帮助他等。）

师：同学们，如果你们能更加明理正直，宽容大方，团结友爱，和同学的矛盾一定会越来越少。老师真诚地希望，同学之间能够互让互爱，自己做错事能主动承认错误，别人做错事也要学会宽容。愿你们每一天都能与自己的伙伴快乐同行，携手进步！

思考与建议

告状这件事在小学里司空见惯，很多事情在成年人看来是无足轻重的小事，在小学生眼里却是非同小可的大事。其实当学生发生矛盾时，教师不必事事出面处理，如果所有的矛盾都由教师来处理，不但学生处理问题的能力得不到发展，而且还会影响班风学风，破坏生生情谊，分散学生学习的注意力。

因此，教师要用智慧把一些生生矛盾的事件变成资源，转化为教育学生的重要契机。在后续的工作中，教师仍然可以开展更多的有教育意义的活动。第一，教师可以用小品、故事、童话剧等学生喜闻乐见的形式呈现解决学生矛盾的典型案例，让学生在具体情境中了解事件，鼓励学生从自己和他人、主观和客观等多方面进行分析和讨论，培养全面分析和解决问题的能力，利用班级舆论影响学生建立正确的价值观，创设良好班风；第二，教师可以增设一些岗位让学生轮流上岗，共同参与班级管理，如课间管理员、午休管理员、纪律管理员等岗位，让学生在管理他人的过程中督促自己，促使学生的道德标准从“他律”转向“自律”，先要严以律己，才能管好他人。

告状少一点，友谊就多一点。小事自己来裁判，不仅能让学生明辨是非，锻炼自己解决问题的能力，而且还能让孩子收获友谊，增强集体的凝聚力，让集体充满正能量。

点评

在这次征稿活动中，我收到最多的稿件，便是解决同学之间纠纷的稿件。这说明同学纠纷、人际相处成为小学班级管理的重要话题和难题。在众多的来稿中，李老师的来稿让我眼前一亮，李老师处理问题的着眼点和着力点，值得分享。她不是简单地埋怨学生什么事都汇报，不是笼统地要求学生和谐相处，而是指导学生“小事可以自己来裁判”，形成了以下特点：

一、思考深刻，着眼长远

小学班主任是很辛苦的。学生在日常生活中遇到矛盾，遇到纷争，常常到班主任处告状，请班主任“主持公道”。面对这样的难题，李老师敏锐地认识到，班主任只用无视或批评的方式处理学生的告状问题是行不通的，班主任必须着眼学生的长远发展，因此旗帜鲜明地提出“小事可以自己来裁判”，并对学生进行了认真的指导。

二、方法明确，着力实操

“小事可以自己来裁判”，要求好提，但要做到，需要老师进行有效的指导。李老师在课上采取了“讲故事，进行案例分析；学协商，尝试解决问题；提要求，明确做事之道”的有效做法。

其中“学协商，尝试解决问题”是重点。李老师通过分组，要求学生分别以“嘟嘟猪”“皮皮猴”的身份从“语言”“行动”两方面思考“我想对你说”和“我会这样做”。这样的讨论，引导学生学习换位思考，引导学生思考“小矛盾也要向老师告状，会有什么坏处”，引导学生学习“用自己的智慧来解决问题”，感悟“自己解决问题有什么好处”。更让我们欣慰的是，李老师还有进一步的思考：“在后续的工作中，教师仍然可以开展更多的有教育意义的活动。第一，教师可以用小品、故事、童话剧等学生喜闻乐见的形式呈现解决学生矛盾的典型案例，让学生在具体情境中了解事件，鼓励学生从自己和他人、主观和客观等多方面进行分析和讨论，培养学生全面分析和解决问题的能力，利用班级舆论影响学生建立正确的价值观，创设良好班风。第二，教师可以增设一些岗位让学生轮流上岗，共同参与班级管理，如课间管理员、午休管理员、纪律管理员等岗位，让学生在管理他人的过程中督促自己，促使学生的道德标准从‘他律’转向‘自律’，先要严以律己，才能管好他人。”

当然需要说明的是，“小事”可以自己来裁判，并不意味着老师放任不管，有些“小事”还可以找老师，因为二年级的小学生，有时独立处理问题有难度，个别学生还可能不讲道理，因此老师还是“靠山”，还是“法官”，还是“主心骨”。特别要提的是，大事、要事，还必须找老师。师生共同努力，才能一起管好家。

10 再见吧，小拖拉

——学生做事拖拉怎么办

浙江省武义县新纪元双语学校　谢瑞蕾

问题的提出

小学生自制力较弱，做事喜欢拖拉。特别是二年级的孩子，因为年龄比较小，注意力分散，责任意识不强，做事常常会被其他事物所影响，从而出现做事不够认真，做事拖拖拉拉的问题。每节课下课，我都会提醒孩子们先把下节课要用的书本拿出来再去休息。但有些孩子就是拖拖拉拉，不能及时完成。有一次，我提醒后就留在教室里观察孩子们，发现有些孩子边打闹边整理，导致拿书本的速度变慢，还有些孩子磨磨蹭蹭，东瞧瞧，西望望，慢悠悠地整理桌面。几分钟后，上课铃响了，这些同学才匆匆忙忙地跑到柜子前拿书本，影响了下节课的教学节奏。

我还发现，在学校里如果没有老师的不断提醒与督促，不少二年级的孩子排队、吃饭、交作业等都是不紧不慢的。不少家长也向我反馈，在家里要让自己的孩子做点事情，孩子总会说“等一下”“还没好”等，十分拖拉。

我想，拖拉问题已普遍存在于小学生当中。它不仅影响了孩子们的生活，还会耽误孩子们的学习，甚至会影响他将来的发展。作为班主任要积极引导学生从小养成做事不拖拉的好习惯。因此拟通过班会课，帮助学生和拖拉说“再见”。

目标的思考

1. 通过活动，使学生了解什么是做事拖拉，明白拖拉的危害，初步找到做事不拖拉的方法。

2. 通过学习，使学生懂得珍惜时间，增强责任意识，努力养成抓紧时间做事的态度和做事不拖拉的好习惯。

课前的准备

1. 准备一只布偶。
2. 拍摄相关情景视频。
3. 制作课件。

课时的安排

20 分钟（中班会）

实施的过程

一、走进故事识“拖拉”

师：同学们，今天老师要给大家讲一个小故事，叫作《小猫咪咪旅行记》。

（预设：同学们笑脸盈盈地准备听故事。）

师：你们瞧，小猫咪咪来啦！（师左手举起小猫咪布偶）咪咪是一只爱旅行的猫。（展示课件，一个圆形钟表）

这一次，咪咪准备乘中午 12 点的高铁到青草国玩几天。

出发前一晚，咪咪的妈妈叮嘱咪咪要先把行李整理好。可是咪咪想：中午 12 点的高铁，我 8 点钟起床再整理也不迟啊。于是，它便开心地玩起了游戏，玩到半夜才睡。

第二天早上 8 点，闹钟“丁零零”地响了起来。咪咪又想着：才 8 点呢，9 点再起也不迟！于是它又睡起了回笼觉，这一睡啊，就睡到了 11 点。

醒来的时候，它着急了：“哎呀呀，怎么办呀，行李还没整理呢！我要来不及了！”于是，它急匆匆地拿了几件衣服，坐上出租车，直奔高铁站。

谁知路上堵车。好不容易到了高铁站，刚好 12 点。但每趟车提前 5 分钟就关闸了。它只能眼巴巴地望着高铁远去。

看来，小猫咪咪的这趟旅行是要泡汤啦！

（预设：学生哈哈大笑，也有学生连连摇头，非常着急。）

师：同学们，你们喜欢小猫咪咪吗？

（预设：学生回答，不喜欢。）

师：作为小猫咪咪的朋友，你有什么话想对它说吗？（师摇一摇手偶）

（预设：有的学生回答，小猫咪咪，你做事太拖拉了。有的学生回答，旅行前一定要提前做好准备，可不能拖到最后才来收拾行李啊。）

师：看来大家都知道小猫咪咪身上的毛病了。它呀，真是个小“拖拉”，做事太拖拉！（师右手板书：小拖拉）

那么在你身上，有没有和小猫咪咪一样的拖拉问题呢？今天这节课，就让我们和小拖拉说“再见”吧。（师补充课题，右手板书：再见吧）

（预设：学生点头表示赞同。）

二、联系生活论“拖拉”

师：同学们都不喜欢拖拉，都知道拖拉是不好的。那么拖拉到底会怎样影响我们呢？我们先来看一个微视频。

（观看视频。视频简介：学生小明在食堂吃饭磨磨蹭蹭，拖拖拉拉。）

师：视频中的小明是个怎样的孩子呢？

（预设：有的学生回答，他吃饭很慢，很拖拉。有的学生回答，明明其实很早到达食堂，却很晚才离开。）

师：他为什么会最迟离开呢？他是怎么吃饭的啊？

（预设：有的学生回答，他时不时地要和他旁边的同学聊天，聊一会儿吃一会儿，结果旁边的同学都吃完了，他才吃了一点点。有的学生回答，他吃饭时常发呆，没有专心吃饭。）

师：是啊，他吃饭三心二意的，没有专注吃自己碗里的饭菜。这样的吃饭方式，会有怎样的后果呢？

（预设：有的学生回答，他这样边吃边说话很不文明，会影响到其他人吃饭，而且一不小心有可能会呛到了。有的学生回答，他这样慢吞吞地吃饭，他午睡的时间就少了，不能好好休息了。）

师：对啊，拖拉可是会影响我们的正常生活啊。（出示课件：影响正常生活）其实，拖拉除了会影响我们的生活，还会影响我们的学习呢！我们一起来看几张图片。（出示课件，学生小亮半夜赶作业的照片）谁来说说你从图上看到了什么？

（预设：学生回答，晚上 10 点了，小亮还在赶作业。到了 11 点，他已经趴在桌子上睡着了。）

师：是的。第一张图片是晚上 10 点多，在昏暗的灯光下，在杂乱的桌前，小亮还在埋头苦干，奋笔疾书。到了晚上 11 点，这位同学的头已经趴在桌面上，明显已经睡着了，可手上却还握着笔。这样的做作业方式，会给这位同学带来怎样的影响呢？

（预设：学生回答，他做的作业质量一定不高。）

师：是的，这就是他的作业。（展示课件，学生作业的图片）他的作业字迹潦草，还有空题，没有认认真真地完成。长此以往，会怎样呢？

（预设：学生回答，长此以往，他的学习成绩就会下降。）

师：所以，拖拉可是会降低学习效率啊！（课件出示：降低学习效率）除此之外，还会有怎样的影响呢？

（预设：学生回答，他这么晚还不睡，第二天又要早起上学，他的身体可吃不消。）

师：对啊。对我们来说，每天睡足 10 个小时是最好的。因为睡眠充足能够促进你们身体的生长发育，有利于你们的健康成长。如果因为做作业拖拉，而造成睡眠不足的情况，你们身体的免疫力也会下降，身体健康就会受到影响。（课件出示：危害身体健康）

三、集思广益拒“拖拉”

师：既然拖拉有这么多的坏处，我们能不能帮帮小明和小亮，让他们做事不再拖拉呢。接下来给大家两分钟时间，四人一个小组，讨论一下吧。

（预设：学生分小组讨论，老师巡视，注意聆听，并予以指导。）

师：时间到。大家都想出了很多好办法。那老师先给你们一个好办法，我们一起来看一个微视频。（展示课件，消防员吃饭时突然出警的视频）从视频里，你看到了什么呢？

（预设：学生回答，消防员听到警报，不再吃饭，就跑着出门了。）

师：对啊，因为警报响了。警报一响，还在吃饭的消防员们便毫不犹豫地迅速起身，直奔灾难现场救灾。他们能不能拖拉？

（预设：学生回答，不能。）

师：为什么不能？

（预设：学生回答，如果消防员拖拉，就不能马上灭火，火灾就会越来越严重。）

师：对啊，因为他们知道抗险救灾就是他们的使命，一旦拖拉将会造成惨重的财产损失甚至是人员伤亡的后果。所以在他们身上，我们能够看到他们的责任与担当。其实每个人的身上都有自己的使命，都有着重要的责任。因此，拒绝“拖拉”的第一法则就是要使命必达，完成自己应尽的责任。（课件出示：使命必达）你们知道你们的责任是什么吗？

（预设：学生回答，好好学习。）

师：是的，做好课前准备、上课认真听讲、按时打扫卫生等都是你们在校作为学生应尽的责任，而帮助爸爸妈妈做些力所能及的事情、按时完成家庭作业等是你们在家作为孩子应尽的责任。

（预设：学生纷纷点头。）

师：接下来，谁来说说你们小组想出了什么办法呢？

（预设：有的学生回答，小明吃饭速度要快一点，这样就不会影响午睡的时间了。有的学生回答，小亮回家后就该先做作业，不要拖到十点多才开始做。）

师：是啊，时间是非常宝贵的。小明只有抓紧时间吃饭，他才能有充足的午睡时间。而小亮只有抓紧时间做作业，才不至于到夜晚十点多才开始做作业。所以，分秒必争是拒绝“拖拉”的第二法则。（课件出示：分秒必争）其他同学还有别的想法吗？

（预设：有的学生回答，小明吃饭的时候就应该好好吃饭，不该东张西望不专心。有的学生回答，小亮要专心做作业，不能做一会儿作业又玩一会儿橡皮。）

师：同学们说得对。做事一心一意非常重要，就像医生一次只能看诊一个病人，才能真正为病人对症下药。所以，一心一意是拒绝“拖拉”的第三法则。（课件出示：一心一意）老师这儿还有拒绝“拖拉”的第四法则，那就是“轻重缓急”。（课件出示：轻重缓急）重要的事情要先做，不是特别重要的事可以后做。小明应该先把饭吃完再找同学聊天，而小亮应该先完成作业再玩玩具。所以你们知道下课后，应该先做什么，再做什么，最后做什么了吗？

（预设：学生回答，先整理桌面拿出下节课要用的书本，再去喝水、上厕所，最后可以玩游戏。）

师：看来同学们都知道了拒绝“拖延”的四大法则啦。那么我们就把这四大法则贴到黑板上，时刻提醒自己做事不拖拉。（老师板贴：“使命必达”“争分夺秒”“一心一意”“轻重缓急”）让我们一起来诵读。

（学生齐声诵读板贴的内容。）

四、音乐声中别“拖拉”

师：同学们，你们能做到做事不拖拉吗？

（预设：学生大声表示，能做到，做事不拖拉。）

师：同学们真棒！老师要奖励你们每人一棵爱心树。你们瞧，树上有许多的爱心果。从今天开始，如果你一整天做事都没有拖拉，你就可以给一颗爱心果涂上颜色。一个月后我们再来瞧一瞧，谁的爱心果最多，老师就会送给他一个真正的爱心果。最后送给同学们一首歌，叫作《明日歌》。（出示课件）我们一起来诵读：

明日复明日，明日何其多。我生待明日，万事成蹉跎。

我们要时刻提醒自己做事要抓紧时间，不浪费每一分每一秒，要做到今日事今日毕。只有这样，我们才能真正和“拖拉”说“再见吧”。

（播放歌曲《明日歌》，学生进行跟唱，在歌声中结束本课。）

思考与建议

这节课的重要意义在于引导学生做事不拖拉。这堂课首先利用孩子们喜欢的布偶引入话题，然后通过具体可感的视频和图片来引导学生探讨拖拉的危害，接着集思广益讨论出拒绝拖拉的办法，最后利用爱心树和《明日歌》再次提醒学生要积极做事，今日事今日毕。

课后，我把拒绝拖拉的四大法则一直贴在黑板上，每当需要我督促孩子做事时，我都会让学生先读一读黑板上的“使命必达”“争分夺秒”“一心一意”和“轻重缓急”，再让孩子们行动，果然孩子们做事的效率提高了不少。“教育就是一棵树摇动一棵树，一朵云推动一朵云，一个灵魂唤醒另一个灵魂。”孩子之间互相影响着，做事拖拉的学生也慢慢变少了。

此外，二年级的孩子年龄较小，自我控制能力较差，做事还是需要大人的积极引导和不断督促。所以，我也和学生家长进行了进一步的沟通，希望家长们在家也能利用这四大法则来督促孩子做事。当孩子在做家庭作业的时候，建议家长帮孩子营造一个适合孩子做作业的环境，不在书桌上摆放与学习无关的物品，并希望家长们能够和孩子一起制订做作业的计划，帮助孩子提高做作业的效率。只有家校合力，才能真正帮助孩子和“拖拉”说“再见”。

点评

“做事拖拉”已成为现代社会许多人的毛病。不仅小朋友有，而且许多大朋友也会有。不过我们更要看到，许多大朋友做事雷厉风行，许多小朋友做事快速利索。这说明做事风格、做事方法都是需要学习的，都是可以改变的。谢老师的课有两个特点，我印象很深：

1. 活动丰富，寓教于乐。对低年级的小朋友寓教育于活动之中，可以收到良好的效果。布偶故事、观看视频、朗诵名句，都是生动形象的、孩子们乐于参加的活动。快乐、轻松、有趣的氛围，可以收到事半功倍的效果。

2. 关键话题，条分缕析。虽然是中班会，只有 20 分钟，谢老师对关键问题“如何拒绝拖延”，条分缕析，予以明确的解决方案。从观看消防员出警视频引出第一法则“使命必达”，从小明、小亮如何安排时间引出第二法则“分秒必争”，从医生看病引出第三法则“一心一意”，又结合小明、小亮的表现强调第四法则“轻重缓急”。四个法则详略得当，丝丝入扣。

不过我对“做事不拖拉，自己给爱心果涂色，最后谁的爱心果最多，就给他赠送一个真正的爱心果”的做法持保留态度，因为操作可能不是很公平很方便。建议不要“最多”，而是达到一定数量，就可以获赠，这样会避免许多麻烦，也有利于调动学生的积极性。

11 我们是安全小卫士

——学生校园安全意识淡薄怎么办

浙江省瑞安市新纪元小学　林儒燕

问题的提出

最近，体育委员告诉我，体育课上有的同学不守纪律，经常出现受伤的情况；生活老师也向我反馈，有几个男同学上下楼梯总是喜欢滑扶梯，跳台阶，小碰小伤多次发生，说了还不改。校园安全工作是一项长期而艰巨的工作，贯穿于学校工作的始终，是班级师生的“必修课”。

二年级的学生在校园已经生活了一年多，对校园比较熟悉，不像一年级新生那么小心谨慎。他们年龄在八九岁左右，正处于生性好动、自我约束能力比较差的阶段，校园安全意识淡薄。因此对二年级的孩子进行安全教育，夯实安全的基础，显得尤为重要。

我想，要将校园安全落到实处，必须改变当前“说教”的方法。这些孩子需要行动上的约束，需要方法上的指导，更需要思想上的引领。因此，我决定在班级开展“我们是安全小卫士”的班会课。

目标的思考

1. 通过学习，使学生了解校园不安全行为的危害，增强校园安全意识。

2. 通过讨论，使学生树立校园安全防范意识和自我保护意识，激发学生对安全的重视，对生命的珍惜。

3. 通过活动，使学生初步掌握有关校园安全防范措施，积极参与校园安全防范活动。

课前的准备

1. 收集学生在操场上、在楼梯上、在教室里等场地受伤的照片。
2. 收集学生在校园里学习、生活、运动的照片。
3. 编辑情景剧视频《课间》。
4. 下载安全知识视频《体育课上的安全》。
5. 准备小猫头饰、故事《米老鼠走楼梯》、安全小卫士徽章。
6. 召开班委会，讨论起草安全倡议书。
7. 制作课件。

课时的安排

35 分钟（大班会）

实施的过程

一、介绍班级困扰，交流心中烦恼

师：同学们，最近林老师在班级工作上遇到了一些烦恼，这节课想请你们来帮帮我，你们愿意吗？

（预设：学生会说："老师，我愿意"；"老师，是什么烦恼，我们一起帮助你"；等等。）

师：体育委员小冯告诉我，体育课上有些同学不守纪律，受伤的情况比较常见（出示小郑等同学上体育课受伤的图片）；生活老师也向我反映，班上有几个男同学上下楼梯总是喜欢滑扶梯，跳台阶，小碰小伤多次发生，说了还不改（出示小张左腿扭伤的图片）。同学们，现在你们知道林老师的烦恼是什么吗？

（预设：学生回答，有的同学没有注意自己的安全；有的同学受伤了；等等。）

师：同学们，这节课，老师就请你们一起来当"安全小卫士"，帮助老师

解决烦恼，好吗？（出示课题：我们是安全小卫士）

（预设：学生大声地说："好！"）

二、寻找安全问题，排查安全隐患

师：同学们，在我们校园里，安全问题时有发生，通过你的观察，校园中会存在哪些安全问题呢？（出示课件：寻找安全问题）

（预设：有的同学说，在教室里追逐，容易碰到桌角受伤；有的同学说，走楼梯时，如果跳着走，会扭到脚；有的同学说，上体育课不注意时，会受伤；等等。）

师：同学们，听了你们的汇报，老师认为可以这样归纳。（出示课件）

教室里追逐打闹，容易受伤；

操场上随意活动，容易受伤；

楼梯上乱蹦乱跳，容易受伤；

阴雨天地湿路滑，容易受伤。

刚才同学们排查了身边的安全问题，老师都用"受伤"来表达严重性。同学们，受伤了我们就要去医院，医院里面人很多，看病不方便。如果严重的还需要打针，打石膏等，不仅身体上疼痛，不舒服，爸爸妈妈还得请假带我们去医院，实在是太麻烦了。那你们说我们能不能让自己"受伤"？

（学生回答，不能。）

师：大家都认为不能受伤。那我们怎样保护自己呢？我发现最容易发生安全问题的三个地方就是：教室里，操场上，楼梯上。今天，林老师就带领同学们聚焦这三个地方，一起争当安全小卫士，守护我们的安全。

三、掌握安全技巧，保护自己安全

1. 教室里的安全。

师：教室是我们学习的主阵地，我们大部分的时间都在教室度过。你看，这是我们在教室里认真学习的样子。（出示学生在教室里认真上课的图片）

（预设：学生饶有兴趣地寻找自己的身影。）

师：你看，下课了，有的同学在教室里看书，有的同学在教室里聊天，多高兴啊！（出示课间其乐融融的教室的图片）

（预设：学生你看我，我看你，兴趣盎然。）

师：正在这时，教室里发生了一件让大家害怕的事情，这是怎么一回事呢？请看情景剧《课间》。

（播放情景剧《课间》。情景剧内容简介：课间铃声响，小A和同学们在位置上聊天，聊得特别起劲，时不时地手舞足蹈。这时，上课预备铃声响起来，小A突然大声呼喊："我要上厕所！"说着飞快地跑出教室，刚好跟迎面走进教室的小C撞在一起，小C被撞到，摔倒在地，哇哇大哭。班长等同学立即扶小C去医务室，并告知班主任。最后，小C的牙齿磕掉半颗，手也摔伤了。最后小A受到了学校的批评，小A的父母承担了小C所有的医药费，小A后悔不已。）

（学生饶有兴味地观看情景剧表演，结束时议论纷纷。）

师：同学们，这次的安全事故为什么会发生呢？

（预设：有的学生说，小A上厕所的时候要早点去，不能等到上课了才去；有的学生说，小A不能在教室里奔跑，容易撞到同学；有的学生说，小C走路的时候也要注意看前方；等等。）

师：那么我们在教室里应该怎么做，才能保护我们自己的安全呢？

（预设：有的学生说，下课了，早点上厕所或者喝水；有的学生说，我们在教室里不能奔跑；有的学生说，课间我们可以看看书，看看远方，让自己放松一下；等等。）

师：接下来，老师带同学们一起做一个游戏"我会轻轻走"。（出示一只小猫图片）同学们，这是一只乖巧的小猫。你知道小猫是怎么走路的吗？

（预设：有的学生说，小猫是慢慢走的；有的学生说，小猫是轻轻走的。）

师：你能学着小猫的样子走一走吗？请一位同学上来模仿一下。

（预设：一位同学上来戴上头饰模仿小猫走路。教师用语言提示："眼睛看着路，脚下慢慢走。"）

2. 操场上的安全。

师：同学们，你们真了不起，知道了在教室里如何保护自己的安全。接下来我们再去操场上看看，也来争当小卫士，保护我们在操场上的安全。

师：你看，这些小朋友正在操场上玩得特别开心（出示三张图片：两名学生在单杠上做危险动作；学生在其他同学跑步的过程中横穿跑道；学生在垫上运动时嬉戏玩闹。）

（预设：学生边看边议论。）

师：同学们，图片上这些同学的做法对吗？为什么？

（预设：学生积极地发表自己的看法，指出这些行为都是错误的，因为这些行为会导致受伤，会碰到同学而摔跤，会扭伤身体。）

师：同学们，那么我们在上体育课的时候，应该如何做好防护，做到安全运动呢？请同学们围绕以下四个方面说说自己的安全小妙招。

穿着准备	运动前	运动中	运动后

（预设：学生积极发言。教师做必要的板书，如穿合脚的运动鞋，宽松的运动服；热身运动，安全提醒；自我约束，遵守规则；放松活动，适当饮温水。）

师：同学们，你们真是了不起的安全小卫士，为大家带来这么多的安全法宝。林老师还给大家请来一位运动安全小达人，我们一起来听听他还会给我们带来哪些体育课上的安全小妙招呢？

（播放视频《体育课上的安全》。视频简介：一位叫米粒的小朋友因体育课穿新买的凉鞋受伤，妈妈告诉他体育课上应注意安全。如穿舒适的服装，口袋里不能放硬物；摔倒后不能立马起来，其他同学不能随意移动受伤的同学，以防二次伤害；运动结束后不能大量饮水，要及时擦汗，不能立马冲澡，以防感冒。）

师：同学们，体育运动大家都很喜欢，但一定要注意安全。

3. 楼梯上的安全。

师：同学们，你瞧！（出示课件）

有一只可爱的小老鼠，它也来到我们的教室上课了。它觉得我们的校园太美了，在楼梯上上上下下，来来回回地跑呢！咦，不如跳着玩吧！于是，小老鼠一个一个台阶地跳着，后来又两个两个台阶地跳着。正玩得开心时，一不小心，脚一滑，摔倒在地上。它"哎呦"地叫了一声，又爬了起来。哼，瞧瞧我的滑扶梯本领。于是，小老鼠又爬上了扶梯，飞快地滑了下来。只听"咚"的一声，小老鼠摔倒在地，一边大声哭喊，一边想爬起来，可是怎么也爬不起来。原来呀，小老鼠的腿摔骨折了。

（学生认真地听老师讲故事。）

师：同学们，小老鼠没有好好上下楼梯，最后腿摔骨折了。想一想，平时你们是怎么上下楼梯的呢？

（预设：有的学生说，有时候走楼梯的时候，后面的同学会拉前面的同学；有的学生说，会踩别人的脚；会一边走一边玩耍；等等。）

师：我们要跟这样的上下楼梯方式说“不”。（出示四张上下楼梯不规范的图片，再出示一个“×”）我想，我们班的小张同学，此时一定有很多话想和大家说。他这个学期就因为在楼梯上跳台阶，不小心脚扭伤了，我们来听听他现在的感受。

小张：同学们，我现在非常后悔。因为脚扭伤了，整天坐在座位上，不能去上我心爱的体育课，连吃饭睡觉，甚至是上厕所都非常不方便。大家一定要吸取我的教训，走楼梯时注意安全，千万别做第二个我。

（预设：同学们点点头，并对小张的醒悟鼓掌。）

师：那怎样上下楼梯才是最安全的呢？相信大家肯定有很多话想说。

（预设：学生会说，不打闹，不玩耍，靠右行，不滑扶梯，等等。）

师：林老师给大家送上一首上下楼梯安全歌，希望同学们把安全记心中，我们一起来诵读。（出示儿歌）

上下楼梯不推挤，一个一个靠右行。手扶栏杆慢慢走，一阶一阶走上去。

下来还是靠右边，一个一个有顺序。保证安全是第一，一定一定要牢记。

四、安全实践操作，争当安全卫士

师：同学们，为了更好地落实校园安全，我们班要在教室里、教室附近的楼道旁和操场这三个地方设置安全卫士小岗位。我们按照学号轮流制，每周选出6名同学为班级安全小卫士，分别在这三个地方提醒大家注意安全，为同学们的安全保驾护航。今后如果我们每一位同学的安全意识都加强了，行为都变得自觉了，我们的安全卫士小岗位也就可以告一段落了。相信每一位同学在活动中都能迅速地成长，增强校园安全意识。这样的活动，你们同意吗？

（预设：学生回答“同意！”）

师：下一周的安全小卫士先由我们班的1—6号同学来担任，有请他们上台，由班长小杨和林老师一起为他们颁发安全小卫士徽章。

（在音乐声中，老师和班长为6名安全小卫士戴上安全小卫士徽章。）

五、发出安全倡议，提高安全成效

师：同学们，重视安全，珍爱生命，是我们每一个人的责任和义务。下面请班长小杨宣读倡议书，让我们伴随歌声在倡议书上签下我们的名字，表示我们的决心。

校园安全倡议书

为了增强校园安全防范意识和自我保护意识，我们倡议：

1. 课间休息要文明，教室里不追逐，不打闹。

2. 上下楼梯靠右走，不拥挤、不滑扶梯。

3. 体育课、体育活动课要穿着合适，遵守规则，不擅自行动，防止发生伤害事故。

让我们携起手来，从现在做起，从自我做起，从点滴做起，严格要求自己，为构建平安校园贡献自己的一分力量。

倡议人：

2021 年 5 月 26 日

（播放《祝你平安》，在歌声中，每一位同学在安全倡议书上签上自己的名字。）

思考与建议

课后，我将孩子们签了字的倡议书贴在了班级公告栏最显眼处，平时进出教室都能看得到。我认真地告诉他们，签了字的倡议书，是我们的承诺，我们要遵守倡议书上的约定，对自己的安全、为同学的安全担负起责任。

很快，体育委员来办公室告状少了，生活老师也说最近走楼梯规范多了，就算偶有同学不守纪律，安全小卫士总能挺身而出。每当看到安全小卫士尽职尽责时，我总是不忘在班级里大力表扬，还给他们做了班级美篇专栏，加以宣传。如此一来，班级里争当安全小卫士的氛围更浓了。时常有孩子跑到我面前说：“老师，今天我看到同学在操场上乱跑时，我提醒他了。”“今天小风在教室里追赶同学，我也提醒他了！”

当然，一节班会课不能解决所有安全问题。安全问题需要时时讲，刻刻讲。作为一个班集体，今后我们仍需时时将安全挂在嘴边，常常提醒孩子们注意保护好自己的安全，保护好同学的安全。

点评

安全话题是学校的重要话题。伴随着学生的成长，学会自护很重要。小学二年级的学生好动爱玩，自我约束能力弱，容易发生安全事故，加强安全教育是当务之急。仔细阅读林老师的教案，我有三点收获：

1. 千头万绪中明确重点。小学生要抓的安全教育话题很多，林老师进行梳理，明确了三个重点：教室追逐、楼梯跳走、体育活动。并据此进行设计，开展专题教育。明确重点，在班主任工作中非常重要。班会课时间有限，聚焦重点才能具体指导。

2. 具体对策中突出参与。在林老师的引导下，全班同学开动脑筋，寻找对策。教室安全的“走猫步”、操场安全的安全小妙招、楼梯行走的安全小卫士，林老师注重学生的参与，让我们眼前一亮。

3. 郑重签名中掂量责任。在明确了具体要求，形成了基本共识后，林老师介绍了班委会课前草拟的倡议书，并组织全班同学郑重其事地签名。在倡议书上签名，对二年级的小朋友来说，很可能是他们的第一次。他们充满好奇，也会留下深刻印象。林老师在课后将践行倡议书、践行承诺作为工作的切入点，强调言行一致，巩固了班会课的效果。

12 关注细节

——学生不关注学习、生活中的细节怎么办

山东省威海市福泰小学　郑会

问题的提出

哲学家伏尔泰曾说："真正使我疲惫的，不是遥远的路途，而是鞋子里的一粒沙。"

和遥远的路途相比，一粒沙看似微不足道，却决定着路途中花费的时间和精力，影响着行走的速度，这也就是我们平常所说的"细节"问题。我们常常告诉他人："细节决定成败。"但我们经常听到"这样就行了，差不多就行了"等类似的语言。

"小雨妈妈，最近我发现孩子写字的姿势不对，在学校我帮着她纠正，在家里您也盯一盯，给她纠正过来。""老师，我说她，她不听，还发脾气；我也懒得管她，差不多就行了。"

"小鑫，你的凳子没放好，重新放。""老师，还可以吧，差不多就行了。"

……

一天早晨，我心情不错地来到教室里，让小组长把昨天发的安全教育回执单收齐了给我。谁知收上来的单子让我大吃一惊：歪歪扭扭的，这哪像撕下来、裁下来的啊，昨天我已教孩子们如何裁下来，竟然还这样！这样的事不处理好，他们会经常犯这样的毛病，仍然不知道"细节"是多么的重要，他们是要吃亏的！看来，真的有必要给他们上一堂班会课了。

目标的思考

1. 通过展示上交的参差不齐的回执单，以及家长群里的谈论，认识不重视细节问题的普遍性。

2. 通过倾听两个小故事，明白故事中蕴含的深刻道理。

3. 通过交流讨论，意识到在日常学习生活中要关注细节，自觉养成良好的习惯。

课前的准备

1. 与家长开展线上的交流、讨论。

2. 搜集图片、故事等相关资料。

3. 制作课件。

课时的安排

20分钟（中班会）

实施的过程

一、图片导入，了解“细节”

师：同学们，请看大屏幕：今天老师给大家带来了几幅图片。请仔细观察这些图片，并说一说你看到了什么？（屏幕出示学生交上来的参差不齐的回执单）。

（预设：学生回答，边上裁得不整齐。）

师：看完这些单子，如果你是老师，你的心情会是什么样的？或者说你会有什么样的感受？

（预设：学生回答，我会不开心，我会生气，我会吃惊，等等。）

师：是啊，孩子们，看到这样的单子，我和大家的感受是一样的。我也很生气。你们猜猜爸爸妈妈会是什么反应？一起来看，我读给大家听。（课件出示家长群里家长的留言，家长们表达了惊讶、生气等看法。）

师：看来，爸爸妈妈的感受和我们是一样的。在学习和生活中，我们也做过这种“单子撕不整齐”的事，谁来说一说你做过哪些这样的事，或者你发现了哪些类似的事？

（预设：有的学生会说，进出教室该把门关好时，没把门关好；做作业时漏题；洗完手把水甩一地；过推拉门的时候，过去就撒手，不知道稍稍扶一会儿；图书馆里叽里呱啦地聊天；等等。）

师：孩子们，把单子整齐地裁下来，过推拉门的时候，帮后面的人扶一会儿，是大事吗？是一件难做的事情吗？对啊，像“撕单子”“多扶一会儿”这样的事都是小事，而把单子撕“整齐”，帮他人多扶一会儿门，则是小事中的“细节”。小事就是由一个个小小的细节组成的。但是，很多时候我们总是抱着“差不多”的态度去学习、去生活。不关注细节，总以为差不多就行了。

二、倾听故事，感悟道理

师：老师给大家带来了两个小故事，请同学们认真倾听，听完之后看看带给你什么样的启发？

故事一：一个刚从大学毕业的年轻人到一家汽车公司应聘。一同应聘的几个人学历都比他高，这个年轻人感到没有希望了。

当他敲门走进面试办公室时，发现门口地上有一张纸，他很自然地弯腰把它捡了起来，看了看，原来是一张废纸，就把它扔进了废纸篓里。面试官把这一切都看在了眼里。

年轻人刚说了一句话：“我是来应聘的。”面试官就发出了邀请：“很好，很好，你已经被我们录用了。”

师：孩子们，你们知道这个年轻人是谁吗？

（预设：学生回答，不知道。）

师：他就是后来大名鼎鼎的，享有“汽车大王”美誉的亨利·福特。亨利·福特重视细节，生产出世界上第一辆属于普通百姓的汽车，开发出汽车行业的第一条生产流水线，创造出许多汽车发展史上的奇迹！大街上，奔驰的“福特”牌汽车，不少同学见过吧？

（预设：有学生点点头。）

师：现在请听第二个故事：

故事二：黄河岸畔有一片村庄，为了防止黄河水患，农民们筑起了漫漫的长堤。一天，有个老农偶尔发现堤上蚂蚁窝增加了许多。老农心想：这些蚂蚁窝会不会影响长堤的安全呢？老农的儿子却不以为然："这么坚固的长堤，还害怕几只小小的蚂蚁吗？"于是，他们没再多想就走了。

当天晚上风雨交加，黄河里的水猛涨起来，开始咆哮的河水从蚂蚁窝渗了出来，继而喷涌，终于决堤，淹没了村庄。

师：孩子们，听完了这两个故事，你想说点什么？

（预设：有的学生回答，福特成功，是因为他做了一件其他人没有做的小事；老农的儿子没有把小小的蚂蚁放在眼里，结果决堤，淹没了村庄；要做好每一件小事；要关注细节，关注每一件小事；不关注细节会带来一些麻烦；等等。）

师：是啊，一个不经意的细节可以使人获得机会，取得成功；一个看似不起眼的小事却有可能酿成大祸。看来，关注细节很重要！

三、回归生活，注重"细节"

师：在我们的学习中、生活中也有很多值得我们重视的细节。请同学们说一说哪些细节需要我们重视？

（预设：学生说，黑板要擦得干干净净；教室里有废纸，主动捡起来；递给他人剪刀的时候，刀口对着自己；走楼梯时声音要小；等等。）

师：同学们说得很好。我们可以把这些细节归结为两大类：擦干净黑板、注意汉字每一笔画的书写等这样的细节可以说是学习中的细节；电梯快关门的时候，帮他人按键；递给他人剪刀的时候，刀口对着自己等这样的细节，可以说是生活中的细节。

这么多的细节需要我们关注，我们应该怎样从细节做起，养成"关注细节"的好习惯呢？下面请同学们以小组为单位讨论一下吧。

（各小组讨论。教师注意倾听，并参与讨论。）

师：现在我们做全班交流。

（预设：有小组说，多向他人学习，时间长了慢慢就会注意到细节；有小组说，多观察、多行动；有小组说，严格要求自己，从身边的小事做起；等等。教师适时板书。）

师：刚才同学们说的这些都是非常不错的方法。下面我们以大家平时的练习为例，看看里面有没有你的影子，以后我们该怎么做呢？（出示图片：练习本上错了不用橡皮擦，随手用笔划掉；连线题没有用尺子，线连得歪歪扭扭；写应用题不从左边对齐写，上下不整齐。）

（预设：有的学生说，当写错时可以用橡皮擦掉的，要用橡皮擦掉，不要随便划掉；有的学生说连线的题要用尺子；有的学生说应用题靠左边写，这样写整齐美观；等等。）

是呀，孩子们。当我们关注到这些细节后，我们的书写才会更加漂亮，慢慢地我们才会养成认真书写的好习惯。当然学习中、生活中还有很多的细节需要大家去关注。

四、课堂小结，名言勉励

师：学习、生活就是由一个个的细节组成的，它看似微不足道，但我们只有重视它，才能获得井然有序的生活。重视生活细节，能让你养成良好的生活习惯；重视学习细节，能助你提高学习效率，取得更好的学习成绩！今后，让我们行动起来，互相监督、互相提醒。老师相信在同学、爸爸妈妈和老师的提醒下，你们一定能理解并用行动实践着：天下大事，必作于细。最后，两句话送给大家（出示课件）：

细节决定成败

态度决定高度

（全班一起诵读后结束本课。）

思考与建议

“细节决定成败”，这句话广为人知，然而我们却经常忽略它。家长很多时候把主要精力放在了孩子的成绩方面，对于孩子学习、生活中的细节不太在意：只要孩子能听写正确，坐姿端不端正无所谓；只要把回执单撕下来，撕成什么样无所谓……而孩子们也在这样的教育方式下，出现了很多的问题。比如：只关注考试成绩，不管书写的好坏；只关注衣服穿在身上了，不管穿得整洁不整洁；只关注作业写完了，不管写得认真不认真；敲门、走楼梯时声音很大；等等。这些细节看似微不足道，但是会影响孩子们的习惯养成和将来的为人处世。

针对这种现象，我与家长进行了线上的沟通。总的来说，效果还是不错的：很多家长在交流中都认识到了在教育孩子时，自身出现的问题；意识到了“细节”的重要性；意识到教育孩子不能是形式上的教育，而要从孩子小的时候就关注到“细节”，关注到“态度”。孩子们在上了这节课之后也有很大的改变：很多孩子开始有了关注细节的意识；衣服叠整齐放柜子里；排队走楼梯时声音明显比以前小了很多；等等。还有很多孩子担当起了提醒他人关注细节的角色。比如下课有孩子凳子没有放到桌子底下，其他孩子看到了就会主动提醒他。相信他们在做监督员的过程中，不仅仅提醒了他人，自身也在不断地进步。从孩子后来的表现中也能看出不仅孩子在进步，家长也确实在引导孩子、监督孩子。“少成若天性，习惯如自然。”对于孩子们来说，“细节教育”正当时。

当然，仅凭一节课往往不能完全解决问题，还需要我们不断地发现问题、解决问题，逐步引导学生养成“关注细节”的好习惯。

点评

我们都知道“细节决定成败”的道理，但生活中，却又常常“不拘小节”。郑老师的这节课让我们感受到她的细心、热心和用心。

1. 细心。这些年我到了不少学校，走进不少教室，真切地感受到班主任的视野、要求决定了班级的管理水平、发展现状。郑老师是一个要求严格，注重细节，追求完美的班主任。她仔细地观察班情，从交回执单、出入教室扶门、写字坐姿等“司空见惯”“习以为常”的小事入手，召开班会课，开展教育。“天下大事，必作于细”，这份细心，这种细致观察发现问题的敏锐，值得学习。

2. 热心。现在学校工作压力大，要求高。有些老师眼开眼闭，不求有功，但求无过。这样的心态是带不好队伍的。郑老师认识到“这样的事不处理好，他们会经常犯这样的毛病；仍然不知道‘细节’是多么的重要，他们是要吃亏的!”殷切之心，跃然纸上。正是这种对学生成长的期盼，对学生发展的关切，让郑老师认真思考班级存在的问题，积极寻找对策。

3. 用心。要解决问题，光靠热情是不够的，必须有好的解决之道。郑老师采取了举事例，引起重视；讲故事，对比结果；做讨论，寻找需改进之处的方法。值得称赞的是，郑老师特别注意学校与家庭教育的协同教育。在对学生进行教育的同时，也对家长进行引导。因为“家长是学生的镜子，学生是家长的影子”。现实告诉我们，要做好细节，必须不断学习，不断坚持。在这方面，老师的言传身教很重要，耳濡目染，才能潜移默化。当然，主动教育很重要，因此我建议郑老师还可以编拟“我们班的20条细节”，比如双手递交东西，过马路一定等绿灯亮起，进出门要为后来者扶一下门，等等。将本班学生应做到的细节进行梳理，规整，严格要求，强化训练，假以时日，一定会使学生受益终身。

13 目标，前进的方向

——学生动力不足怎么办

四川省成都市双流区实验小学　王冬艳

问题的提出

学校里有这样一些孩子：他们对自己的事情不上心，有错不及时改正；该自己做的值日工作，要么敷衍了事，要么溜之大吉。在课堂上，又有些孩子从来不举手，总是很害怕，害怕说错了老师批评他们，或者是遭到同学的嘲笑；还有些孩子做事情总是丢三落四，今天忘带这个，明天忘带那个，十足的一个小马虎。在家里他们也是做事拖拉，半个小时的作业会磨蹭一两个小时才勉强完工；有时趁家长不注意，在该用电子产品学习时，用来玩游戏；许多事情都需要家长的提醒，而且效果不好，亲子关系也很糟糕……总之，每个孩子身上总会有着这样或者那样的问题束缚着他们的成长，怎样才能找到一个有效的办法，让这些刚刚升入三年级的孩子能清楚地看到自己身上的不足，做得好一点呢？

三年级是中年级，孩子们已经初步具备一定的任务意识，“自我目标的制定与实施”也许是开启这道大门的钥匙。让每一个孩子在父母的协助下，根据自己的情况制定相应的学期目标，然后再将学期目标分解到每一周的周目标中。为了做好这一工作，班主任应召开班会课加以指导。

目标的思考

1. 通过活动，让孩子们明白目标是我们生活的灯塔，每个人都应该有自己的目标。

2. 通过活动，让孩子们了解实现目标的方法，结合自己的情况拟定可实施的步骤，并努力达到自己制定的目标。

课前的准备

1. 准备李时珍和山田本一故事的课件。
2. 让学生在家长的指导下制定学期目标单。
3. 请家长准备发言的音频（或视频）。

课时的安排

35 分钟（大班会）

实施的过程

一、走进故事，体会目标

师：（出示《本草纲目》的封面，随机问同学）看到这个封面，你想到了什么？

（预设：有学生说，上学期我们学过一篇课文《李时珍》，这本著作就是李时珍花了整整二十七年时间写的。）

师：对，那让我们一起再回顾一下李时珍的一生吧。（出示课件：图片配文字。故事梗概：李时珍是明朝著名的医生和医药学家。他家世代行医，他看见父亲治病救人，从小就立下了志向，长大要当医生救死扶伤。后来发现药物书有许多缺点，又下定决心要重新编写一部药物书。为了实现这一目标，他花了整整二十七年的时间完成了这部伟大的著作《本草纲目》。《本草纲目》对中国乃至世界医药学的发展都起到了重大的推动作用。）

师：你从李时珍的故事中知道了什么？

（预设：有的学生说，李时珍从小就立下了自己的志向，要当医生，他就认真学习医术成了一个著名的医生；有的学生说，他有了要编写药物书的目标就坚持去做，最终成功了。）

师：的确，李时珍为自己设定了明确的人生目标，并用自己的行动去实现，成就了伟大的人生。（板书：目标）

二、问题导航，制定目标

师：新的学期已经开始了，你在这学期里的目标是什么呢？课前我请家长指导你们制定了这学期的目标，请拿出你们的目标单，说一说你的目标。（出示课件）

我的新学期目标

一、学习方面

____

____

____

____

二、生活方面

____

____

____

____

三、人际交往方面

____

____

____

____

四、其他

____

____

____

目标制定人：______

____年____月____日

（预设：学生回答，我的目标是上课时积极发言；也有的学生说，我这学期的目标是每天做作业不那么磨蹭；还有的学生说，我希望自己这一学期能评上三好学生；等等。）

师：很多孩子还想表达，这样吧，把自己的目标在小组里说一说。

（学生在小组中交流。预设：有的学生说，因为我每天做作业总是要做到很晚，我给自己制定的目标就是每天7点前完成所有作业；有的学生说，我不怎么喜欢看课外书，所以我给自己定的目标是一个月读两本课外书；还有的学生说，我书写不是很好，所以我的目标是这学期把字写工整；等等。）

师：我听到你们的目标都是根据自己存在的一些不足来制定的，很适合自己，这是非常不错的（板书：制定，改正不足处）。其实，我们不光可以根据自己的不足来制定改变的目标，我们还可以向身边优秀的同学学习，把他们的某项能力作为我们学习和挑战的目标。谁愿意来和我们交流一下你的打算呢？

（预设：有的学生说，我要把字写得好看，像小言的字那样，有笔锋，大小匀称；也有的学生说，我的目标里要增加一项，那就是像小雅那样喜欢课外阅读，还要和自己的爸爸妈妈一起交流心得；还有的学生说，我要向晓明学习，上课不开小差，要把这个作为我的目标；等等。）

师：请把你刚才增加的新目标写在你原来的目标单上吧。

（学生写新的目标。）

师：孩子们真是善于学习，立刻就学以致用了。看，目标的制定不光可以是改正自己的缺点，还可以是挑战自己曾经的不可能。（板书：挑战不可能）

三、故事引入，分解目标

师：我们现在有了比较多的目标，这些目标可以归结为要做“更好的自己”这一总目标。我们确定了自己的总目标，可是要想实现这个总目标往往不是一帆风顺的。（板书：实现）

下面，让我们走进最具挑战性的一项赛事——马拉松。马拉松考验着运动员超强的体力和耐力，一共有42.195千米，大概就是围着我们学校200米操

场跑210圈。许多选手难以坚持跑到最后，就更不要说获奖了，但山田本一[①]的故事却可以给我们很多启发。（出示课件）

山田本一是日本20世纪80年代的一名马拉松运动员，是众多马拉松选手中平平凡凡的一员。他从小就有夺得马拉松冠军的目标，每天也在坚持练习。他常常把目标定在40千米以外终点的那面旗帜上，结果才跑到十多千米时就疲惫不堪了，难以以良好的状态继续跑下去。所以，在许多赛事上他都没有获得自己梦寐以求的奖项。

师：听到这里，你想说些什么？

（预设：有的学生说，只跑了十多千米就疲惫不堪，后面还有二三十千米怎么办呀？也有的学生说，如果这样跑下去，恐怕永远也得不到冠军。）

师：是的，看上去永远也没有机会了。可是——（出示课件）

1984年，在东京国际马拉松邀请赛中，山田本一出人意料地夺得了世界冠军。当时许多人都认为这个跑到前面的矮个子选手只是偶然而已。

两年后，意大利国际马拉松邀请赛在意大利北部城市米兰举行，山田本一代表日本参加比赛。这一次，他又夺得了世界冠军。

师：这时，你又想说什么？

（预设：有的学生说，他肯定有方法，不然怎么会两次获得冠军呢？）

师：你敢大胆地猜猜他是用的什么方法吗？

（预设：有的学生说，他加强了练习的强度，每天多练习一些时间。有学生说，他去请教了比他厉害的人。）

师：那我们一起去看看他是怎么做的吧。（出示课件）

两次夺冠并非偶然！

十年后，这个谜团终于被解开了，山田本一在他的自传中这么说：每次比赛之前，我都要乘车把比赛的线路仔细看一遍，并把沿途比较醒目的标志画下来，比如第一个标志是银行，第二个标志是一棵大树，第三个标志是一座红房子，这样一直画到赛程的终点。

比赛开始后，我就奋力向第一个目标跑去，等到达第一个目标，我又继续向第二个目标跑去。四十几千米的赛程，就被我分解成这么几十个小目标逐一

---

① 关于山田本一的故事，人们一直对其真伪存在争议，但仔细阅读这个故事，感到故事本身很励志，蕴含的哲理也发人深省，让我们懂得了目标的合理分解有助于我们实现自己的总目标。故选用，并做必要的说明。

跑完了。

师：听了山田本一的故事，对你有什么启迪？

（预设：有学生说，我知道了要实现目标，就要看得见它。我打算以后把自己写的目标贴在自己房间显眼的地方，随时提醒自己要去实现目标。）

师：确实，看得见就是一种自我提醒。（板书：看得见）这种看见我们还可以使用想象法，就是想象自己达到目标后胜利的样子，这也是很好的自我提醒方式。谁还想补充？

（预设：学生会说，我觉得山田本一的方法很好，把自己要实现的目标分成几个小目标，既容易实现，让自己离目标越来越近，又可以让自己的信心越来越足，最后的目标就会很容易实现了。）

师：你领会得很深刻。（板书：分阶段）分阶段去实现目标还能让我们及时地反思、总结、修正，随时检测自己的行动，不至于偏航，而是朝着自己的总目标奋进。（板书：可检测）

师：现在孩子们再来看看自己的目标单，你觉得你的目标可以怎样分阶段去实现呢？在小组里交流交流。

（学生小组交流，老师到各小组巡视，有意邀请一些方法值得借鉴的孩子来发言。如有的学生说，关于积极发言这一点，我想这样去实现：先要求自己在每一节课里举一次手，以后逐步增加到每节课举两次、三次手，不管老师是否请到我，也不管自己是否能回答得好，举手就是我的第一步。有的学生说，我的目标是做作业不拖拉。以前做作业，写几个字就会去玩或者是走神，现在打算减少玩的次数，一走神马上就提醒自己改过来，最后达到尽快做完所有作业的目标。）

师：你们的方法都很好，我相信你们在实现自己目标的过程中，会有许多新的发现，发现自己原来可以做得这么好，发现自己可以有更多实现目标的科学方法，不过这些都是需要我们不断实践和思考的。其实，山田本一每看到自己的一个阶段目标实现了，信心都会增加一些，这就是对自己的一种奖赏，你们也可以在自己达到一个阶段目标时奖赏一下自己，比如给自己加分，夸奖夸奖自己，老师和同学也会把鼓励的掌声送给你！当然，如果没有做到，也可以给自己一定的惩戒，比如罚做值日，少吃一份自己喜欢的零食，同时告诉自己不要放弃，这些适当的奖惩能促使你更好地实现自己的目标。（板书：有奖惩）

四、榜样力量，坚定目标

师：这学期一开学，你们就在父母的帮助下开始学习写学期目标了。一周的时间已经过去了，有的孩子很快找到了自己的目标，也能努力地去实现目标。班上有两位同学的妈妈给我发来语音，称赞孩子实现了自己的一些小目标，特别开心。我们一起来听。（播放两个孩子母亲的音频）

音频一：自从孩子制定了每天在学校延长时间完成书面作业这个目标后，她都做到了，回家就只是课外阅读了，节约了很多时间。我们都特别为她骄傲，她也很自豪，很开心，做其他事情也很有信心。

音频二：孩子每天都会特别高兴地和我分享今天又举几次手了，被老师请到之后，又是怎样大方自信地发言了，进步真的很大，这在以前是很不容易的。

师：这些都只是老师了解到的一部分孩子的进步，我相信今天之后会有更多的孩子收获到这种幸福感！

五、懂得意义，迭代目标

师：我们每个人都有着大大小小的许多目标，在目标实现的过程中我们可能会经历痛苦、沮丧，也想过放弃，但是等你真正实现了目标后就会有一种幸福感、胜任感、自豪感伴随而来。在你成长的道路上，确立的每一个阶段的目标，将像灯塔昭示着前进的方向！

我相信，只要班上每一个同学都实现了自己的目标，我们班级的总目标——“创优秀的集体”也就实现了！

思考与建议

在没有让孩子们使用目标管理自己之前，很多孩子都是被动地接受老师或者家长的安排，生活和学习缺少主动性，有太多的依赖。自从家长和孩子一起制定学期目标后，孩子们或多或少地发生了改变。但是由于孩子们经验不足，家长的指导有限，目标的制定有些太笼统或者流于形式，操作性不强，没有体现个性化。

通过这节课，孩子们明白了目标的制定可以从自己的不足之处和挑战平时的不可能入手，也知道了实现目标的常用方法是“看得见”“分阶段”“要努力”，这有助于孩子们以后独立地完成目标制定和实施。

目标修订、完善后，应让学生向家长汇报。在家长的鼓励、监督、帮助下继续努力。同时班主任应通过家长会向家长做必要的说明，以争取家长的进一步支持。

当然，制定目标、实现目标的能力并不是一节班会课就可以达成的，它是一个长期的过程，需要家长、老师、同学的相互支持，并辅以恰当的奖惩机制，才能发挥目标的巨大作用。

点评

有目标和无目标，做事的效果是不一样的。班主任应指导学生成为会制定目标、为实现心中的小目标而努力学习的人。王老师的这节课很有特点：

1. 循循善诱，指导具体。如何制定目标，王老师在请家长和孩子一起讨论制定目标后，特意召开班会进行指导。这是在实践基础上的提高。王老师强调目标的制定应“看得见”“分阶段”“要努力”，逐一讲解，循循善诱，指导具体，要求到位。

2. 重视家长，开展协同。在小学阶段，家长的作用不容小觑。在本课开展前，王老师先请家长帮助孩子明确目标，又邀请家长录制视频为学生加油鼓劲，会后还召开家长会，向家长做必要的说明，以争取家长的进一步支持。这样重视家长的作用，发挥家长的作用，效果就不一样了。

3. 讲好故事，必要说明。小学生很喜欢听故事，王老师就有意讲故事。本课讲述了日本马拉松运动员山田本一长跑时分解小目标的故事。但这个故事有争议，因网上有人认为这是杜撰的故事。在没有找到更好的故事替代时，王老师采取了加备注说明的做法。我赞同这种实事求是的做法。

14 自习课，我们能上好

——学生不能上好自习课怎么办

上海新纪元金华丰子恺学校　吕若怡

问题的提出

进入三年级以后，孩子们的课表上多了几节自习课。自习课，许多学校都会安排老师看班。但要求看班老师不上课，让孩子们抓紧时间完成作业。三年级的不少孩子，时间规划能力不强，学习自主性薄弱，和二年级相比，作业有所增多，学生来不及写作业的情况也时有发生，部分学生的作业正确率也有所下降。

上自习课时，老师在讲台上批改作业或解答个别同学问题时，下面有同学会讲悄悄话、做小动作，注意力很不集中。有时，老师不在班级，自习课无人管理，纪律更糟糕。

发现这些问题后，我仔细观察，将孩子们的学习状态记录下来；并与自习课效率不高的学生谈心，发现他们静不下心来学习，完不成作业也不着急，学习的内驱力弱。

通过和孩子的沟通，加上平时的观察记录，我发现班级中大多数孩子对惜时的重要性感悟不深，也没有合理安排自习时间的意识，所以我打算通过一节主题班会来帮助学生改变现状。

目标的思考

1. 通过讨论，找出自习课出现的问题，提升学生自觉学习的意识。
2. 通过阅读名人惜时故事，感受惜时精神，激发学生合理安排时间的内驱力。

3. 通过活动，掌握上好自习课的方法，增强学生自主学习的能力，努力上好每一节自习课。

课前的准备

1. 剪辑一节自习课的视频。（选取一节自习课作为剪辑素材。教师根据实际情况到学校监控室调取素材，截取学生上自习课时出现问题的片段，剪辑成时长 2 分钟左右的视频，作为班会课的素材。）

2. 制作讨论点桌牌、空白卡牌。（讨论时分组所需的三张桌牌：“静下心来。”“嘘，别说话。”“做个学习计划吧！”每人一张空白卡牌。）

3. 制作时间锦囊。（每个锦囊内装入一则名人惜时小故事，附录中有 15 个故事可供参考，教师可根据学生数量选取故事，避免锦囊内的故事重复率过高。）

4. 班会课前，根据班级具体情况，设置三处讨论点。（可用三张课桌分别放置三张桌牌，桌牌在教师引出讨论目标后再放置，学生根据话题选择座位。）

课时的安排

35 分钟（大班会）

实施的过程

一、探日常：我们的自习课

师：同学们，三年级了，我们的自习课变多了，同学们自主学习的时间也多了。今天，吕老师想和大家聊一聊，你上自习课时，你的学习效率高吗？

（预设：孩子们会有不同的感受，有的学生会自豪地说他认真完成了全部的作业，又好又快；有的学生会觉得教室吵时写不进作业，思考问题时思路会被打断；还有的学生说不清自己做了哪些事情，发发呆一节课就过去了……）

师：吕老师觉得，上好自习课的前提，是发现我们自身存在的问题。所以，老师请了一位小帮手帮助我记录下了自习课时同学们的表现。这个小帮手就是监控视频，他拥有一双火眼金睛，把不认真的同学都找出来了。请你们边看视频边思考，同学们在自习课犯了哪些小错误呢？

（预设：学生认真观看视频，找出视频中自己或其他同学做得不够好的地方。）

二、找问题：请你来当小侦探

师：看完了视频，请你来当小侦探，说说发现了哪些问题吧！

（预设：同学们会发现自己或他人的不足：自顾自发呆、做小动作；小声说话、晃凳子、翻书桌影响到别人；坐不住乱动、下位子；课桌、抽屉很乱，找不到书本和文具；等等。）

师：我们班的小侦探们真厉害，把视频里同学们的小问题都找了出来。那么，大家想想，原本可以静下心来完成作业的宝贵时间，就这样浪费了，你觉得可惜吗？

（预设：有的学生回答，很可惜，但也有的学生对时间的浪费表示没有什么感觉。）

师：我们班级的每位同学，在校的时间都是一样的，可大家的收获却不同。每个身体健康的人，拥有的光阴其实都差不多，有的人珍惜时间，不舍得浪费一分一秒，有的人却对时间的流逝毫无感觉！同学们，你们想要成为时间的主人，还是甘愿做时间的奴隶呢？

（预设：学生会说，想做“时间的主人”。）

师：大家都说，要做“时间的主人”。所谓的“时间的主人”，是勤奋的人，他们珍惜并合理安排时间，能把事情做好。所谓“时间的奴隶”，指懒惰的人，他们浪费时间，事情做不好。老师希望你们能成为时间的主人。

三、拆锦囊：时间就像海绵里的水

师：同学们的桌上，都放着一个时间锦囊。每一个锦囊里，都有一则为你准备的惜时故事，读读故事，想想故事给你的启发。

（预设：同学们拆锦囊，认真阅读故事。）

师：现在我们来交流手中锦囊里的故事，请一位同学读锦囊里的故事——

（任意选一位同学读锦囊里的故事，抽到的故事可能不一样。这里略。）

师：打开锦囊，阅读了名人惜时故事，你们从故事中收获了什么？

（预设：有的学生读了鲁迅的故事，会感叹他持之以恒、珍惜时间的品质值得学习；有的学生读了列宁的故事，会被他“从现在开始”的精神打动；有的学生了解了巴尔扎克的日常作息表，会反思自己平时浪费时间的行为，想要合理安排时间；等等。）

师：同学们，每一个锦囊都会给我们智慧，课后我们可以进一步分享。

四、共探讨：对症下药是关键

师：要想真正成为时间的主人，有决心很重要，但是结合自身不足分析原因、找对方法更重要！结合同学们以往自习课的表现以及刚才视频中我们发现的问题，吕老师想从三方面和同学们进行探讨，分别是：（出示课件）

“静下心来。”

“嘘，别说话。”

“做个学习计划吧！”

现在，老师希望同学们可以想一想，要实现这些目标，我们可以怎么做？根据讨论点上的桌牌，选择自己最感兴趣的目标组成小组交流探讨，总结出可以上好自习课的妙招，分享给全班同学，好吗？

（预设：学生前往讨论点进行交流，教师参与讨论。）

师：现在我们来进行全班交流。先请第一小组——

（预设：第一小组汇报：我们讨论的是“静下心来”。自习课时，我们发现，很多同学的书桌很乱，抽屉里的书多到满出来，作业做到一半，需要花很多时间翻找工具书或文具。要想让心静下来，首先要给自己创造一个整洁的学习环境，将当天需要用的书本放置在左上角，不需要用的书本整理到抽屉中，养成爱整理、会整理、勤整理的好习惯。其次，预备铃是很好的静心提示，听到铃声，我们就可以坐到位子上，调整心情，静下心来准备学习。）

师：听了“静下心来”小组的讨论结果，吕老师觉得他们结合班级实际，提出了很多具有实操性的建议，非常棒！接下来，我们来听听第二小组的分享吧！

（预设：第二小组汇报：我们讨论的是“嘘，别说话”。我们小组认为，自习课有同学小声说话、下位子、做小动作，发出奇怪声音等问题，不仅降低了自己的学习效率，还影响到了身边想要认真学习的同学。我们小组提出了以下建议：1. 四人为一小组，组长监督并记录学习时同学们的表现，以一节课为单位，如有讲话、做小动作发出奇怪声音者扣1分，安静学习者加1分，每天统计分数，给扣分多者布置班级劳动，加分多者予以相应奖励。2. 自习课约法三章，规定好交作业的时间，其余时间不能下位子。3. 结合实际，我们建议在自习课开设10分钟左右的“你问我答”环节，需要问问题的同学可以在这个时间段请教老师或同学，这样集中的讨论时间可以提升同学们的学习效率，既解决了“有题可问”，又保证了其他时间同学们有一个安静的环境学习。）

师：“嘘，别说话”小组的发言真是让我耳目一新！平时自习课，有同学上来问我问题，我在帮助这些同学答疑的同时，下面就会有讲话吵闹的声音。那么“你问我答”这个方法就可以很好地解决吕老师的烦恼！真棒！同学们觉得这个小组提供的建议怎么样？

（预设：同学们会认同第二小组的建议，甚至也会提出一些合理化的建议，比如加强自律等。）

师：同学们的思考都结合实际提出，吕老师认为奖惩机制的细化、可操作性十分必要，我们集思广益，注重落实，争取形成“班级纪律奖惩表”，这样能优化我们的学习环境。

学习环境是提升学习效率重要的外部因素，那么，提升自身完成作业的任务意识同样起到了事半功倍的作用。接下来，让我们听一听第三小组的分享吧！

（预设：第三小组汇报：我们讨论的是“做个学习计划吧”。先来说说我们总结出来的制订学习计划的小妙招吧。以学习日计划为例——我们需要对自己一天内可用于学习的时间有一个大致的规划，对每门课作业所需的时间也要有自己的判断。作业可分为课后巩固作业、新课预习作业、摘错积累作业，学有余力的同学还可以适当进行课外阅读等学习活动。

计划单上应有作业内容、预计用时、日期。为了更有动力地执行学习计划，我们可以选择一个自己喜欢的笔记本，完成任务时可以在任务项后面打上一颗星，这样完成全部内容后，就会很有成就感。学习计划是我们合理安排时间的小帮手，除了学习日计划，我们还可以制订周计划、月计划、寒暑假计划，等等。）

师：很高兴这个小组的成员们已经对学习计划有了初步的探索。这个小组的同学很细心，将如何制订学习计划的经验总结得很到位，希望全班同学从自习课的小计划入手，逐步增强目标意识，做一个会做计划、能完成计划的好学生。

五、贵坚持：交流分享，持之以恒

师：同学们，经过讨论，我们收获满满，当然，光说不做假把式，大家认真探讨成果很丰厚，希望接下来我们可以坚定自己的决心，真正做到静心学习，合理安排好自习时间。

读了惜时故事，相信锦囊的余温还温暖着我们的手心，探讨了上自习课的妙招，希望同学们可以真正做到自觉学习、高效自律。同学们，一寸光阴一寸金，寸金难买寸光阴。这是一句多么熟悉的惜时名言，而我们总是说得多，做得少。

现在，请大家拿出吕老师放在你们课桌右上角的空白卡牌，写上一句你感触最深的惜时名言，或是写上值得你学习的榜样的名字，希望你看到这张卡牌，就可以回忆起今天这堂班会课，做到老师在与不在，都一个样，做到发自内心珍惜时间，为实现自己的目标而奋斗。

让我们通过努力，自豪地说：自习课，我们能上好！

思考与建议

课后，我针对课上学生探讨的成果，细化了《班级纪律奖惩机制》《自习课规范》等班级规章制度，孩子们作为班级的管理者，每一条班级规章制度都认真讨论，然后表决通过。在这样的背景下，孩子们也乐于服从班干部的管理，自习课的纪律变好了，学习的效率也提高了。

原本总爱拖欠作业的学生，在“做个学习计划吧”小组的帮助下，渐渐学会了根据自己的需要制订合理的学习计划。教室的黑板上，每项作业后面，也出现了“推荐用时”的温馨提示。孩子们对时间的概念增强了，完成作业的过程中也更具自主性。

自习课开设的“你问我答”环节，受到了同学们的一致好评。班级里现在有了互帮团，两人一小组，六人一大组，每天自习课的最后十分钟，孩子们就会以组为单位，交流探讨一天下来的问题和收获。每个人都是彼此的小老师，每个人都是分享者，看着他们虚心请教他人，或乐于为他人解答的样子，心里有说不出的喜悦。

自习课，要培养孩子自主学习的能力，静得下心、真正用心，更要鼓励孩子从小养成自律的好习惯。希望这看不见也摸不着的时间，能够成为孩子们心中的一块表，一分一秒都掌握在他们自己手中。少年正青春，大好时光，静心，养性，做个读书郎。

附录：15 则名人惜时故事（目录）

第 1 则：齐白石作画

第 2 则：善用时间的歌德

第 3 则：富兰克林的一天

第 4 则：列宁：从现在开始

第 5 则：巴尔扎克的创作时间表

第 6 则：雨果的谢客术

第 7 则：圆木警枕

第 8 则：邓中夏的五分钟谈话

第 9 则：鲁迅：时间就像海绵里的水

第 10 则：车胤：聚萤读书

第 11 则：王亚南睡三角床

第 12 则：珍惜时间的爱迪生

第 13 则：苏洵食墨

第 14 则：施洋脚搓木棍读书

第 15 则：丘吉尔：即日行动起来

点评

吕若怡老师是上海新纪元教育集团丁如许工作室第 3 期高级研修班的学员。在研修班就以思维敏捷、反应快速被同伴称赞。这节课颇有特色，其中最值得称道的有：

1. 结构分明，提纲挈领。初读教案，“探日常：我们的自习课”“找问题：请你来当小侦探”“拆锦囊：时间就像海绵里的水”“共探讨：对症下药是关键”“贵坚持：交流分享，持之以恒”五个环节跃入眼帘，句式整齐，表达明确。由现象找问题，由问题寻对策，由当下到今后，条理清晰，结构分明，提纲挈领，不断推进。

2. 巧用锦囊，讲好故事。如何解决问题，吕老师采用了“锦囊授计”的有趣做法。不过锦囊里不是直接的计谋，而是让同学们读锦囊里的故事，感悟故事中的智慧，借助故事的启发来解决问题，为减少重复，特意准备了15个故事，且附上目录，便于老师们查找参考。

3. 重视讨论，重视指导。虽然是小学三年级学生，但吕老师予以充分尊重、充分信任。她设计了三个问题，让学生“根据讨论点上的桌牌，选择自己最感兴趣的目标组成小组交流探讨，总结出可以上好自习课的妙招，再分享给全班同学”。说实在话，我有点担心，但吕老师告诉我她是这样做的，这样做的最大好处就是让学生动起来，大家来支招。同时支招后承诺、践行很重要。她告诉我因为话题小、目标明确，讨论完全可以深入，而老师的相机指导、集中点拨也都是很重要的。

15 你笑起来真好看

——学生生活中不习惯微笑怎么办

陕西省西咸新区沣西新城第四学校　杨谨坤

问题的提出

微笑，一个洋溢着快乐的词语。探究其背后的意义，是一个人对待生活、面对困境应该有的乐观向上的积极态度。小学生天真、活泼，应该笑口常开。然而我通过观察，发现学生普遍在人际交往中不习惯微笑，在待人接物时常常表现得比较沉闷、消极。有的孩子会因为值日生不小心将拖把扫到自己的鞋面而对同学恶语相向；有的孩子会因为在家沟通少而在学校保持着高冷眼神；也有的孩子对学校组织的许多活动表现得淡漠。看到这些现象，我认为需要召开班会来帮助学生找回他们遗失的微笑。

三年级的学生大多数已经理解为什么要用乐观的态度来面对生活，也能理解微笑所能带给人的积极影响。但随着学业的压力增加，再加之互联网时代家长也常常沉浸在智能便捷的手机中，忽略了和孩子的交流，以至于孩子们逐渐地开始习惯于不微笑。《中小学文明礼仪教育指导纲要》明确要求小学生要“掌握微笑、点头、鞠躬等常用体态语”。基于这些思考，我设计并实践了“你笑起来真好看”这节班会课，通过丰富多彩的活动，让孩子们学会微笑，习惯微笑。

目标的思考

1. 通过活动，让学生认识到微笑的积极作用，认识到在生活中保持微笑的重要性。

2. 通过活动，让学生感受微笑的魅力，感受到微笑带来的快乐。

3. 通过活动，引导学生在生活中学会微笑，习惯用微笑来面对生活。

课前的准备

1. 利用互联网搜索微笑、愤怒、伤心、忧愁等表情图片。

2. 每位同学准备一面小镜子。

3. 指导学生排练情景剧，拍成视频。

4. 和家长沟通，收集学生在日常生活中的微笑照片，制作班级影集“你笑起来真好看”。

5. 每位学生准备一张自己微笑的照片。

课时的安排

35 分钟（大班会）

实施的过程

一、出示“表情包”，导入话题

师：同学们，在我们平时使用社交软件时，“表情包”是我们运用最多的工具之一，它除了“搞怪”的性质外，还可以准确地表达出我们内心的真实感受，今天老师要为大家介绍几位新朋友，这几位朋友不知出于什么原因，有的面无表情，有的满脸快乐，还有的痛哭流涕呢。请你告诉老师如果要和他们做朋友的话，你会选择哪一个呢？为什么？（出示微笑、愤怒、伤心、忧愁等不同表情的图片）

（预设：学生会选择微笑照片，并且积极举手发言。）

师：同学们的回答都非常精彩，而且老师发现大部分同学都想和这位面带微笑，洋溢着快乐的“表情包”交朋友。微笑是最好的语言，微笑是最好的通行证。其实，生活中我们每个人都会对微笑乐观的人抱有好感，因为微笑不仅可以表达善意，而且可以拉近心灵的距离。这一点大家同意的话，请用热烈的掌声来表达你们的肯定态度。

（预设：学生积极鼓掌。）

师：非常棒！既然大家都很肯定微笑的意义，那么就接着大家热情的掌声开始我们今天的班会——你笑起来真好看。（出示课题）

二、对照镜子，学会微笑

师：同学们，既然今天我们要聊的话题是微笑，你们有谁知道标准的微笑是怎样的？可以和大家分享一下吗？

（预设：学生会说，微微地笑，笑时露一点牙齿，等等。）

师：对于微笑，通常标准的定义，就是别人在离你三米时，就可以看到你的微笑。面部表情和气可亲，嘴角微微上翘，自然地露出上齿的八颗牙。这样的微笑是舒心的，传达着善意。今天大家都准备了一面小镜子，现在请同学们拿出小镜子，对着镜子试一下，看看你的微笑会不会打动你自己。如果能打动到你的话，可以同桌、前后桌相互微笑，看看你的微笑是否也会打动别人呢？

（预设：学生自己先对着镜子练习微笑，然后互相微笑。）

师：大家的微笑都很甜美，那老师想问大家一个问题，当你的同桌、前后桌对你报以微笑时，你的内心感受是什么样的？有谁愿意给大家分享一下？

（预设：学生会说，心里很舒服，被别人的微笑打动。）

三、观看视频，引发讨论

师：通过刚才的模拟微笑、体验微笑，相信大家都能感受到微笑在我们生活中的重要作用，也懂得微笑会给我们的学习和生活带来积极的影响。但是同学们，我们光说要微笑还是远远不够的，只有将微笑变成了习惯，才会将微笑融入自己的生活。

现在请观看我班同学事先准备的两段情景剧表演的视频，老师相信这两段视频一定会让你有所思考。大家观看完后以四人小组为单位，讨论下面的问题：情景剧中哪些同学的做法是不可取的？如果你是小红，你会怎么办？你会给这个班级的同学提出什么建议呢？

（播放视频。情景剧内容如下：下午放学后学校要对各班进行卫生大检查，老师安排好了每位同学负责清扫的任务后，大家懒懒散散地行动起来。这时负责提水的小红同学一直没见踪影，有同学开始抱怨：“没水，怎么洗抹布呀?”跟前站着的劳动委员毫不客气地指着另一位同学说：“你，去看看，小红在干什么呢？磨磨蹭蹭的。”话音刚落，小红满头大汗地跑来了。有人怒气冲冲地说：“你怎么现在才来！都耽误我们用水了！太不像话了！”也有同学安慰小红说：“你没事吧？先擦擦汗，一会儿我们一起干！”）

（观看情景剧后，学生以四人小组形式开展讨论。）

师：大家讨论得很热烈，我们先开始第一个问题的讨论：情景剧中哪些同学的做法是不可取的？

（预设：学生会说，劳动委员说话太不客气了，没有礼貌，其他同学的态度也比较粗暴，等等。）

师：同学们分析得很好，那如果你是小红，你会怎么办呢？

（预设：学生会说，自己是小红的话心里会非常难受，会哭，告诉老师，等等。）

师：看来大家还是很理解同学的。那你们会给这个班级的同学提出什么建议呢？

（预设：学生会说劳动委员应该灵活调度，应该遇事不慌；其他的同学应该了解一下情况，不要乱抱怨。）

师：同学们，你们的讨论特别精彩，面对这样的情况，小红心里肯定非常难过，而其他同学满是抱怨，他们处理问题的方法需要改变。刚才大家提的意见，相信这个班级的同学也已经听到了，让我们来看看他们是如何改进的吧！

（播放第二段视频。情景剧内容：下午放学后学校要对各班进行卫生大检查，老师安排好了每位同学负责清扫的任务后，大家积极地行动起来，负责提水的小红同学还没有来，影响了一些同学的工作。这时，有同学说：“没水了，我去提。”跟前站着的劳动委员微笑着说：“好！辛苦你了，我们先打扫卫生死角。”话音刚落，小红满头大汗地跑来了，边跑边说：“对不起，数学老师找我有点事。来晚了。”这时大家都笑着说：“不晚不晚，不耽误的。”还有同学笑着对小红说：“没你辛苦打水，我们就慢多了，你对我们来说多重要呀！”）

（预设：同学们为这一段表演热情鼓掌。）

师：同学们，同样的问题，换一种处理方法就收获了不一样的结果，在生活中你只有把微笑待人当成一种习惯，我们的班级才会变得团结强大，我们的生活才会变得和谐美好，这就是把微笑当成习惯的魅力，也是微笑的魅力。

四、拍摄合照，比比微笑

师：看了刚才的情景剧，老师相信你们也都懂得如何将微笑转化为习惯了，对于本身就是乐观派的同学，老师希望大家不要压抑自己的天性，经常保持乐观，但是如果你以前不善微笑，老师希望你以后能勇敢地露出美丽的微笑，这是你拉近人与人心灵距离的一大步。接下来，老师给大家拍一张大合照，然后投放在屏幕上，我们一起来评选一下看谁的微笑最动人。

（预设：学生积极参与拍照，并分享自己认为最动人的笑容。）

师：在老师看来，你们每个人的微笑都很动人，这一张照片的背后，老师看到了大家的纯真与善良，更看到了你们要将微笑转变为习惯的起点。

五、分享故事，习惯微笑

师：在进行这次班会之前，老师和你们的家长有过沟通，其实，大家在生活中都是很愿意去微笑的，今天，你们还准备了自己微笑的照片，有谁愿意和大家分享一下你的微笑照片及背后的故事吗？

（预设：学生分享微笑的照片和照片后的故事，有的介绍帮妈妈做家务时，妈妈拍的微笑照片；有的介绍外出旅游时，全家合影的微笑照片；有的介绍竞赛获奖时拍的微笑照片；等等。）

师：感谢同学们的分享，通过今天的活动，我相信同学们心里都有很多话要说，那么现在我们就来谈谈自己的感受，或者在今后的班级学习生活中，你会怎么做？

（预设：学生会说，自己会对同学、对老师报以微笑；自己会学会微笑，养成微笑的习惯；会积极努力，争取站在领奖台上，露出自豪的微笑；等等。）

六、热情寄语，微笑永恒

师：看到同学们找回遗失的微笑，老师心里非常开心，老师也为大家准备了一份特殊的礼物（边说边播放动态影集“你笑起来真好看”），这是你们灿烂一笑的美丽定格，这是你们笑对生活的精彩瞬间。你笑起来真好看！你们笑起来真好看！

我希望你们在今后的学习生活中将微笑作为一种习惯，作为一种态度。希望你们能乐观地对待学习，对待生活，感受微笑的无穷魅力！

思考与建议

这节班会课最重要的意义就是通过一系列的活动来引导学生“认识微笑，学会微笑，习惯微笑”，培养学生积极乐观地面对生活，养成微笑待人的好习惯，感受微笑的魅力。

这节班会课后，我仔细观察了学生的日常学习和生活情况，发现学生之前存在的沉闷状态都有所改变，特别是那些平时表现高冷的学生，他们通过这节班会课的引领，也能够展现出他们乐观向上的一面，在整体氛围好转的情况下，班级面貌也发生了显著的变化。

我们班闫瑞杰同学是内向的男孩儿，平时不善言谈，表现得非常胆小。以前他从来都是独来独往，很难得到同学的关注。上了这节班会课后，他的改变非常明显，他把自己微笑的照片放在桌子的左上角，上课开始主动举手回答问题，班级集体活动时，他和同学们的交流也越来越多。尤其是上下学时，他的身边出现了不少好朋友。

我们班的蒋语涵同学说：“老师，在家里爸爸妈妈总是忙于工作，回到家和我聊得特别少，上了这节课后，我主动和爸爸妈妈交流，我给他们模仿了他们回家后的状态，让他们模拟微笑的模样。他们都哈哈大笑。爸爸说以后要戒掉手机，多和我聊天。妈妈说，以后她也要保持乐观。”

通过课上学生的表现和课后的反馈，我觉得要让学生养成微笑的习惯，教师不能为了微笑而强调微笑，应该帮助学生解决学习生活中的困难，让他们感受到战胜困难的快乐，感受微笑的魅力，养成微笑的习惯。

点评

“你笑起来真好看”，这是许多孩子喜欢唱的一首儿歌的歌名。杨老师把它作为一节小学班会课的课题，特别可亲。仔细看这篇教案，我感到：

1. 选题居高望远。学会微笑这个话题，不仅是改进班级工作的需要，而且是关乎学生当下和长远发展的需要。《中小学文明礼仪教育指导纲要》明确要求小学生要“掌握微笑、点头、鞠躬等常用体态语”。就“掌握”而言，需要老师加强指导。杨老师从落实有关文件要求，从关注学生发展的高度来思考如何上好这节课，体现了教育工作者的使命担当。

2. 活动新颖易行。课上“对着镜子学微笑”“拍摄照片比微笑”“AB 短剧说微笑”“讲述故事话微笑”，一连串的活动既有新意，又简便易行，得到了学生的欢迎。特别是“对着镜子学微笑”，学生会发现“你（我）笑起来真好看”；“AB 短剧说微笑”中 AB 不同短剧情景演绎，学生会有更多的思考。为了保证课的顺利推进，AB 短剧均采取拍好视频，供同学们观看的方式，其实 B 剧可以让孩子们现场表演一下，效果会更好。

小学生本是爱笑的年段，为什么现在笑容少了。这个问题的原因是多方面的，相信随着教育改革，孩子们会有开心的笑靥，不但有微笑，也有放声的笑。那时“学会微笑”将有新的内涵。

16 学会说“不”

——学生不会拒绝怎么办

上海市嘉定区苏民学校　郜筱曼

问题的提出

三年级的学生生活经验不足，自我控制能力也比较差，不能有效地管控自己的日常行为。在老师发现问题时，他们常常说是被他人引诱，或者跟着其他同学才这么做的。

我和多位同学进行了交流，发现他们心里明知不对，也不会拒绝他人，等老师或家长批评时，才意识到原来自己不会拒绝也是错误的。

我看到他们因为不会拒绝，犯了不少错误，也担心他们出了校园因为不会拒绝带来更多更严重的问题。因此开展了“学会说‘不’”这节班会课。

目标的思考

1. 通过学习，让学生知晓哪些事该拒绝，并掌握基本的拒绝技巧。

2. 通过活动，让学生明白，在日常学习生活中，我们有权利说“不”，但也要维护良好的人际关系，在活动中既要增强独立人格，也要学会友好相处。

3. 通过初步学习和掌握拒绝的技巧，增强学生人际交往能力。

课前的准备

1. 拍摄相关视频。

2. 指导三组学生表演情景剧。

3. 准备上课用的头饰及道具。
4. 请家长录制有关视频。

课时的安排

35分钟（大班会）

实施的过程

一、听故事，激趣导入

师：同学们，今天我们来听一个故事吧！这个故事叫《兔子与乌龟》。
（预设：同学们开心地坐好准备听故事。）
师：故事是这样的——
从前有座高山，山脚下住着一只乌龟，一只兔子。他们是好朋友。
有一天，兔子和乌龟一同去山里玩耍，一路上有说有笑，开心极了。突然，天空乌云密布，快要下雨了，乌龟赶紧跟兔子说："快要下雨了，我们赶快回家吧！"可兔子玩得正开心，它对乌龟说道："没关系，我们再玩一会儿吧！"
乌龟听兔子这么说，心里很不情愿，但想到兔子是自己的好朋友，好朋友想玩，怎么能拒绝呢？于是就继续陪兔子玩。
雨很快就下起来了，而且越下越大，兔子和乌龟只好狼狈地跑回家，他们满身泥巴，身上全被雨水淋湿了。乌龟还得了病，在家里躺了好几天。
为了这件事，乌龟一直和兔子赌气，心想：当时拒绝兔子该多好！
师：同学们，此刻你的心情怎么样？
（预设：学生回答，有点气愤，同情乌龟；指责兔子固执己见；等等。）

二、分析问题，学会"勇于说不"

师：同学们，乌龟向你们发来了疑问，如果你是我，当时究竟该怎么做呢？后悔不后悔呢？（出示课件：小乌龟的疑问）

（预设：有的同学回答该拒绝，有的同学回答拒绝有点难；有的同学回答会后悔，有的同学回答不后悔；等等。）

师：有的同学回答不后悔。是呀，毕竟都是好朋友，好朋友想玩，就一起玩吧。有的同学回答后悔，很能理解你，明明天气有变，乌云密布，下大雨是必然的。现在淋了雨，生了病，损失大了，当初就是该拒绝！那么，在别人向你提出请求时，你有没有难以开口说“不”的时候？

（预设：学生回答：“有。”）

师：我们有时很难拒绝别人，尤其是与自己关系亲密的人。今天这节课，我们就来学习如何说“不”。（出示课件）

师：有的同学心里可能在嘀咕：说“不”也太简单了吧！不过真的是这样吗？兔子和乌龟来到了我们班体验生活。周一早晨，他俩和我们一起来到学校上学。早读课结束后，同学们都忙着交作业。乌龟刚打开自己的作业本后，发生了这样一件事，我们一起来看看。（出示课件，播放视频。视频内容简介：乌龟有道题目不会做，他觉得兔子是他的好朋友，肯定会给他抄。但他没想到的是，兔子竟拒绝了自己。）

师：同学们，兔子好像有个问题想问问大家。（播放视频。视频中兔子提问：如果你们是我，你会接受还是拒绝乌龟的请求呢？）

（预设：许多同学说会拒绝，有的说给乌龟抄作业是违反学校规定的，有的说给乌龟抄作业会影响他的学习的，等等。也许有少数同学会说，给乌龟抄，因为我们是好朋友，就帮这一次，等等。）

师：生活中，有些事是必须要拒绝的。不能因为是好朋友，就不拒绝。乌龟和兔子出去玩，明明乌云密布，大雨将至，还是迁就了兔子，没有勇敢地说“不”，结果被雨淋了，狼狈不堪，还生了病，真糟糕！而乌龟有道作业题不会做，向兔子借作业抄时，兔子拒绝了他。兔子做得真棒！抄作业危害很多。比如不动脑筋，弄虚作假，养成坏习惯，影响班风，等等。抄作业的危害有时可能一下子看不出，但大量事实证明，抄作业的危害很多。我们要坚决说“不”。你们说对不对？

（预设：学生回答：“对！”）

师：生活中，我们发现有些事不该做时，一定要坚决地说“不”。社会上，形形色色的人都有，当我们内心感觉对方不怀好意时，要坚决说“不”；面对诱惑的时候，要坚决说“不”！如果别人要求的事情是我们内心非常不愿意的事情，我们更要坚决说“不”！

三、分析情景表演，学会“委婉说不”

师：生活是很复杂的。我们来看下面发生的情景，思考该怎么办——

周日下午，乌龟正忙着写作业，兔子兴冲冲地拿着一本新买的连环画到乌龟家，想和乌龟一起看。现在乌龟该怎么办呢？

有三组同学给我们带来了三段表演，看完表演后我们进行讨论，相信你会有所收获。现在请三组同学依次表演。

（第一组同学上台表演。）

兔子（拿着连环画，开心地来找乌龟）：“乌龟，乌龟，我这里有一本好看的连环画，我们一起看吧？”

乌龟：“你真够朋友，有好东西第一时间想到我，作业不写了！我们看连环画！”

兔子：“耶，太好啦！”

（第一组同学表演结束，同学们报以掌声。）

师：现在请第二组表演。

（第二组同学上台表演。）

兔子（拿着连环画，开心地来找乌龟）：“乌龟，乌龟，我这里有一本好看的连环画，我们一起看吧？”

乌龟（态度很差）：“你没看到我在写作业吗？陪你看连环画，我作业完不成怎么办？你自己回家看去！”

兔子：“哼，我不跟你玩了！”

（第二组同学表演结束，同学们报以掌声。）

师：现在请第三组表演。

（第三组同学上台表演。）

兔子（拿着连环画，开心地来找乌龟）：“乌龟，乌龟，我这里有一本好看的连环画，我们一起看吧？”

乌龟：“我的作业还有点没有写完。这样吧，我抓紧时间做。做好作业，我们再一起看，好吗？”

兔子：“好的！”

（第三组同学表演结束，同学们报以掌声。）

师：让我们一起来采访一下三组的“兔子”和“乌龟”（请同学站在前

面）。第一组的“兔子”，你开心了吗？“乌龟”呢？

（预设：“兔子”回答，开心。“乌龟”回答，表面开心，内心不开心，因为作业没做完。）

师：“兔子”开心了，“乌龟”心里却不愉快，作业没写完，明天说不定会被老师批评呢！“乌龟”为了保持友情，违背了自己内心。其实，说出“不”是很重要的。（贴板书：勇敢说“不”）

师：第二组的“兔子”和“乌龟”，你们当时是什么心情？

（预设：“兔子”回答，生气，“乌龟”回答，开心。因为表达了内心的想法。）

师：“乌龟”敢于说“不”，却不善于说“不”，惹得“兔子”生气了，同学之间的友谊受到影响。所以我们在拒绝时，可以尝试委婉地说“不”。（贴板书：委婉说“不”）

师：第三组的“兔子”和“乌龟”，你们当时的心情怎样呢？

（预设：“兔子”回答“失望”。“乌龟”回答“开心”。）

师：“乌龟”既有说“不”的勇气，又有说“不”的智慧，从哪里看出他有智慧的呢？（贴板书：提出建议）真希望你们能成为这样的“小乌龟”！

四、家长介绍方法，学习并进行实战演练

师：除了“乌龟”和“兔子”，大头儿子好像也遇到了让自己苦恼的事情，我们一起来看看。（播放视频。视频简介：小头爸爸教育大头儿子，当自己有做不到的事情时，不要随便答应他人。但是大头儿子却觉得拒绝别人很没面子，不想让自己的好朋友看不起自己。小头爸爸却坚持让大头儿子要学会说“不”。有一天，小伙伴来找大头儿子，请求大头儿子答应自己一件事，可是大头儿子还没有弄清楚是什么事情就立马答应了下来。谁知道小伙伴居然是想玩自己最喜欢的玩具汽车。此时的大头儿子虽然内心非常不愿意，但出于面子还是把小汽车给了小伙伴。最后伤心地向爸爸抱怨。）

师：大头儿子遇到了什么困难呢？你能不能教教他呢？

（预设：学生提出用委婉拒绝的方式。）

师：怎么才能有刚才第三组表演中“乌龟”的勇气和智慧呢？既不违背自己内心的想法，也不用担心失去友谊。小林同学的妈妈给我们带来了新的好办法，竖起小耳朵，擦亮小眼睛，一起来学一学。（播放家长视频）

小朋友，你们好！我是小林同学的妈妈。刚才大家都看了《大头儿子小头爸爸》视频吧，那么我们来想一想你的生活中是不是也遇到过视频里相似的情景呢？当别人开口提出请求时，你们是不是也有想拒绝又不好意思开口的时候呀？下面，我们就来谈谈“拒绝”这个话题。

同学们，助人为乐是很珍贵的品质，平时生活中我们应该尽力做到团结友爱，真诚待人。但是，在有些场合，我们也要敢于说“不”。比如，有些东西对你来说很重要，不能借给朋友。或者，别人叫你一起去做不好的事。这时候，你就应该大声地“拒绝”。不过，正确说“不”，也是有方法的。下面，阿姨就教给大家几招说“不”的小窍门。

首先，拒绝的意思要明确，拒绝的态度却要委婉。“不行，我不去，不好意思。”“不可以，抱歉啦。”“实在不能借给你，请理解。”以这样简洁的语句作为表达的开头。其次，说清拒绝的理由，诚恳地表示歉意。例如大头儿子可以和小伙伴说：“这是我非常珍惜的遥控汽车，我真的非常爱惜它，不方便借给你，实在不好意思。”最后，假如你面对的是不依不饶的小伙伴，我们还有一个小窍门。提供替代方案，邀请他人帮助。例如刚才大头儿子可以说：“我这里还有一辆更好玩的玩具车，这辆小汽车给你玩吧！”例如大头儿子邀请小头爸爸介入，让小头爸爸一起证明“玩具汽车很珍贵，不能借给他人玩”。

希望这三个小诀窍能够帮助到你们，希望你们能够学会说“不”。

（预设：同学们饶有兴趣地看。）

师：老师总结了一下，小林同学的妈妈，给了我们三个非常有智慧的小诀窍（展示课件：1. 意思明确，态度委婉。2. 说清理由，表示歉意。3. 提供替代方案，邀请他人帮助。）现在，各个小组准备，看看以下问题，如何用好这几种方式，开始讨论！（出示课件）

问题1：假如你正在读一本好书，这时有同学发现后也很感兴趣，向你借，但你明天要进行国旗下演讲，需要引用这本书的资料，不能马上借给他。你该怎么办？

问题2：妈妈准备用同一种花色的窗帘布来布置所有的房间，而小华想选择自己房间窗帘的花色。这时小华该怎么办？

（同学们讨论，老师巡查，参与讨论。）

师：好！现在我们来做交流。

（预设：关于问题1，同学们认为可以这样回答，真是不巧，我明天就要进行国旗下演讲，需要引用这本书上的资料，所以不能马上借给你。我明天用完后再借给你，好吗？关于问题2，同学们认为可以这样回答，小华说：“妈妈，我最近听节目里说，房间的布置应该个性化，如果不同的房间用不同的窗帘，就有多样的美，而且可以展现个性。你觉得节目里说的是不是有道理？我想用我的房间做实验，可以吗？”）

师：通过今天的课，你学会有智慧地说“不”了吗？

（预设：学生回答：“学会了！”）

五、总结全课，给出寄语

师：同学们，生活是我们学习的教科书。我们应该知道，对于他人的请求，自己有说“不”的权利。学会拒绝，是做好自己的前提。

很多人之所以不忍开口拒绝别人，是感觉抹不开面子，怕会伤害到别人的自尊。其实，不懂拒绝的人，到头来吃亏的都是自己。

事实上，在拒绝这件事上，没有我们所想的那么复杂。人际交往，有时就应该简单明了，该说的说，该拒绝的果断拒绝，否则只会伤人伤己。

请你们记住，不要因为怕伤害别人，就把为难的事情应承下来。勇敢地说“不”，智慧地说“不”，是我们应该学习的。课后，我们再从生活中，向老师、向父母、向同学请教说“不”的好方法吧！

思考与建议

课后，我仔细观察了学生平时的学习、生活情况，发现学生对于说“不”这方面有了很好的改善。

以前，有的同学总是因为不会拒绝而影响了自己的学习。现在，他们学会了说“不”，知道面对自己内心真正的想法时，应该如何大胆表达。有的同学之前也出现过由于不恰当的拒绝，与小伙伴发生了冲突，他们现在也能用正确的态度、巧妙的方法去表达，在拒绝的同时保持了友谊。

这节课在校内上时，我校班主任工作坊的老师们在研讨时提出了不少好的建议，帮助我拓宽思路。如原先故事的主人公是乌龟与乌鸦，大家认为乌龟与乌鸦名称很接近，是否考虑选择区分度大一点的动物。大家还提到该拒绝时一定要勇敢地拒绝，比如个人的隐私部位、家庭的私密信息等。这些好的建议让我感受到研讨对好课形成的重要性。

点评

喜欢部老师的这节课，是因为这节课源自老师对学生存在问题的分析，源自对学生成长需要的思考。学生“心里明知不对，也不会拒绝他人”“因为不会拒绝，犯了不少错误，也担心他们出了校园，因为不会拒绝会带来更多更严重的问题。”基于这些思考，这节课有两个特点，很值得我们学习：

1. 用好故事。小学生特别是低中年级的学生，特别喜欢听故事。部老师以同学们熟悉的“乌龟”和“兔子”为主角，创设新的情节，来引发孩子们的思考。“乌龟”明知天气有变，乌云密布，下大雨是必然的，但出于情面没有拒绝“兔子”，结果“得了病”。这里的寓意是比较明了的。部老师意犹未尽，安排“乌龟”和“兔子”来到班上“体验生活”，出现了周一“乌龟”要抄作业兔子借不借；“乌龟”周日做作业，“兔子”带来好的连环画，“乌龟”该怎么办等多个难题。后面的故事则需要学生代入，需要学生参与，发挥了故事启智导行的作用。

2. 辩证思维。生活是复杂的，对生活中的问题，不能简单化地处理。部老师指导学生在拒绝他人时，既要“勇于说‘不’”，又要“委婉说‘不’”。这样的引导体现了辩证思维。在分别引导的基础上，部老师又请家长来现身说法。家长的话是对部老师指导的提炼和补充。这样由分到合，加强指导，可以加深印象。当然，学会拒绝，绝不是课上的一次指导就能完全习得的，还需要在生活中不断实践。

17 运动吧，我为你点赞

——学生不喜欢运动怎么办

浙江省金华市君华国际学校　方晨敏

问题的提出

自从世界卫生组织在2016年发布《青少年身体活动不足的全球趋势》后，教育部对各个年龄段孩子的体育运动提出了新的要求，在此背景下，学校的体育课比重升高，孩子们的运动量加大。但是，在这一可喜的现象背后，班级里的部分孩子却对运动怨声载道，一些孩子在体育运动中敷衍了事，甚至以各种理由逃避体育运动，积极参加校外体育运动的只有少数人。

基于此，我在班级做了一项关于体育运动的调查，从学生反馈的情况看，三年级有半数以上的孩子不喜欢体育运动，尤其是长跑、跳绳等单一且需要耐力的运动项目。根据体育老师反馈的情况看，三年级的孩子在运动时耐力不足，运动时间超过15分钟便出现抵触的现象。从家长的反馈情况看，三年级的学生家长更重视文化课，在课外常为孩子补习文化课，而非运动类项目。此外，孩子在家更喜欢玩电子产品而非运动。原因为以下几个方面：害怕受伤；运动后感到疲惫；喜欢看电视玩IPad；觉得运动会占据学习时间，没有多大意义。

然而，养成积极运动的生活方式对孩子们的身心健康大有益处，因此，让孩子们爱上运动，积极主动进行体育运动，享受运动带来的乐趣与福利，需要班主任积极引导。

目标的思考

1. 通过学习，了解体育运动的意义和好处。
2. 科学运动，学会在运动中做好科学防护。
3. 爱上运动，正视并解决体育运动的难处。

课前的准备

1. 和学生交流，了解学生不喜欢体育运动的具体原因。
2. 和家长进行相关的交流沟通，力求家校形成合力，共同促进学生的体育运动。
3. 运动榜样学生讲解运动计划。
4. 上课时座位呈U字形布置。

课时的安排

35分钟（大班会）

实施的过程

一、情境导入，分析原因

师：今天老师给大家讲一个故事。话说，唐僧、孙悟空、猪八戒、沙和尚、白龙马在成功取得真经后，都各自封了佛号，五人也是各有各的事要忙，好多年都没见面了。有一天，孙悟空见人间的生活如此有趣，便邀请其余四人一起下界，之后又会发生什么故事呢？请看屏幕——（出示课件）

孙悟空邀请唐僧去打篮球，唐僧以自己忙着参悟真经，没时间打篮球为由拒绝了。孙悟空又邀请猪八戒去踢足球，猪八戒以踢足球后定会全身酸痛难忍为由拒绝了。孙悟空接着邀请沙和尚去跑步，沙和尚以跑步还不如打游戏为由拒绝了。孙悟空邀请白龙马去打排球，白龙马害怕受伤，拒绝了。孙悟空长叹一声："运动多开心啊，怎么他们就这么不喜欢运动呢？"

师：同学们，为什么唐僧、猪八戒、沙和尚、白龙马都不喜欢运动呢？

（预设：学生能根据故事说出唐僧等人不喜欢运动的原因：觉得运动会占据学习时间；运动后感到疲惫；运动很无聊，还不如打游戏；害怕受伤；等等。）

二、解决难处，科学运动

师：同学们，你们认同这些理由吗？为什么？

（预设：同学们各抒己见，有些同学赞成，有些同学不赞成。）

师：是啊，运动确实有可能受伤，运动后疲惫的感受也真是不好过。可孙悟空怎么就那么喜欢运动呢？这个问题啊，孙悟空特别请了咱们班体育老师来给我们解答。

体育老师：同学们，你们是否遇到过在运动时出现脚抽筋、肚子疼，运动后肌肉酸痛的现象？如果你遇到过，那说明你的运动不科学。科学运动需要你做三件事。第一件事——热身，热身运动可以有效地防止抽筋等一系列身体不适的情况发生，花五分钟时间动动手腕动动脚腕，活动活动身体是科学运动的开端。怎么记住这些热身运动呢？老师编了一首儿歌：

转转脖子，五六七八，扭扭腰肢，五六七八。

动手动脚，五六七八，换另一边，再来一次。

膝盖转圈，五六七八，全身运动，五六七八。

（预设：学生按顺序站到教室中间，按照节拍，自主完成热身运动。）

体育老师：第二件事则是在运动时要保护好自己，选择宽阔的场地，穿宽松的衣服和舒适的鞋子，轮滑等较危险的运动要戴好护具；运动中要及时补充水分，但喝水要小口喝（体育老师拿水杯示范）；根据天气情况，适量运动不过激，饭前饭后不运动。第三件事则是运动后的及时拉伸，运动时，身体会产生乳酸，乳酸会让肌肉酸痛，而运动后及时拉伸就可以有效避免这个问题。

为了帮助大家记住这些动作，老师同样编了一首儿歌：

十指相扣，举过头顶，一二三四，五六七八。

十指相扣，放在背后，一二三四，五六七八。

抓住手肘，放在脑后，一二三四，五六七八。

换另一边，再来一次，一二三四，五六七八。

双腿伸直，身体向前，一二三四，五六七八。

盘腿坐下，抓住双脚，一二三四，五六七八。

回忆一下老师刚才教的动作，对照儿歌，我们再来一次拉伸运动。

（预设：学生按照节拍，自主完成拉伸运动。班主任引导孩子回到座位。）

体育老师：最后，如果在运动中擦伤、碰伤，也不要紧张，做好消毒杀菌和包扎就可以，只要你做到科学运动，那么运动会带给你巨大的享受。

师：同学们，现在你知道科学运动应该怎么做了吗？

（预设：学生回答，剧烈运动前要热身；运动时要及时补充水分，喝水时小口喝；做危险运动时要戴好护具；运动后要及时拉伸；运动受伤不可怕，科学防护最重要；等等。）

师：同学们，只要做好防护措施，科学运动，就能保护自身安全，不仅如此，科学运动好处多多呢。让我们一起来听一听科学家们是怎么看待运动的。（播放视频《了解这些益处之后，相信你也会爱上坚持运动!》，剪辑片段为前3分55秒。视频简介：运动可以加强骨骼，清除坏胆固醇，降低中风、高血压和糖尿病的风险。运动时产生的各种激素可以使身体产生愉悦反应，使注意力集中，改善心情和记忆。团体体育运动还能加强团结协作能力，减少抑郁症风险。）

师：总之，运动所带来的好处是显而易见的，听说我们要开这样一次班会课，我们班的家委会代表小罪妈妈带领家长们在班级群里进行了热烈的讨论，听听大家的爸爸妈妈是怎么说的吧。（展示聊天记录）

小罪妈妈：我特别赞成孩子们要多运动，我们小罪就不太爱运动，个子长不高，希望以后能越动越快乐，个子节节高。

小妍妈妈：我们小妍平时埋头读书，我也忽略了她的运动，确实，学习要劳逸结合。

轩轩妈妈：我们轩轩一直都挺喜欢踢足球的，这一年课业繁重起来后我很少关注他的运动了，结果他每天都会玩IPad，又伤眼睛，又伤颈椎，这些时间用来踢足球挺好。

三、榜样示范，制订计划

师：看来爸爸妈妈们已经认识到了运动的重要性。我们班的小傅同学也是一位运动达人，现在我们请小傅同学来介绍他的运动计划。

小傅：我上学前、放学后都是健步走。放学前的体育活动时间我会叫上小原他们一起去打篮球，平时我们体育课都会进行运动，所以有体育课的那天我会在家进行一些简单的小运动，比如平板支撑、跳绳五分钟等。如果当天作业比较多，我会选择不坐电梯，爬楼梯回家，这样既节省时间又保证了运动量。周末时间我会劳逸结合，作业完成后，我会进行一些体育锻炼，和朋友打篮球，打羽毛球，我最喜欢的还是踢足球，因为我是校足球队的一员，所以我经常会叫上朋友踢足球。每周六下午我都有一节街舞课，跳街舞其实也是一次运动。

师：小傅同学合理安排时间，不仅考虑到每天的运动量，还兼顾到学习时间，真不错！小傅同学是运动达人，我们小睿同学也不赖，来听听他的一周运动计划。

小睿：我会在放学完成作业后和小区朋友打羽毛球，我经常参加羽毛球比赛，所以每天都要练习羽毛球。如果当天作业比较多或者天气不好，我会改为在家里对墙练习羽毛球或者跳绳。我爸爸喜欢爬山，我经常在周末时和爸爸一起爬山，我妈妈每天在家跳绳和“波比跳”，我会在旁边陪她一起跳。

师：小傅同学爱跳街舞，踢足球；小睿同学爱打羽毛球；小傅同学做平板支撑；小睿同学“波比跳”。有室外运动也有室内活动，两人各有各的好点子。同学们，你还有哪些运动的好点子？

（预设：学生回答，躲避球，“鬼抓人”等课间玩的游戏。）

师：有时候天气不好，不适合户外运动，有时候作业较多，特意出门运动太费事，怎么办呢？老师这里也有一些运动好点子，想不想瞧瞧？

［教师请一位同学协助演示，介绍室内运动小游戏：1. 蹲马步（深蹲）；2. 拍苍蝇（棒球运动简化版）；3. 砸鸭子（用筐子接球）；4. 顶牛牛（双方站定互相推掌）。］

师：同学们，一个人运动未免显得枯燥，何不和你的好朋友一起制订属于你们的运动计划呢？拿上笔，邀请你的朋友、家长、同学开始制订计划吧。

计划表如下：

一周运动计划

第____周	____月____日
周一	
周二	
周三	
周四	
周五	
周六	
周日	
运动类型：跑步、爬楼梯、跳舞、跳绳、武术、体操、爬山、划船、球类运动、骑自行车、游泳…… 运动小游戏：“砸鸭子”“拍苍蝇”“顶牛牛”蹲马步（深蹲）……	
计划执行人：	邀请运动成员：

（预设：同学们按照自身情况制订运动计划。）

四、展望未来，执行计划

师：看到大家制订的运动计划，老师感到很欣慰，运动不在于多么剧烈，而贵在每天的坚持。运动也不在于内容，这个运动项目厌烦了，我们可以换一个项目，老师这里还有一些有趣的运动好点子，我会不定期发布。同学们，你们知道吗？上课开始时同学们表演的《西游记后传》的故事还有后续呢！一起来看看吧。（出示课件）

孙悟空被四人拒绝后只好自己出门运动。结果就在孙悟空独自出门慢跑时，唐僧等人被妖怪抓走，孙悟空救出他们后，恨铁不成钢地说：“就你们这身懒骨头，还不运动，连这么个妖怪都打不过，还不快去运动！”唐僧等人自知理亏，于是开始了运动。半年后，唐僧不仅增强了体质，诵经时发现自己记忆力更好了。猪八戒的大肚腩变成了六块腹肌。沙和尚变得更自信，连小白龙都跑得比以前更快了。

师：同学们，如果没有运动带给你身体上的磨炼，你就不会拥有一个健康的体魄。所以，运动吧，我为你点赞！如果没有经历运动时的团队合作，你就不会明白人心齐，泰山移。所以，运动吧，我为你点赞！运动的好处不是一朝一夕就能看得出来的，他需要我们迈出第一步，且继续迈出第二步、第三步……终有一天，健全的体魄和人格将会是你脚底下的基石，决定你站立的高度。

孩子们，运动吧，我为你点赞！让我们带着计划，坚定地去运动！

思考与建议

一段时间后，我再次和孩子们及家长进行了访谈沟通，发现不少孩子在校外会结伴进行一些简单的运动，甚至带动家中的亲人一起运动健身。此外，我还给家长推荐了一些能在家里进行的、适合老年人的简单运动，受到了家长的欢迎。

以前，部分学生觉得运动危险且累，不愿意进行运动。通过这堂课，他们对运动有了更全面的认识，运动的种类很多，完全可以选择适合自己的运动。同时，家校联动改变了家长和孩子对运动的固有观念，让运动以家庭为单位展开。

当然，运动需要长期坚持才有意义，靠一节课就想彻底让所有孩子爱上运动是不太可能的，所以后续我们跟踪调查，推出新花样：在班级内部开展“运动小达人”争霸赛来选出最能坚持自己运动计划的学生；开展“平板支撑比赛”等小竞赛；晨会时在全校进行宣讲推广；开展“运动少年诞生记”主题班会介绍自己的运动情况等，积极推进孩子们的运动积极性。

在课后，有的老师给我提出了建议，认为可以请体育老师以自己的专业知识在孩子们制订一周运动计划时提一些建议，让一周计划能在趣味性的基础上增加专业性。如少年儿童每天应进行 60 分钟以上的持续有氧运动，每周还应参加至少三次增加肌肉力量的运动，建议每周要做三次以上的促进骨骼健康的运动等。

点评

读了方老师这篇文章，我有三个印象：

1. 巧妙编拟《西游记后传》。为了吸引学生，方老师自编了《西游记后传》。取经成功后的孙悟空重下凡世，想邀唐僧、猪八戒、沙和尚、白龙马打篮球、踢足球、跑步、打排球等运动，竟遭到了拒绝。这些当年不畏征程的师徒为什么不喜爱运动呢？生动的故事引出问题，调动学生参与的积极性。这个故事贯串全课，在孙悟空的影响下，唐僧等人开始了运动，“半年后，唐僧不仅增强了体质，诵经时发现自己记忆力更好了。猪八戒的大肚腩变成了六块腹肌。沙和尚变得更自信，连小白龙都跑得比以前更快了。”这样的变化让人忍俊不禁。

2. 邀请实力人物助阵。为开展好运动，方老师邀请体育老师助阵。“专业的事要请专业的人”，体育老师果然内行，热身、防护、救护，三个要点有条不紊，还用孩子们喜欢的儿歌来概括。要开展好运动，方老师还邀请家长代表来助阵。方老师介绍了班级家委会在班级群里组织的热烈讨论。聊天记录生动有趣。家长的支持对学生是莫大的鼓舞。

3. 多方汇聚师生智慧。为鼓励学生积极参加运动，方老师还特意介绍了本班“运动达人”小傅、小睿的经验。并在此基础上“全班总动员”，请大家一起来出点子。方老师还根据班级学生特点，在“天气不好，不适合户外运动，有时候作业较多”等情况下，提供了室内运动的金点子，还承诺以后还会不时更新。

当然，我更关注方老师在“思考和建议”中提到的：在班级开展“运动小达人”争霸赛，开展“平板支撑比赛”小竞赛，开展“运动少年诞生记”主题班会等一系列的活动。只有这样，才能做到“运动吧，我为你点赞”！

18 病从口入

——学生爱吃零食怎么办

湖北省宜昌市伍家岗区宝塔河小学 刘锦

问题的提出

学校门口有很多小商店，售卖的零食五花八门、价格便宜，沿路也有很多小摊贩，推着三轮车卖烤肠、炸鸡排、臭豆腐等。我每天上下班的时候走这条路，总能看到买零食的同学络绎不绝，边走边吃，满嘴流油，其中也能看到我们班学生的身影。甚至连早上上学时都有不少学生聚集在小卖部门口吃着辣条、方便面，喝着可乐，把这些“垃圾食品”当成自己的早餐，沿路还散落着各种零食包装袋……看到这样的现象，我深深地为孩子们担忧，小学生正处于生长发育的黄金阶段，对能量和营养的需求本身就高于成年人，这样毫无节制地吃零食势必会损害他们的健康。

三年级是学生培养习惯的关键时期，三年级的孩子更加容易被“垃圾食品”诱惑：一方面，他们可以不需要家长的陪同自己上下学，生活范围进一步扩大，且他们手里都有一定的零花钱；另一方面，他们开始有自己的想法，自主意识逐渐增强，但自控能力又非常有限。所以，当他们看到别人买零食、吃零食时常常会忍不住加入其中，最终养成不良的饮食习惯。习惯一旦养成，后期则很难改变。

学校虽然非常重视学生饮食的营养与健康，经常进行食品安全教育，倡导健康饮食，禁止学生购买零食，但不少学生仍难以抗拒零食的诱惑，偷偷买零食、吃零食。因此，我决定在班上召开一次班会，进行针对性的教育。

目标的思考

1. 通过学习，使学生进一步了解食品安全常识，认识不健康零食的危害，树立食品安全意识。

2. 通过学习，使学生学会克制并改变自己不良的饮食习惯，主动告别不健康的零食。

课前的准备

1. 让学生提前进行食品安全资料的收集。
2. 指导学生排练情景剧。
3. 拍摄学生们在校门口购买零食、吃零食的照片和视频。
4. 准备五种常见零食的头饰。

课时的安排

20 分钟（中班会）

实施的过程

一、故事导入、激发兴趣

师：同学们，你们喜欢听故事吗？今天老师给大家讲个故事吧！故事题目叫《爱吃零食的小白兔》。（出示课件）

森林里有一座漂亮的小房子，住着小白兔一家。小白兔样样都好，勤学习、爱劳动、乐助人，可就是有个爱吃零食的坏习惯，经常拿着零花钱偷偷买零食、吃零食，因此她特别不爱吃饭。时间一长，小白兔变得面黄肌瘦、无精打采的，不仅个头没长高，连毛发也干枯打结。更要命的是，她还落下了胃疼、口臭的毛病。

小白兔的爸爸妈妈可操了不少心呀！他们买了维生素 C、黄金搭档，希望能让小白兔恢复食欲，好好吃饭，可小白兔就是觉得这个没味，那个难吃，结果全浪费了。有一天，小白兔正在院子里玩耍（稍作停顿），突然，她感到肚子传来一阵剧烈的疼痛，她捂住肚子蹲下身子，可仍然疼痛不止，小白兔的脸上、身上开始冒出细细密密的冷汗，终于，她大哭了起来。

（预设：同学们小声议论。）

师：同学们，你们猜猜看，小白兔这是怎么了？

（预设：学生回答，小白兔胃病犯了，小白兔零食吃太多，营养不良，等等。）

师：同学们，听我继续讲——

爸爸见了，连忙抱起小白兔，赶紧把她送去了医院。山羊大夫给小白兔仔细地检查了一遍，他摸着小白兔的头问："你平时都吃些什么啊？"小白兔低着头。同学们，请你们替小白兔回答一下山羊大夫的问题，她平时可能都吃些什么呀？

（预设：学生回答糖果、薯片、辣条、方便面、果冻、炸鸡柳等零食，就是不爱吃饭。）

二、分析问题，初步了解零食的危害

师：是啊，小白兔平时就吃这些零食。如果你是山羊大夫，你会怎么分析小白兔的病情？请小组合作，讨论一下。

（预设：有的小组回答，因为小白兔只吃零食，不吃米饭和蔬菜，导致营养不良；有的小组回答，零食中含有很多的有害物质，吃多了会危害我们的身体健康；等等。）

师：你们的分析可真准确。（出示课件）

山羊医生看着小白兔的各项检查结果，皱起了眉头。原来，小白兔是犯了急性胃炎，但她还有其他毛病，因为经常吃零食，不吃饭菜，小白兔已经严重营养不良。

山羊医生告诉小白兔："零食可不能再像这样吃了！"小白兔捂着肚子，郑重地点了点头。

同学们，听了小白兔的故事，你一定有很多话想说。请你结合自己的实际情况自我评价一下，你像这只"小白兔"吗？你们平时是不是也爱吃零食呢？

（预设：有的学生回答"像"；有的学生回答"不像"；有的学生笑着，没有直接回答。)

师：老师发现我们班里也有很多“小白兔”呢！我们一起来看看这些“小白兔”是怎么做的吧！(播放照片和视频，内容为学生在校门口购买零食、吃零食，乱扔零食包装袋的画面)

(预设：学生发现是在校门口拍摄的视频和照片，画面中出现自己或同学的身影，一时议论纷纷。)

师：你们看，这些“小白兔”早餐不吃，午餐少吃，把钱省下来全买了零食，辣条呀，雪糕呀，果冻呀，烤肠呀，吃得多香！到了真正要吃饭的时候，就觉得这个也不好吃，那个也不香。那你们觉得长期这样下去，会有什么后果？

(预设：学生回答，会和小白兔一样，营养不良，面黄肌瘦，头发干枯，长不高，落下肠胃炎等毛病，也可能会导致肥胖等。)

师：是呀！我们从画面中还可以看到，不少同学吃完零食随手就把包装袋扔在地上，这种行为还污染了环境！

三、观看表演，深入了解零食的危害

师：最重要的是，这些五花八门的零食中含有很多有害物质，长期食用会对我们的身体造成严重的伤害，我们一起来看看它们到底有哪些危害吧！让我们来观看《零食的自述》！

(五个同学戴零食头饰依次上场，播放相应课件。)

“薯片”(大摇大摆)：同学们，我是你们的最爱——大名鼎鼎的薯片！黄瓜味的、番茄味的、烧烤味的，五花八门！可实话告诉你们，我的体内含有大量的脂肪和致癌物质丙烯酰胺，吃多了会严重破坏你们的食欲，容易导致肥胖，常吃我，甚至有致癌的风险！

“果冻”(蹦跳着入场)：我是人见人爱的果冻！Q弹美味！你们没少在校外小卖部寻找我的身影吧？哈哈，实际上我不但不能补充营养，还妨碍其他营养的吸收呢！因为我含有一种叫作卡拉胶的物质，我就是要来破坏爱吃零食的小朋友的健康！

“辣条”：同学们，我是香辣够味的辣条！五毛就可以买到！不瞒你们，制作我的工厂有的可以说是脏乱差，所以我携带的病菌远比你想象的要多，只要进了你的肚子，我就会搅得天翻地覆，让你肠炎胃炎齐犯。当然，让你满脸长痘痘，破坏你的味觉和嗅觉，也不在话下！

“可乐”（指指头饰可乐）：我就不用自我介绍了吧？今天早上还有很多同学抱着我大口大口地喝呢！我的体内含有大量添加剂、色素和防腐剂，会影响钙的吸收，常喝我，你的骨骼一定发育得特别迟缓，牙齿却会坏得很快！

“炸串”：我是炸串！炸香肠、炸鸡排，臭豆腐都是我的兄弟姐妹！我们的毒性可比你想象中要大得多！用来反复煎炸我们的油里也含有致癌物。长期食用我们，致癌物就会在你们的体内蓄积，最后患胃癌、肠癌，也不奇怪了！

（预设：学生表现出不可思议、害怕的神情。）

师：让我们先把掌声送给表演的同学，感谢他们向我们揭露了这些零食的“真面目”！刚才这些零食都是我们学校沿路最常见到的零食，也是同学们经常购买并食用的零食，听了它们的自述，你还愿意继续当“小白兔”吗？

（预设：学生回答，不愿意。）

四、组内交流，增强认识

师：我们正处于长身体的特殊时期，需要补充更多更好的营养。贪吃零食，虽然满足了嘴巴的需求，但极大地影响了我们的正常饮食，妨碍我们消化系统的功能，损害我们身体的健康！接下来让我们一起看一段短片吧！（播放视频《珍爱生命——预防食品安全事故》。视频简介：内容为食品安全知识普及，包括“怎么选择合格食品”“不吃五毛零食”“不买流动小摊贩的食品”“食物中毒了怎么办”等内容。时长2分钟。）

师：同学们，相信通过今天的学习，你们对有害零食更加了解了。那今后你打算怎么做呢？你想给爱吃零食的小朋友提什么建议？我们再做个交流吧！

（预设：学生回答不再在校门口的小摊上购买零食，不把零食当正餐，远离油炸食品及小摊小贩上的烧烤等不健康食品，按时吃一日三餐，多吃水果蔬菜和有营养的食物，按需求带零花钱，请父母、同学互相监督等。）

五、郑重承诺，从我做起

师：同学们能够结合实际情况给自己和同伴提出不少实用的建议，说明你们真正认识到了垃圾食品的危害。那同学们是不是今后再也不能吃任何零食了呢？其实也不是，偶尔吃一下零食也可以，但是一定要去正规的超市购买，比如坚果、酸奶等。最重要的是，我们绝不可以用零食代替正餐。你们可以做到吗？

（预设，学生回答，可以做到。）

师：老师综合大家的意见准备了一份承诺书，我来宣读一下。（出示课件）

为了食品安全，为了身体健康，为了拥有更美好的明天，我们承诺：

1. 自觉远离校外摊点上的各类油炸食品、垃圾食品。

2. 不在校门口的小摊上购买零食。

3. 不把零食当正餐，按时吃一日三餐。

你们能做到吗？

（预设，学生回答，可以做到。）

师：现在让我们在承诺书上郑重签下自己的名字。

（学生依次在承诺书上签名。）

六、总结收获，提出希望

师：我们将把这份承诺书张贴在班级公告栏中，请同学们互相监督，自我提醒！同时，我们每天会在学校周围安排小小监督员进行检查，老师还会请你们的爸爸妈妈来监督。相信同学们定会履行自己的承诺，坚决地跟有害零食说再见！

思考与建议

课后，我在微信家长群中与家长进行了沟通，要求家长不要随便给孩子零花钱，对于部分确实没时间给孩子做早餐的家长，建议他们与学校附近的早餐店沟通，按月付早餐费，保证孩子能吃到营养健康的早餐，这样争取到家长的配合与支持。此后，我在每天上下班途中进行观察，发现在路边摊及校外小商店购买零食的学生依然不少，但没有我们班的学生了，从和家长之间的访谈中也得知，孩子们的食品安全意识确实得到了很大的提高。

我们学校是一所农民工子弟学校，大多数家长忙于生计，无法在孩子的生活上给予更好的照料，一般是家长给钱让学生到学校附近吃。很多学生不会选择去早餐店吃健康的食物，而把钱用来买他们认为“美味”的零食，或者干脆不吃早餐，把钱留到中午或下午放学时再买自己喜欢吃的零食。这样的现象在当下的中小学，尤其是乡镇学校非常普遍，作为处于生长发育黄金期的学生，如果不改变不良饮食习惯，他们的身体健康势必被严重危害。面对这样一个普遍性问题，我们应该强化食品安全教育，比如经常开展食品健康教育活动，培养并增强学生的食品安全意识。在此基础上，联合家长的力量对学生进行监督，联合社会的力量对校外流动摊贩进行规范化管理。

学生是祖国的未来，保障学生的身体健康是学校乃至整个社会义不容辞的责任和义务，作为班主任，唯愿祖国的花朵平安健康成长。

点评

在组稿时，与刘锦老师通过几次电话。刘老师忧心忡忡地谈起学生的食品安全问题，言辞恳切让我感动。说实在话，在大城市由于家长们的严密盯防，小学校园附近的小食品摊生意并不好。但在乡镇，小学门口的小食品摊则常常“沦陷”了。为了帮助孩子们认识到问题的严重性和改正的必要性，刘老师认真设计了这节课：

1. 故事串连，寓教其中。刘老师以《爱吃零食的小白兔》的故事作为导入。故事不仅生动有趣，更是引导孩子们思考小白兔的病因。刘老师用“爱吃零食的小白兔”借喻“爱吃零食的孩子们”，而在后续的环节，“小白兔”已成为“爱吃零食的孩子们”的代名词。

2. 情景表演，情趣盎然。刘老师设计让学生佩戴不同头饰进行表演。这样的表演，学生乐于参加。略带夸张的表演，满足了学生的表现欲望，也增强了宣传的效果。我特意问了刘老师表演台词的来历。刘老师告诉我是根据学情，参考网上的资料编写的。对此，我建议老师还可以让学生再做点改变，效果会更好。

19 我也是很棒的

——学生不够自信怎么办

四川省雅安市荥经县严道二小教育集团　吴娟

问题的提出

进入三年级，孩子们的变化悄然而至，一部分孩子在课堂上没有了以前的活泼劲儿，好些孩子甚至不再愿意参加课外活动了。上周轮到我班推选升旗仪式的小主持人，自愿报名的孩子屈指可数。我有意询问了其中两个原先积极活跃的孩子，一个孩子告诉我怕影响学习，另一个孩子告诉我怕做得不好遭别人笑话。孩子们进入中年级的改变，还真让我有点措手不及。

当我正在烦恼时，一件让我震惊的事情发生了。在与家长电话交流中，向来做事比较拖沓的小涛，他爸爸告诉我，妈妈不经意地调侃了一句“你看看你，真像只小蜗牛，别人都到终点了，你还在慢吞吞地爬，笨死了!”妈妈无心的一句话让正在写作业的小涛骤然起身并用力拍打着头，吼道：“我就是笨，就是蠢猪，我没用，我就是笨蛋……”小涛的这一举动着实把一家人吓得不轻。

我的心里当即咯噔一下，原以为成绩平平、默默无闻的小涛是不会有很大压力的。没想到“压力山大”竟然是孩子们的普遍现象。孩子们在生活中遭到了太多的否定与责备，这是我国传统教育观念“望子成龙”“恨铁不成钢”的错误的外化表现。在这样的管教下，孩子们就怕出“错”，但成长中的孩子犯错是难免的，于是不少孩子在责怪声中慢慢地缺少了自信。

增强自信心，对三年级的孩子尤为重要。像小涛这样的孩子，他们很注重自己在同学、老师、家长心目中的地位和印象，一旦发现自己某些地方不如人时，就会出现“我真的不行”等想法。如果这种自卑心理不被消除，会产生很大的影响，甚至会影响到他们一生的发展。因此，增强孩子的自信心迫在眉睫。

目标的思考

1. 通过活动，让学生知晓自信在生活和学习中的重要作用。
2. 通过活动，指导学生学会客观地看待自己的优点与缺点。
3. 通过活动，使学生明白遇到困难时要学会自信，以良好的精神状态去面对困难。

课前的准备

1. 老师为每一位同学准备一张彩虹卡。
2. 老师为同学们提供魔术表演的小铁环和胶圈，每人一套。
3. 课前进行童话剧《森林运动会》排演。
4. 制作课件。

课时的安排

35 分钟（大班会）

实施的过程

一、创设情境，引出主题

师：（出示“森林运动会”卡通图片）孩子们，在魔幻森林里即将举行一场盛大的运动会。动物们听到这个消息，都踊跃地报名。小斑马也想去参加，但是它一会儿怕跑到最后同伴笑话它，一会儿又怕自己输掉比赛太丢脸了。就这样想啊想啊，想了一整天，也不知道该怎么办。这时，树爷爷告诉了小斑马一个秘密：只要找到一个“百宝箱”，就能帮助他获得比赛的胜利。这个百宝箱就藏在我们今天的这节班会活动里，你们愿意和小斑马一起找出来吗？

（预设：学生回答，愿意。）

二、秘密会串，记录卡片

师：在生活中你有没有遇到和小斑马一样的事情呢？很多事情想去做，但又担心做不好别人会笑话？

（预设：大多数孩子会认同地点头。）

师：孩子们，每个人都有自己不愿意和别人提起的小秘密。这些秘密可能是我们身上的一些缺点，也可能是同学、老师还没有发现的优点。你愿意悄悄地写在彩虹卡上，藏进抽屉里吗？

（预设：孩子们表示愿意。）

师：那我们就行动吧！

（学生认真思考并在彩虹卡上写下自我评价。有些孩子比较自信，会写下：我的字很漂亮；我的眼睛很漂亮；我很爱笑；等等。有些孩子有点自卑，会写下：我太胖了；我的学习很差；我的身边没有朋友；等等。）

师：有的孩子写下了自己的优点！有的孩子思考得更细微，连不起眼的小缺点都写下了！写下缺点的孩子们现在是不是像小斑马一样有点担心：自己该怎么办呀？

（预设：有的同学会默默地点头。）

三、观看表演，寻找百宝箱

师：那我们就带着秘密一起走进森林运动会吧！（出示“森林运动会”卡通图片）你们猜猜小斑马在接下来的森林运动会中会发生什么事呢？

（预设：学生会说，小斑马因为怕这怕那的，“百宝箱”也没找到，最后失去了机会；小斑马有可能找到了“百宝箱”，并获得了好成绩。）

师：（出示小斑马获奖的图片）瞧！小斑马最后不仅参加了比赛，而且获得了冠军。到底是怎么回事呢？我们一起走进这个故事：

（四个孩子戴上动物头饰表演童话剧。）

大象：小斑马，你跟我一起去报名参加运动会吧，我要参加赛跑！

小斑马：你的腿那么长，一个跨步不知道会把我甩多远，不去不去！

长颈鹿：小斑马，我也要参加赛跑，咱们一起去报名吧！

小斑马：我还是不去了吧，和你比赛我肯定会跑在最后的！

小猴子：小斑马，你不要忘记了哦，上周咱们一起出去玩捉迷藏的游戏，你可是第一个藏起来的哟！

河马：是呀是呀，你别忘了，平时的体育课上你跑步都会超过很多同学的！

狮子：对呀，对呀。小斑马，比赛不在于输赢，重在参与嘛。我们一起努力好吗？

旁白：听了大家的话，小斑马有些感动，和小伙伴一起去报了名，第二天他就和小伙伴们一起练习跑步。起早贪黑，从不停歇。摔倒了，爬起来再跑，即使受伤了也坚持。终于森林运动会开始了，马上就要举行长跑比赛了。（出示动物赛跑图片）

旁白：比赛开始了，小斑马飞奔着，夺得了长跑冠军。

大象：小斑马，你真的好厉害！

小猴子：小斑马，我就说你一定能行吧！

长颈鹿：小斑马，祝贺你！

旁白：从此，小斑马变得自信而快乐起来。

（表演结束，同学们报以热烈的掌声。）

师：小斑马一开始认为自己参加比赛会怎么样？

（预设：学生回答，小斑马一开始觉得自己不如别的动物跑得快，输了会很丢脸的。）

师：你们很棒！走进了小斑马的内心。可又是什么让小斑马得到了冠军？

（预设：有的学生会说，小伙伴一直在鼓励它，让它有了参加运动会的勇气；有的学生会说，小斑马觉得自己也不是那么差劲，应该去试一试。）

师：孩子们，这群小动物已经悄悄地找到了树爷爷说的“百宝箱”！“百宝箱”里装着你们刚刚提到的这些东西：自信、鼓励、努力、拼搏！

四、学习魔术，增强自信

师：打开百宝箱，我们就会拥有自信，一定能完成平时不敢去挑战的事情！老师现在想变一个魔术给你们看看。

（教师表演魔术“铁环逃脱术”。在老师的巧手中，会发生一个奇迹：一个套进铁环的胶圈居然瞬间穿越。魔术表演结束后，同学们报以热烈的掌声。）

师：这个魔术你们想学吗？

（预设：许多学生充满好奇心地说“想”，但也有些同学有些犹豫。）

师：有些同学有些犹豫。不要紧，要相信自己。先听老师把要领说一下：首先把橡皮筋套进铁环里面，往回拉的时候，中指压住食指，食指出来套进拇指里面，往回走的时候，迅速松开中指。

（学生跟着老师做动作，但不少同学没有成功。）

师：现在，给大家3分钟练习时间，然后全班来一次测试，看看能不能学成功。

（预设：学生练习，老师予以必要的指导。）

师：时间到，我们来进行测试，开始！

（部分学生成功，部分学生失败。）

师：我请成功的孩子说说心中的感受。

（预设：学生回答，我很开心，一学就会了；我很自豪，原来我也会变魔术；不是很难；等等。）

师：我想请暂时还没成功的孩子也谈谈心中的感受。

（预设：学生回答，我有点不开心，但是我一定会接着练习，然后再来迎接挑战；等等。）

师：如果再给你们3分钟，有信心挑战成功吗？

（预设：学生信心百倍，高声回答“能！”。老师巡视，注意观察先前没获得成功的孩子的转变。）

师：时间到，我们来进行测试，开始！

（更多学生成功，少数学生失败。）

师：现在我请一位一直没有获得成功的同学上来，我们一起来变！

（老师邀请一位同学上场。在老师手把手的帮助下，这位同学也获得了成功。）

师：你终于成功了！老师想了解你现在的心情。

（预设：学生回答，我终于成功了，我感到特别开心。）

师：为什么这次能成功？

（预设：学生回答，因为掌握了方法。）

师：掌握方法！说得真好！有些同学快一些，有些同学慢一些。只要对自己有信心，方法都是可以掌握的！现在对自己有没有信心？

（同学们大声回答：“有！”）

五、直面困难，自信成长

师：孩子们，有了自信，你们也可以很棒，接下来的学习生活中遇到不会做的题你会怎么做？

（预设：学生回答，我会找同学和老师请教，直到问清楚为止。）

师：学校开展集体活动时有困难怎么办？你会怎么做？

（预设：学生回答，我会积极参加；我会克服困难；等等。）

师：知道了自己的缺点，你会怎么做？

（预设：学生回答，我一定会努力改正。）

师：是呀，现在你也可以大声告诉自己有缺点也不怕，因为我们可以通过学习，完善自己，因为——我们也是很棒的！

师：今天，老师也带来了一个百宝箱，还记得刚上课时咱们写下的小秘密吗？咱们悄悄地把它放进百宝箱中，让百宝箱里的这些秘密伴随我们一起成长。20年后，咱们再次回到学校开启宝箱，见证奇迹的发生。

（预设：学生充满好奇地投入自己原先写的彩虹卡片。）

师：每个人都有自己的长处，也有自己的短处，我们要多想想自己的优点，让自己变得自信起来，这样我们才会更开心快乐。最后老师和大家一起学一段手指自信操。（出示课件）

昂首挺胸台上站，自信满满来挑战。

大拇指竖起昂笑脸，小拳头攥着一片天。

自信人生一百年，快乐成功永相伴。

（预设：学生伴随韵律一起做手指操。如果时间不紧，可以做两遍。）

师：这节课，我们一起寻找了百宝箱，还从里面找到了有关自信的法宝。我们还从变魔术中得到了启发，自信很重要，方法很重要，努力学习很重要。相信今后的日子里我们还会变得越来越自信！让我们大声地对自己说（出示课件）：

我也是很棒的！

思考与建议

这节班会课，通过听故事和变魔术让孩子们找到了自信。尤其是变魔术环节，孩子们由最开始的蹑手蹑脚转变为完成魔术后的自信。有孩子一开始失败了，但在多次尝试后成功的喜悦不言而喻。他们脸上洋溢着许久未见的自信，许多孩子又重拾了“自信”。活动结束时还有十多个孩子仍然没有成功，但是这份“自信”已悄悄蔓延。不服输的孩子们课后仍然信心满满地学习、尝试。当有孩子成功地完成了魔术时，都迫不及待地将这份喜悦分享给我。

小涛就是这个魔术的成功者之一。课后我找来了小涛，再次谈起学魔术时，这个腼腆的孩子真诚地对我说“老师，你不知道，我以前真的以为自己是班上最笨的孩子，成绩没有别的同学出色，也没有什么特长。没想到那天我居然把魔术变成功了！”听着他快乐地述说，我知道“自信”已经悄悄地在他的心里生根发芽。

我们班上还有一个孩子叫鑫鑫，是个留守儿童。三年来很少和同学交流，平时上课我从来看不到他举起的小手。课间也是自己玩自己的。自从上了这节课后，我发现在课堂上他会悄悄地举起小手，虽然他的小手没有其他同学举得那么高，但我知道没有自信，他是不会这样做的。

课后，我还在班级设计了“阳光角色”岗位体验活动，将班干部的工作细化，如负责关灯的“灯长”、负责领读的“小百灵”、负责图书管理的“图书管理员”，尽可能让每个孩子都加入班级管理中。这次竞选我看到了那一双双久违的高高举起的小手。有的岗位甚至还出现了几个孩子同时竞争的可喜现象。

点评

吴老师在“问题的提出”中分析的班级现象，确实是常见的。研究发现，超常儿童的占比为3%，即普通班级只有1～2位同学的智力可能超常。大多数孩子都是智力相似的，而文化学习不仅靠智力，非智力因素（意志、情感、兴趣、毅力等）也占很大比重。因此，让学生树立自信、增强自信，对班主任来说，是非常重要的工作。

这节课借鉴了广东省中山市石岐中心小学黄平老师的班会课“我很棒”，但有变化，有创新，我很赞赏。

1. 变魔术。黄老师那节课里有个魔术“链条脱圆环”，很受学生欢迎。这节课也采用了变魔术的方法，但有改进，选取的魔术操作更为便捷，而黄老师原先的变魔术有点难，也有点冗长。现在难度降低（适合小学三年级），课堂时间游刃有余。

2. 讲故事。黄老师那节课没有讲故事。吴老师设计了讲故事环节，故事紧扣主题，且贯穿全课。故事中还有学生参与表演情景剧。这样的形式生动活泼，参与性强，操作也简便易行。

3. 彩虹卡。这也是黄老师那节课里没有的。彩虹卡的名字起得好。七色彩虹形成了温暖、明媚的阳光。黄老师让学生写彩虹卡后，设计了将彩虹卡放入百宝箱，既尊重了学生的隐私，又蕴涵了 20 年后再相会的美好祝福。

4. 手指操。我看了手指操的视频，立刻被欢快的旋律、自信的话语所感动。这也是黄老师的课里没有的。

学习优秀课例，借鉴优秀课例，超越优秀课例，这是我一直主张的。吴老师做得很好，值得分享，值得学习。

20 学会倾听

——学生不会倾听怎么办

上海市嘉定区苏民学校　陈蕾

问题的提出

倾听是人与人之间交往最基本、最重要的方式。学会倾听，成为一名真诚、耐心、值得信赖的倾听者，不仅是架起自己与他人心灵沟通之桥的重要一步，也是建立互相尊重、互相信任、互相关爱和鼓励的和谐人际关系的关键举措。

四年级的学生开始步入前青春期，他们思想开始活跃，有点以自我为中心，不太喜欢听别人的话，不太懂得倾听。根据学生发展的需要，教育部《中小学文明礼仪教育指导纲要》中明确要求小学 4～6 年级学生“学会倾听他人”。因此，教师需要循序渐进地对学生进行体验式的教育引导，帮助他们辨识日常生活中出现的多种错误的倾听方式以及有可能造成的人际关系烦恼和危机，增强他们的自我认识。让学生在日常实践中亲身认识到什么是倾听，如何成为受欢迎的倾听者，从而在群体交往中成为更易被人接近、被人接纳的人，成为尊重他人也被他人尊重的人，建立良好的人际关系，增强自信、体验成功、收获快乐，从而在人生的道路上走得更好。

目标的思考

1. 知识目标：初步理解什么是倾听，知晓倾听在日常生活中的重要性，认识不会倾听的危害。

2. 情感目标：理解并感受倾听是方法，是礼貌，也是美德。增强喜欢倾听，学会倾听的情感。

3. 行为目标：初步掌握倾听的技巧，在日常生活中努力学习倾听，争取成为受欢迎的可爱的倾听者。

课前的准备

1. 收集与本课内容相关的视频、背景音乐。
2. 准备板贴。
3. 准备并拍摄课堂用的情景视频、录音等。
4. 指导学生朗诵诗歌。

课时的安排

20分钟（中班会）

实施的过程

一、游戏引入，揭示课题

师：课的开始，老师想和同学们做个小游戏，游戏的名字叫作——“听口令做相反动作”，请同学们要竖起耳朵啦！当同学们听到老师说“点头、伸左手、起立”这三个口令中的一个时，分别作“摇头、伸右手、坐下”的反动作，看谁听得认真，做得又快又准。（出示课件：游戏的规则）

（游戏开始，老师说口令，学生做相应的反动作。口令多次变化中，有学生会做错。）

师：刚才的游戏环节，大家都很开心，同学们有没有想过同样是简单的口令，有的同学从头到尾没有做错一个反动作，而有的同学却错了一次，两次，甚至三次呢？

（预设：有的学生说因为没有认真听；有的学生说来不及反应，所以做错了；等等。）

师：是啊，通过这个小游戏我们体会到了：要想做得又快又准，除了思维

敏捷，会倾听是多么的重要啊！所以，我们今天的班会主题，就是“学会倾听”。（出示课件：学会倾听）

二、活动感悟，传授钥匙

师：学会倾听除了用耳朵，还需要什么呢？老师这里有三把钥匙，当你们顺利完成一个任务，就会解锁一把钥匙，完成三个任务，倾听之门才会打开。（出示课件：三把钥匙）

现在让我们先来看一段视频，看完视频谁来说说，麦兜为什么最后没有点到餐呢？

（播放视频《麦兜点餐记》：视频中出现麦兜点餐的场景：“来碗粗面。”“没有粗面。”“来碗鱼丸河粉。”“没有鱼丸。”“要牛肚粗面吧。”“没有粗面。”“那来碗鱼丸油面吧！”“没有鱼丸！”）

师：现在请同学们来说说，麦兜为什么最后没有点到餐呢？

（预设：有的学生说，因为麦兜没有用心听服务员说的话。）

师：同学们看得很认真，因为麦兜没有用心聆听服务员的话，所以他最终没有点到他想要吃的东西。同学们，第一把钥匙轻松地就被你们解锁了！

接下来，让我们一起看一幅图，图中同样隐藏着一把打开倾听之门的钥匙，仔细观察图片，说说你发现了什么？（出示图片：图中一个女孩在和她的老师谈话，女孩似乎在听的过程中有疑问。）

（预设：有的学生说，我看到图中有两个人面对面坐着说话；有的学生说，我发现其中一个小女孩的头旁边有一个问号；有的学生说，我知道这个问号可能代表这个小女孩有疑问或不懂的地方。）

师：你们观察得很仔细，那在倾听对方说话时，遇到不明白的地方该怎么办呢？

（预设：学生回答，不懂就要问。）

师：是啊，多么简单的道理啊，倾听对方说话时，遇到不明白的地方要用嘴提问。经过同学们的通力合作，第二把钥匙也解锁啦！那就是——用嘴提问。还有最后一把钥匙，同学们要加油啦！

现在，让我们再看一张照片，这是习近平总书记在甘肃省古浪县八步村林场考察调研时的照片，说说你看到了什么？

（预设：学生回答，我看到了每个人脸上都洋溢着笑容。）

师：说得真好，能见到习近平总书记是我们梦寐以求的事，同学们从林场职工的脸上除了看到开心、高兴，还看到了什么？

（预设：学生回答，还看到了兴奋，还看到了激动。）

师：说得真好，想想林场职工们为什么会如此激动，请仔细观察照片。

（预设：学生回答，习近平总书记是来调研的，所以林场职工们很激动；因为习近平总书记一直在认真听他们说话，倾听他们的心声；我注意到习近平总书记的眼睛一直在看着他们，在认真听他们说话，所以他们很激动。）

师：你们不但观察得仔细，说得也很好。的确，要想和别人更好地交流，获得别人的信任，还要用眼睛仔细观察对方的情绪，认真听对方说了什么，然后和对方交流。看来倾听的第三把钥匙就是——用眼交流。

瞧，解锁成功了，看来倾听时，只有将耳朵、心灵、嘴巴、眼睛都带上，才能打开倾听之门呢！（出示课件：倾听之门打开）

三、解读“聽”字，把握法宝

师：其实我们这么说并不是没有根据的，瞧！在古代“听”的繁体字是这样的（出示课件）：“聽”，由耳、王、十、四、一、心所组成的。所谓“十目一心，耳听为王”。含义是全神贯注，用心专一，专注地听。“聽”，需要专注；“聽”，需要认真；“聽”，需要“竖起你的耳朵”。倾听，就是认真地听，细心地听。

自古以来，学会倾听是生活交往的需要，是友好相处的礼仪。倾听，是对他人的尊重，也会赢得别人对自己的尊重！听，是一种方法；听，是一种态度。认真是倾听最为重要的法宝。我们要学会倾听，认真的态度最重要。你们明白了吗？

（预设：学生回答：“明白。”）

四、情景模拟，习得技巧

师：下面，请同学们两人为一组，用换位思考的方式假想一下发言者的心情。请看情景思辨题一。（出示课件）

情景思辨题一：老师讲课时，有两个学生在随便说话。

现在请讨论。

（学生讨论。）

师：请交流。

（预设：有学生说在老师讲课时，学生讲话是对老师的不尊重，老师会觉得这两个学生不懂得倾听，不尊重他人。）

师：请看情景思辨题二。（出示课件）

情景思辨题二：别的同学发言时，有一个同学不等别人说完，就抢着发言。

现在请讨论。

（学生讨论。）

师：请交流。

（预设：有学生说别的同学在发言时，如果有人不等别人讲完就抢着发言，也是对那个发言的同学的不尊重，发言的同学会认为这个抢着说话的同学没有礼貌，会感到不舒服。）

师：同学们说得很好，那针对以上两个情景，我们又该怎么做呢？

（预设：同学们认为在老师讲课时，所有学生都应该认真听讲；当别的同学在发言时，也要认真听，即便有不同意见，也应该等别人发言完再举手发表自己的想法。）

师：从你们对以上两个情景的讨论中，老师发现你们已经掌握了倾听的法宝，那就是——（学生齐声回答：认真）。认真倾听他人的发言不仅是对他人的一种尊重，也是对自己的尊重。

五、升华情感，交流收获

师：当然倾听的技巧不仅只有认真，还需要我们在学习中不断地去发现。相信只要我们手握法宝，带上技巧，认真倾听，一定会收获许多惊喜。接下来让我们一起感受倾听的力量，听听我们班的两位同学给我们带来的诗歌朗诵《学会倾听》，一起来感受倾听的魅力。

（播放背景音乐，两位学生朗诵《学会倾听》）

男生：生活中，我们需要交流，需要沟通。

女生：学会倾听便是最好的沟通方式。

男生：竖起耳朵，我们用心在倾听。

女生：全神贯注，我们认真在交流。

男生：学会倾听是有效的方法，是人际交往的重要桥梁。

女生：学会倾听是美好的品质，是心灵沟通的神秘法宝。

男生：倾听父母的悉心关爱，倾听老师的谆谆教导，倾听同伴的智慧发言。

女生：倾听世间万物，倾听人间智慧。

男生：学会倾听会有美好的发现，认真倾听更有别样的收获。

女生：倾听是一门艺术，我们每一个人都应该学会倾听。

合：让我们敞开倾听的耳朵，一起用心去倾听这个美好的世界吧！

师：让我们把掌声送给这两位同学，也送给认真倾听的自己。相信此刻同学们一定是收获满满，谁愿意把你的收获分享给大家？

（预设：学生交流各自的收获。）

六、总结全课，寄语全班

师：人生是一本读不完的书，会经历许多事，认识许多人。在未来的成长之路上，希望同学们做一个受欢迎的倾听者，去倾听生活，去体会生活，在倾听中收获更多的知识、友谊等宝贵的人生财富。

思考与建议

本节课的教学设计中，我用“采用游戏的形式初步体会倾听的重要性，引出课题——传授倾听的三把钥匙——解读‘听’的繁体字的含义，强调倾听是最为重要的法宝——情境体验，习得倾听的技巧”这条主线贯穿整节课，通过丰富多彩的活动形式将每一个教学步骤紧密地联系起来。在课堂上，我注重启发学生的思维，激活学生的感受。学生是活动和学习的主体，有思维火花的迸发，也有内心热情的燃烧，因此教学过程能流畅地完成。

本节课同样也留给我一些思考，如怎样把“倾听教育”真正持之以恒地渗透于日常教育教学活动中？怎样让更多的人一起重视、关注倾听能力的培养，使之形成一种有效的习惯？这些思考还有待于在今后的教育教学实践中不断思考、不断研究。

点评

这些年来，伴随着中小学德育工作的不断深入，“学会倾听”已成为许多学校开展文明礼仪教育、加强行为规范的重要选题。陈老师的这一课，有两个鲜明的特点：

1. 活动有趣，体验感悟。四年级的小学生，如何让他们接纳老师的指导，开展有趣的活动，让他们在活动中体验感悟，很重要。开场的“听口令做相反动作”、接着的“解锁三把钥匙”都会让学生兴致勃勃地参与其中。看视频、看图片、看照片，各有奥妙，需要用心体验。老师的点拨相机进行，恰到好处。

2. 解读“聽”字，感受魅力。课上，陈老师重点解释了繁体字“聽”的构成。原来繁体字“‘聽’由耳、王、十、四、一、心所组成。所谓‘十目一心，耳听为王’。含义是全神贯注，用心专一，专注地听。‘聽’，需要专注；‘聽’，需要认真；‘聽’，需要‘竖起你的耳朵’。倾听，就是认真地听，细心地听”。这样的解释，简明扼要，生动形象，让学生感受到中华文化的魅力。在推行简化字的今天，必要的繁体字的释义，可以起到追根寻源，让人顿悟的作用。

21 让诚信伴我成长

——学生考试作弊怎么办

陕西省西咸新区沣西新城第四学校 雷婷

问题的提出

诚信对于每个人都至关重要，诚信良好的人会受到别人的信任和尊重，在人生成长过程中将会成为一大助力，而诚信缺失的人会失去别人的信任，诚信缺失将会成为人生成长路上的绊脚石。

小学阶段的学生正是培养他们认识诚信，养成诚信品格的时候，但是随着学生年龄的增长，四年级学生接触到的事物越来越多，心思逐渐没有小学低年级时那么单纯，考试时带“小抄”或者偷抄其他同学的试卷答案等作弊行为时有发生。从学生心理层面来说，四年级的学生在做事情时已经具备自主意识了，也就是说有些学生作弊属于有意识作弊。个别学生不以作弊为耻，甚至会因此取得高分未被发现而暗自窃喜。这种情况不但导致了考试的不公平，使作弊学生诚信意识进一步缺失，也会影响到其他学生对于公平诚信的信念感。面对这种情况，我决定通过一节班会课让学生正确对待考试成绩，增强诚信意识，接受真实的自己。

目标的思考

1. 通过活动，使学生认识到诚信在考试中、在生活中的重要性。
2. 通过活动，使学生增强诚信意识，做到考试不作弊，做事讲诚信。

课前的准备

1. 搜集与考试作弊相关的新闻。
2. 邀请学生家长，准备相关视频。
3. 制作课件。

课时的安排

20 分钟（中班会）

实施的过程

一、新闻导入，思考分数的意义

师：同学们，上次的月考，我发现了咱们班一些同学的小秘密，当然这些小秘密只存在于我和某些同学之间。这些小秘密让我发现你们已经长大了，开始有了自己的想法，这些想法对不对呢？

我们先来看一则新闻。（出示课件）

2017 年 4 月 20 日，湖南省邵阳市绥宁县绿洲中学有一位女生在考试中因作弊被监考老师发现，课间，班主任老师对其进行了批评教育。

你们猜一猜接下来事情会怎么发展？

（预设：有的学生说，她会跟老师道歉并且保证不会再犯。）

师：我们接着来看。（出示课件）

这次的“谈话”并没有起到积极效果，因为，在第二场考试中，她又作弊了。这一次，她的作弊行为被同学报告给老师。她感到很没面子，趴在课桌哭泣。下午两点，她留下遗言，从五楼跳下。

谁也没有想到，因为违纪被批评，一个花季少女就这样放弃了生命。同学们看到这样一条新闻你们有什么感想呢？

（预设：有的学生说，这个女孩太可怜了；有的学生说，她考试的时候不应该作弊，这样是不对的；有的学生说，她不应该放弃自己的生命，她的爸爸妈妈该多伤心啊。）

师：同学们，你们说的都对，为了得到一次高分，这个女孩就这样失去了生命，难道生命的意义没有分数重要吗？考试的成绩到底意味着什么呢？

（预设：有的学生说，生命肯定比分数重要；有的学生说，考试的分数只是一段时间学习的证明。）

二、同桌合作，讨论作弊原因

师：这个悲剧的起因是这位女生在考场作弊被发现了，你们谁能告诉我考场作弊的原因呢，请同桌两人先讨论一下。

（预设：学生讨论考场作弊原因。）

师：现在我们来做交流。

（预设：学生发言，教师摘要板书。学生分析考试作弊的原因：为了得到他人的好评；竞争的压力太大；侥幸的心理；别人作弊，自己不作弊就吃亏了；等等。）

师：同学们，你们总结得很详细，我还想补充一条，这位女生考场作弊除了想获得老师、家长的喜爱，或者逃避惩罚之外，还可能是她的虚荣心太强了，她太希望自己的分数高一点，不希望老师、同学看不起她。

（预设：学生认同，有这种可能。）

三、真情流露，坦然面对分数

师：同学们，不管出于以上什么原因进行考场作弊的学生，老师都认为你还是一个好孩子，因为你还有上进心，想要进步，只是用错了方法！因为不管老师还是父母都希望看到的是你真实的进步，哪怕是一小点进步，我们都会为你感到开心。今天我给大家带来了一份特殊的礼物，大家想不想看看？

（预设：学生兴奋地表示想看。）

师：这个视频是这次考试后，几位同学的家长发给我的，他们也想在今天的班会上与自己的孩子和全班同学做一次交流。我们一起来看看家长想对你们说些什么。（播放家长视频）

王云龙家长：同学们，大家好，我是王云龙的爸爸。王云龙这次考试成绩下滑比较严重，这跟他最近上课听讲不认真有关系，同时也跟他最近参加活动较多，不能合理分配时间复习任务有关。作为家长，我有一定责任，因为平时在生活中，我对待他比较严厉，导致孩子学习上出现问题后，不敢跟我沟通，寻求解决办法，所以在复习阶段没能好好复习，成绩不太理想。因此在王云龙后面的学习和生活中，我需要改变自己的教育方法，主动了解孩子学习中遇到的困难。王云龙，希望你相信爸爸，有问题跟爸爸及时沟通，我们一起解决，不要为一次的成绩不佳感到气馁，爸爸相信：你在以后的考试中一定会发挥出真正的水平。

孙鸿蕊家长：同学们好，老师好，我是孙鸿蕊的妈妈。孩子这次的考试成绩，作为家长我还是比较满意的，因为对比她之前的成绩，整体来说她还是有进步的。更让我为女儿感到骄傲的是，她能为了这次考试认真做准备，每天晚上写完作业以后，她还要给自己安排其他的复习任务，直到我和她爸爸都睡觉了，她还在复习。看到孩子这么努力，我觉得哪怕这次成绩没考好也没关系，我相信天道酬勤，只要她努力付出了，以后肯定会有收获，也祝大家以后学业进步，更上一层楼。

王姿钰家长：各位同学，大家好，我是王姿钰的妈妈。王姿钰比较内向，但是她很希望得到老师和同学的喜爱，得到大家的认可。她在家里一直很努力地用知识充实自己，让自己在成绩上更加进步。我在家里也一直鼓励孩子，鼓励她课上勇于回答问题，积极跟老师交流想法，最近我也能看到她在一点点地进步。虽然她的成绩还不够优秀，但是我希望她不要过于着急追求成绩，因为知识的学习是一点点积累起来的，一次的考试成绩并不能代表什么，我相信作为家长和老师肯定不会因此不喜欢你，所以孩子不要着急，一步一个脚印慢慢来，妈妈相信你一定会变得越来越优秀。

（预设：学生认真观看视频。）

师：同学们看完家长们的视频，你们有什么感想吗？

（预设：有的学生说，遇到问题要相信父母，及时跟父母沟通，得到他们的支持；有的学生说，父母向我们要的并不只是分数，而是看到我们每次的努力；有的学生说，一次考试成绩不代表什么，也不可能每次靠作弊获得好成绩，只有自己努力，才能保证每次考试取得好成绩。）

师：同学们看到了，家长们想要的并不是高分数，而是你们努力得来的真实分数，不掺杂虚假的做法。你们要记住诚信是一种美德，正是这样的美德才能让你们在班级里挺直腰杆，真正获得老师、同学的喜爱和尊重。

（预设：学生点头表示认同。）

四、总结全课，热情寄语

师：同学们，作为学生，你们还将会面对很多场考试，有小考，有大考。小考主要用于检测你们是否掌握了每个单元的知识点，大考既检验了你们对于知识的掌握，又检测了你们的心理素质和诚信意识。面对考验时，请千万记住不随波逐流，不攀比，不患得患失，总有一天，你会凭自己的实力取得更为可喜的成绩！

思考与建议

学生考试作弊这个话题，对于学生来说是具有敏感性的话题，所以在开班会的时候怎样引导到这个话题上，而又不让敏感的学生受到伤害是比较困难的。同时对于学生考试作弊这个问题不能一刀切地简单判断，应该区分情况，所以在活动过程中要引导学生坦诚相告，同时又要让学生觉得老师不会因此厌恶自己，是真正在帮助他们解决问题的，这样他们才能听取老师给的建议，在以后的学习中进行改正。

这次活动引导学生重新思考了分数的意义和价值，他们不会再一味盲目地追逐高分，同时通过活动他们也了解到了父母对于他们的认识和希望，从而接受有时不够“优秀”的自己，明白在成长的过程中需要一步一个脚印地踏实前进，需要用诚信留下最坚实的脚印。

点评

现在学校里学生作弊现象伴随着年级的升高，人数会有所增加。很多学校抓得很紧，特别是教室多了监控后，取证比以前容易多了。然而随着作弊被坐实，如何处理，难度比以前大了。有些学生感到“没面子”，会寻短见。因此不少学校对作弊的处理比以前宽松，但作弊毕竟违反校规，还是要依规处理的。经验证明，“把问题解决在萌芽状态”是首选之策。这节课我们看到了雷老师的良苦用心。

1. 正视现实，运用典型案例。对生活中存在的问题，雷老师不回避，开场就是观看视频，一个学生因作弊被批评教育，进而走极端跳楼自杀的典型案例。这个案例令人心痛。因这个案例引出讨论的话题也非常现实：分数比生命还重要吗？这个典型案例的分享，能起到振聋发聩的效果。这个典型案例的分析，能起到举一反三的作用。

2. 真诚沟通，发挥家长作用。学生对分数的追求，也常常与家长有关。因此，提高家长的认识，形成家校协同教育的合力，非常重要。雷老师特意邀请三位家长录视频讲话。三位家长言辞恳切，语重心长。理解、沟通、袒露心胸。这三位家长说得非常好，这样的视频其实还可以在家长群中分享，以获得更广泛的共识。

22 我们的老师都可敬

——学生对科任老师有偏见怎么办

湖南省岳阳市经开区东城小学 易君君

问题的提出

在一次常规的班干部会议中，班长向我反映了一个问题，近段时间英语课的课堂纪律很糟糕，有的同学不认真听课，还故意“搞点小动作”……这让我联想到最近的家校联系本上，有家长反馈，孩子在完成英语家庭作业时，有些句子不会读、单词默不出。这是什么原因呢？

了解情况后才知道，原来英语老师是这学期新接任的老师，班上部分孩子有点“欺生”，有人喜欢插嘴，有人故意大声读错句子惹同学们哄堂大笑。我又找英语老师了解情况，跟班干部反映的情况差不多。她说，班上学生学习能力差异较大，课堂上有时很难顾及全体学生，有的学生上课听不懂，干脆就不听或“搞小动作”，干扰课堂纪律……平时在我课堂上规规矩矩的学生，在英语老师的课堂上竟是这样的状况，那其他的科任老师的课堂情况呢？

于是，我与各科任老师进行了深入的交流，各科任老师对班级的现状提出了一些自己的想法和建议。综合她们的意见，我认为主要的问题是，有的学生对科任老师的课不重视，认为是综合学科不重要；有的认为科任老师讲课风格自己不喜欢；有的认为科任老师的作业很难完成……

四年级是学生成长的重要阶段，我们应该引导学生尊敬每一位老师，如果对老师有这样那样的意见，也要学会想办法，进行有效沟通。

我反思自己的工作，决定上一堂“我们的老师都可敬”的班会课。

目标的思考

1. 通过活动，让学生了解每一位科任老师为学生的成长付出的辛勤劳动。

2. 通过交流，让学生进一步了解科任老师，增强对每一位老师的敬重之情。

3. 通过讨论，总结与老师沟通的好方法，用实际行动尊敬每一位科任老师。

课前的准备

1. 了解班级科任老师的特长，搜集科任老师的资料。

2. 制作课件。

3. 准备信纸、信封。

课时的安排

35 分钟（大班会）

实施的过程

一、聊聊我们的科任老师

师：同学们，你们从一年级刚入学的小萝卜头，到现在是四年级的小哥哥、小姐姐了，易老师陪着大家度过了四年的时间，你们了解我吗？

（预设：有的学生说，易老师课下温柔可亲，课堂上很严格；有的学生说，易老师上课风趣幽默，妙语连珠，我们都喜欢；有的学生接着说，易老师很关心我们，每天中午都问我们吃饱了没，午休得怎么样。）

师：你们说得眉飞色舞，果真对易老师是了如指掌呀！这四年来，除了我，我们还接触了不少的科任老师，你们对他们的了解又有多少呢？今天就来聊一聊咱们的科任老师吧！首先，说说你印象最深的一位科任老师，或者是一堂课。

（预设：有的学生说，喜欢道德与法治老师，她上课可有意思了，还给我们开辩论会；有的学生说，我喜欢科学老师，他给我们讲金属的故事，鼓励我们去探索；有的学生说，喜欢体育老师，他风趣幽默，在体育课带我们放飞……）

师：瞧你们滔滔不绝的样子，就知道一定是特别喜欢这些老师，在她（他）们的课堂上，你一定是收获满满。那么，你认为什么样的课堂你不喜欢，容易做小动作、走神呢？

（预设：有的学生说，有的老师说话的声音太小，听不清楚，容易走神；有的学生说，有的老师讲课知识点太难，听不懂；有的学生说，有的老师讲课语速太快，自己有些跟不上；还有的学生说，有些科目课堂上活动很多，我们有时候太兴奋，影响了老师的教学进度；有的学生说，有的老师上课只顾自己讲课，我们也打不起精神听课；有的学生说，有的老师布置的作业太多，任务完不成，又担心自己不被老师喜欢。）

师：易老师收到了你们的反馈，也会把你们的心声和科任老师们沟通交流。同学们，每个学科都重要，每门课程都育人，认真把握课堂每一分钟，才是成功学习的不二法门。

二、夸夸我们的科任老师

师：其实，我们的科任老师或风趣幽默，或治学严谨，或讲解细心，或充满热情。让我们打开一张张特殊的名片，走近可亲可敬的科任老师们吧！

首先要介绍的是教英语的方老师，研究生学历，青春活泼，专业水平高，课堂教学活动形式多样，在她的课堂上孩子们不拘一格的表演乐翻天。她自学了希沃白板的使用技术，以讲师的身份给数学组和语文组老师普及希沃白板使用方法，她的超强学习能力和专业素养让我望尘莫及啊！

（预设：有的学生说方老师的课件可精美了，上英语课是一种享受。）

师：是啊，方老师的课件制作在学校可是首屈一指的！再说教体育的黄老师，黄老师带的U8篮球校队连续三年在省级篮球赛中勇夺桂冠。（课件出示体育老师带队获奖的照片）

（预设：篮球校队的学生说黄老师训练可严格了！）

师：由此可见，严师出高徒啊！音乐老师毕业于湖南女子学院音乐与表演专业，一直担任学校音乐组组长，主持编排过各种大型的文艺汇演。

（预设：有的学生说，万老师可忙了，学校只要有活动，她就要负责组织；有的学生说，万老师给我们排练合唱时嗓子都哑了。）

师：是啊，有些老师除了上课还有自己兼任的工作，我们要多多体谅老师的辛苦。（课件出示音乐老师颁奖的照片）

信息技术老师，党员，计算机及应用本科学历，国防科技大学工学学士。曾任教初中数学、英语、计算机、政治、地理，小学微信公众号平台管理者、学校教育信息化工作管理者，多次被评为区先进工作者，优秀教师。2020 年《追逐奶酪——Scratch 设计角色操控方式》教学设计获全国一等奖，获国家级优秀指导老师奖。厉害吧！

（预设：学生发出惊叹，自己的老师太厉害了！还有学生说要跟信息技术老师好好学习了！）

师：教美术的卢老师是美术教育专业毕业，在学校一直从事专职美术教育，多次辅导学生参加美术类的比赛，被评为优秀辅导老师。录制的随堂课《静物一家》被评为区级一等奖。染制的花手帕在市级教具比赛中获得二等奖。

（预设：有的学生会举手说，卢老师是一名高级的瑜伽教练，曾经看到过她带队表演瑜伽。）

师：哇！卢老师不但画画美，原来还是我们心中的瑜伽女神，真是棒极了！

你们最喜欢的道德法治老师，毕业于陕西师范大学汉语言文学专业。谢老师在大学期间曾获得学院硬笔书法一等奖，也拿过学院的一等奖学金。工作后，他先后被评为优秀班主任、优秀教师、师德标兵。

（预设：有学生说，谢老师可不简单！既是学校办公室人事专干，又是我们四年级的年级组长，擅长制作课件，上次易老师参赛用的课件就是谢老师帮忙做的。）

师：看来你们平常关注的事情不少啊！教数学的刘老师，是我们学校首届数学名师，教学严谨，上课总能“深入浅出，循循善诱”，她的课堂妙趣横生，深受同学们喜爱。刘老师还经常利用自己的休息时间耐心地辅导学困生，她真是一个有教育情怀、责任担当的好老师！（课件出示刘老师辅导学生的照片）

（预设：学生说刘老师总是笑眯眯的，上她的课我们很轻松。）

师：刘老师心里爱着你们，所以就把喜欢写在脸上了。

（预设：有学生揭秘，生活中的刘老师还是一个大厨呢！）

师：那就厉害了！她随随便便整一桌饭菜招待客人不在话下，更妙的是她做的包子、饺子色香味俱全啊！

教科学的喻老师以前是学校的数学名师，他执教的数学竞赛课曾获区级数学竞赛一等奖，他还担任过学校年级组长、教务员，现在任学校安全办主任。任教科学课后，多次带领学生参加省市科技大赛，在2020年岳阳市科学创新大赛中获得一等奖！为了你们的科学作品能在学校的科技节大放异彩，老师正认真地准备着。（课件出示科学老师带学生做实验的照片）

（预设：有的学生不由自主地说，喻老师真是辛苦了！有的学生说，我每天早上看到喻老师在门口执勤，和家长志愿者一起迎接同学们的到来。无论什么时候看到喻老师他总是精神饱满，热情洋溢！）

师：喻老师真是敬业！他在哪个岗位就在哪里发光发热！教我们国学的李老师工作兢兢业业，一心扑在国学教育上，硕果累累！参加教学竞赛，先后获得省级、市级的一等奖；负责编写我们的校本教材《国学立品》《萌娃学典》；写了多篇文章在省市两级刊物上发表。虽然你们觉得课堂上要学习、背诵的《论语》枯燥无味，但是老师背后付出的劳动也是值得我们尊重的。（课件出示国学老师伏案工作的照片）

（预设：有的学生马上说，李老师是名人啊！我们学校入学礼的开蒙启智少不了他，毕业礼也有他的身影。还有的学生说，李老师还是学校读书节的主持人呢！）

师：李老师也是我崇拜的对象！他曾说自己是“性嗜诵，执卷有声，自得其乐”，真是我们学习的榜样啊！

三、解决问题我有妙招

师：同学们，虽然不是每位老师都风趣幽默，也不是每位老师都专业能力突出，但是每位老师都认真负责，各有过人之处，都值得我们敬爱！

俗话说，金无足赤，人无完人，万一我们在课上遇到了你们倾诉的那些苦恼，该怎么办呢？我们有什么好的办法让自己静下心来学习吗？我们又该怎样与科任老师交流呢？

（预设：有的学生说，每位老师上课风格不一样，我们要换位思考，老师肯定有自己的教学思路。比如声乐课上的练声，虽然我们都不喜欢，但想要声音优美地歌唱就必须坚持练声。有的学生说，要想办法让自己对课堂感兴趣，兴趣才是最好的老师。）

师：（竖大拇指）改变自己的思维方式，把不喜欢变成感兴趣！

（预设：有的学生说，科学很难，但是科学课非常重要，科学课要考试背的资料又很多，那么就想象自己在按照步骤做实验，这样既轻松又有趣。）

师：这个办法好！同学们都可以试一试。

（预设：有的学生说，听不清老师讲课可以举手有礼貌地告诉老师声音要大一点，或建议老师使用“小蜜蜂”扩音器。有的学生说，没听懂的问题可以举手请教老师。）

师：知之为知之，不知为不知，是知也！

（预设：有的学生说，不管是什么老师上课，我们都要注意力集中，老师看到我们那么认真，他上起课来也一定更起劲。有的学生说，学习是我们自己的事，我们不能改变别人，但是可以改变自己，努力让自己适应不同风格的课堂。还有的学生说，我们对科任老师有什么建议或意见，可以以书信的形式或者是课下单独和老师交流。）

师：是呀，同学们，通过刚才的讨论，我们总结了三个小妙招。首先是改变自己，然后学会沟通，最后自己解决不了的问题我们还可以寻求老师和家长的帮助。如果每个同学都能专注地上课，不分心走神，不窃窃私语，那整个课堂就会有序、高效，老师教学轻松，你们也学得快乐！

四、尊重老师我要行动

师：同学们，学习是我们自己的事。每位老师为了助力我们的成长，兢兢业业地备课、上课，想方设法让课堂变得趣味盎然，让大家能学有所获。作为学生，我们要怎样做才是尊重了老师们的劳动成果呢？

（预设：有的学生说，要认真上课，积极举手回答问题，配合老师的课堂互动。还有的学生说，要提前预习上课内容，作业要字迹工整，排版美观。）

师：嗯，认真上课，完成作业，是学生的基本要求。

（预设：学生回答，小组讨论时要遵守纪律，听清老师的命令，注意力集中。）

师：这点很重要，我们在课堂上要收放自如，进退有度。这样才能保证课堂的高效。

（预设：学生回答，老师布置的活动或参赛任务要积极认真地完成。）

师：是的，比如说这次的科技节，科学老师要同学们交小制作，大家可要认真对待哦！

我们的科任老师那么优秀，除了课堂学习要积极，我们平常还要做好哪些贴心服务，回报老师们的辛勤付出，增强科任老师的幸福感呢？（出示课件）

（预设：学生纷纷发言，我们要随时保持教室洁净整齐，穿着文明卫生，让老师上课舒心。我们不但要做好自己的课前准备，还要帮科任老师清理讲台、黑板，帮老师拿教具。课代表一定要认真负责，无论是收发作业、帮老师辅导学困生还是发通知，都要能独当一面，省去科任老师的后顾之忧。）

师：想得很周到，说到也要做到哦！

（预设：还有学生说，平常见到老师要主动热情地打招呼。对老师表示关心，看到老师不舒服、脸色不好或感冒咳嗽时要多问候。经常邀请科任老师参加班级活动，“六一庆祝”“元旦晚会”、踏春秋游等等。还有学生说，课下和科任老师多交流，和老师交朋友，师生间关系更亲密，我们上课会更认真。）

师：说得真好！孩子们，“尊师重教”是我们中华民族的传统美德，是人类生存、社会发展和社会文明进步的需要。自古就有“程门立雪、子贡尊师、张良拜师”等敬仰老师的典范（出示课件），我们应该发自内心地“亲其师，信其道”，尊重、爱戴我们的老师。

五、致敬我们的科任老师

师：同学们，老师一直深深爱着你们，爱是相互的，你们爱他们吗？

（预设：学生会大声说“爱”！）

师：爱，也要大声地说出来！这节课，老师为你们准备了信纸，选一位你最想交流的科任老师，把你们对科任老师浓浓的爱意、信任、想法，都表达出来。这是本节课的作业，下周一交，字数不限。如果有同学想写建议，想提意见，我认为也是可以的。因为真诚的交流也是我们对老师深深的爱。

孩子们，行动起来吧！让我们的老师都能感受到你们的敬和爱！“国之将兴，必尊师而重傅”，用我们的尊重、真诚去感谢所有的科任老师，因为，每一位老师都可敬！

思考与建议

班会课上，科任老师一张张闪亮的名片，深深地触动着孩子们的心灵。我欣喜地看到：课堂上，孩子们能自我约束，遵守纪律，求知的渴望更强烈了；课后和科任老师交流的孩子越来越多，跟科任老师更亲近了，孩子们更尊重和敬佩各科任老师；科任老师布置的作业和任务，孩子们都能认真完成，特别是这次科学老师布置的科学小制作，我们班十二位同学的作品在学校第一届科技节中脱颖而出，获得了优异的成绩。

通过这堂班会课，我在思考，学生反映的有些老师上课时的问题确实存在。学生要努力改掉坏习惯，认真配合老师上课；老师也要及时改进自己的不足之处，让我们的课堂和谐、有效。"教"与"学"是个双向活动，需要形成教育合力，它改变的不仅是学生，还有我们老师自己。正所谓"教学相长"，我们需要不断地交流方法、总结经验、因材施教，让每一个孩子喜欢自己的课堂，这样才能达到教育的最佳效果。

作为班主任，我和科任老师的交流应该更及时、更密切。每学期初，我会召开班级科任老师会议，向科任老师们一一介绍班级特点、学生基本情况、特殊学生情况，让每一位科任老师全面地了解每一位孩子；在每月的班干部会议中，我会听取班干部搜集的学生对各学科上课情况的反馈；同时，我还要经常主动与科任老师交流，了解班级学生的课堂现状，及时调整。孩子们在改变，在行动，我想我也应该行动起来。

点评

读着易君君老师的教案，我有着许多感动。易老师对自己的同事有着很多的了解，有着很多的尊重，对教师这一职业有着深深的挚爱，同样对学生也有着深深的挚爱。

近年来，从各地反映的情况看，师生之间、老师与家长之间有些隔阂。怎样处理好师生关系，易老师为我们提供了生动的课例。

1. 课有高度。细读教案，我们感受到字里行间流淌着易老师对学生浓浓的爱，没有训斥，没有埋怨，有的是沟通，有的是倾听，有的是理解，有的是等待。易老师特别擅长用深情的话语、用具体的事例来说服学生、引导学生，关注学生的成长。这些都源于易老师认为"'尊师重教'是我们中华民族的传统美德，是人类生存、社会发展和社会文明进步的需要。自古就有'程门立雪、子贡尊师、张良拜师'等敬仰老师的典范，我们应该发自内心地'亲其师，信其道'，尊重、爱戴我们的老师"。这样站位高，思之深，言之切。

2. 课有温度。在学生对科任老师心存芥蒂时，易老师采取轻松的聊天形式，有意靠近学生，认真听取学生对科任老师的意见，然后从"聊"到"夸"，真诚地介绍、夸奖本班的科任老师。易老师做了充分的准备，"一张张名片"尽显了一位位老师的特点。在易老师的介绍中，老师们热爱教育，本领高强，老师们热爱学生，童心依旧，老师们热爱生活，风格各异。在介绍科任老师时，易老师注意沟通，如介绍音乐老师时，历数了音乐老师艺术造诣后，一句"老师除了上课还有自己兼任的工作，我们要多多体谅老师的辛苦"，饱含深情，教会学生如何尊重、理解他人。

3. 课有力度。学生与老师心存芥蒂时，我们还要寻求解决之道。易老师有三部曲：(1) 解决问题有妙招。鼓励学生改变自己，学会沟通，解决不了的问题寻求老师和家长的帮助。(2) 尊重老师要行动。强调应该用认真听课、完成作业、做好工作等实际行动尊重、爱戴我们的老师。(3) 致敬我们的科任老师。易老师设计了特殊的作业，"选一位你最想交流的科任老师，把你们对科任老师浓浓的爱意、信任、想法，都表达出来。"这样的三部曲演奏了尊师乐章。

有人说，易老师的同事很优秀，我们的同事可能没有那样优秀。其实"人非圣贤，孰能无过"，我们都会有这样那样的缺点，发现同事的长处，努力进行沟通，会使交流变得顺畅。努力成为一位优秀的教师，不断地完善自己，"一辈子学做教师"，应该是每位从教者的追求和行动，否则就会被时代所淘汰。

23 不是我的错

——学生推脱责任怎么办

四川省成都市双流区实验小学　李琴

问题的提出

四年级的孩子正处于快速成长期，但有些思维方式和行为方式不够成熟，在学校里，我们经常看到这样的现象：教室的地面上出现了废纸，有同学说“不是我丢的，不是我的错”；水龙头没有拧紧，水哗哗地流，有同学说“不是我拧开的，不是我的错”；同学间发生冲突，有同学说“是他先动手的，不是我的错”。

“不是我的错”，这是我们经常听到的一句话，不少小学生，他们总是把这句话当作借口，为自己推脱责任，为自己辩解开脱。

“不是我的错”，这句话有时有其理由，但凡事都说“不是我的错”就有问题了。不光是没有担当、推脱责任，也是将自己对事物的冷漠，与他人的疏离“合理化”。在家里，有的孩子衣来伸手，饭来张口，根本不愿分担家务；在学校，有的孩子只顾自己，集体的事、他人的事漠不关心，也不主动为他人服务；在社会，有的孩子不遵守公共秩序，对他人的求助视而不见。在当今社会，也不乏老人摔倒无人敢扶，小偷盗窃无人敢说，小孩被撞无人帮助等种种令人寒心的现象。这些都在警示我们，要将责任感的培养渗透到日常教育教学中，要教会学生对自己负责、对家庭负责、对他人负责、对集体负责、对社会负责、对国家负责，做一个有责任感、敢于担当的好少年。

目标的思考

1. 通过活动，知道“不是我的错”是推卸责任的表现。

2. 通过活动，增强学生的主人翁意识，学会承担责任的方法和技巧，从身边的事做起，积极解决问题，做敢于承担责任的人。

课前的准备

1. 收集班级常见的“不是我的错”的现象，准备相应的问题。

2. 准备绘本：《不是我的错》。

3. 准备视频。

4. 制作课件。

课时的安排

35 分钟（大班会）

实施的过程

一、绘本阅读，情景体验

师：同学们，今天我们一起来听一个故事《不是我的错》。（出示课件，多媒体配以绘本。故事简介：一个孩子蒙着脸哭泣，是谁欺负他了呢？他身后有一群小朋友，对于小男孩的遭遇，所有的孩子都说：“不是我的错。”“不关我的事。”“跟我没关系。”没有人帮助小男孩，也没有人承认是自己的错误。）

师：老师想问问你们，故事里那个孩子为什么会哭泣？

（预设：有的学生说，因为他被同学欺负了；有的学生说，因为没有人帮助他。）

师：说得好！因为被同学欺负了，因为没有人帮助他。其实这样的故事也时常发生在我们身边，故事中哪些人的想法，你曾经也有过？

（预设：有的学生说，我虽然知道是怎么一回事，但觉得和我没关系；有的学生说，我想帮忙，却又担心帮不上忙，就在一旁看着；有的学生说，很多人欺负他，我就算站出来也没有办法的；有的学生说，虽然想去告诉老师，但是我想多一事不如少一事，因为不是我的错。）

师：当你看到很多人在欺负一个人的时候，你会有什么反应？

（预设：有的学生说，想到不关我的事，就远远地走开了；有的学生说，我有点害怕，也会躲得远远的。）

师：让我们闭上眼睛想象一下，假如这个哭泣的男孩就是我们班级中的一名同学，你的好朋友，你会怎么做呢？

（预设：有的学生说，同学，你怎么了？我来帮助你吧！有的学生说，你们不要欺负他，他是我们的同学，他一定非常难受了，再这样，我就要去告诉老师了。）

师：让我们再想象一下，如果这个哭泣的孩子就是你自己，面对故事里其他同学的冷漠表现，你的心里是什么感受？后来其他同学的安慰和帮助，又让你感受到了什么？

（预设：学生回答，一开始我很难过，觉得很孤单、害怕、委屈，当同学来安慰我、帮助我时，我会感到温暖，有人在关心我、帮助我，好感动啊！）

二、观看视频，深入讨论

师：在班级中发生类似情景时，真的和我没有关系吗？我们一起来看一个视频。（播放视频《重庆万州公交车坠江事故》。视频简介：女乘客刘某因坐过站而与驾驶员冉某发生争执并进而用手中的物件击打驾驶员，驾驶员在与刘某的互殴中导致车辆失控而最终酿成车辆坠江、15人丧命的惨剧发生。）

师：看到这样的惨剧，我们每一个人的心中都不好受，但是痛定思痛，我们也不禁要问：这到底是谁的错？我们以四人小组的形式讨论一下吧！

（小组讨论。教师注意聆听，参与讨论。）

师：乘客因为坐过了站就对驾驶员大打出手，导致一车人失去生命。司机没有第一时间采取安全的措施，他们固然都有错，但是车上其余的乘客呢？也许有的乘客还没有反应过来，但也有人看着刘某和公交车司机之间的争执乃至变成互殴，无动于衷，最后一起坠入江中，他们有错吗？

（预设：学生回答，有乘客看到刘某击打司机，没有挺身制止，也是有错的。）

师：如果全车人中，有一个人站出来制止刘某的行为，或许公交车就不会失控，父母就不会失去孩子，孩子就不会没有父亲，为什么就没有一个人站出来制止呢？

（预设：有的学生说，其他乘客可能在想，其他人没有出来制止，我也不要当第一个；有的学生说，可能觉得这件事情和自己的关系还不大，习惯性地保持沉默；等等。）

师：麻木、不作为，大家都看似明哲保身，可是，没想到却是连命都没能保住，一起坠入江中，沉入江底。请大家想想：为什么《不是我的错》绘本后面要加上那些战争、车祸、核爆、饥荒的照片呢？那些事和我们有什么关系？你有怎样的思考？

（预设：学生回答，这告诉我们，每一个人都有责任，这些都和我们有关；如果每个人都能对不正义的事情说“不”，世界上一定会少许多纷争，少许多灾难。）

师：是的，雪崩时，没有一片雪花是无辜的。由小及大，由大推小，很多时候、很多事情，我们都必须扛起责任。

三、联系生活，指导行为

师：在我们的生活中，我们也会遇到类似的情形。（出示课件）

下课了，班级中非常热闹。有的聊天；有的在玩游戏；有的在互相打来打去……混乱中，不知道是谁碰倒了小明的水杯，水杯里的水把课桌上的书、作业本都打湿了，小明立刻哭了起来，没有人安慰他。

假如你是其中一员，你会怎么办？现在还是四人小组讨论：说说你打算怎样处理以及这样处理的理由。

（预设：有的学生说，找出碰倒杯子的同学，要求他道歉并赔偿；有的学生说，帮小明放好水杯，用纸巾把书本擦干，安慰小明；有的学生说，要和纪律委员讨论课间玩耍要注意什么，和体育委员商量，推广几个适合课间玩耍的游戏。）

师：的确，正如同学们所说，首先是解决急需解决的问题，把书本擦干，把杯子放好，避免问题扩大；然后是分析原因，想好办法，防患于未然。

师：在生活中，也可能会遇到这样的情况。（出示课件）

早读，老师要检查背诵情况，小刚没有完全背熟，但是今天该他打扫包干区的卫生。如果你是小刚，你该怎么做？

（预设：有的学生说，我会先去把包干区的卫生打扫了再回来背诵，因为打扫包干区的卫生是我对集体的责任。）

师：说得很好，责任，应该先集体后个人。我们也可能会遇到这样的情况。（出示课件）

小明看到一个低年级的孩子手中拿着棍子使劲挥舞，他觉得这样挺危险的，想去制止，又觉得也许没事，就走开了。

第二天，他听老师说有一个低年级的孩子被棍子打破了头，还流血了。

你认为小明当时应该怎么做呢？

（预设：有的学生说，看到危险应该立刻制止才是负责任的表现。）

师：是的，责任，有时该出手时就出手。生活是个万花筒，我们还遇到过哪些情况，今天这堂课后，你又会怎么做呢？我们还是四人一小组来讨论一下吧！

（预设：小组讨论后汇报交流。有的学生说，上课铃响了，同桌还在和别人聊天，我会提醒他，让他做好课前准备；有的学生说，好朋友有时会让我把作业给她抄，我会告诉她不能抄作业，然后给她讲一讲；有同学值日时，草草了事，地上还有纸屑，垃圾桶也没有倒，我会提醒他值日的要求，并且帮助他，一起完成。）

四、学习名言，增强责任

师：从古至今，有许多名人也阐释过责任的内涵，我们一起来读一读。（出示课件）

天下兴亡，匹夫有责。——顾炎武

自由的第一个意义就是担负自己的责任。——阿来

责任心就是关心别人，关心整个社会。有了责任心，生活就有了真正的含义和灵魂。——（科威特）穆尼尔·纳素夫

师：学习了这些名言，你对责任，又有怎样的理解呢？

（预设：有的学生说，责任就是把事情记在心上，然后用行动落实；有的学生说，责任就是服务他人，服务班级，尽心尽责；有的学生说，责任就是先集体后个人；有的学生说，责任就是看到危险，及时制止；等等。）

师：每个人都要有责任意识。虽然我们的肩膀小，但也要扛起力所能及的责任。

五、总结全课，提出希望

师：同学们，“不是我的错”，这句话有时候是没有担当、推脱责任的借口。学校里、家庭中、社会上都需要我们有担当，积极解决当下的问题，找到问题背后的原因，借助多方的力量，用自己的小肩膀扛起大责任！

思考与建议

本课的设计从绘本故事引入，让学生在故事中感受到受欺负同学的心情和感受。再用触目惊心的真实事件，让学生体会到沉默的旁观者有可能给自己带来巨大的伤害。最后，用班级中经常发生的情景让学生想办法解决，并拓展到自己的生活中。

课后，学生的责任意识明显增强了许多。更大的变化是，班级的 10 个小组经常开展讨论，主动为班级出谋划策，用行动为班级增光添彩。如爱心小组提出为班级的植物浇水养护，开展冬季怎样预防感冒的小讲座；生活小组的同学发现饮水机处如果增加一个水桶会更方便；纪律小组发现游戏有安全隐患时会主动制止，并在一周总结时讲解和推广新游戏；还有同学发现小区里的垃圾分类做得不够好，在父母的帮助下联系社区为小区安装了有现金奖励的智能垃圾桶。

习惯的养成，责任感的培养不是一蹴而就的，今后还需要开展系列活动并且与班级的评价机制相结合，持续推进。学生责任感的培养也与家庭、社会的大环境有很大的关系。我们可以尽量让家长知晓培养孩子的责任感的好处，让家长认同，共同配合教育。还可以与社区联系，开展相关活动，表扬积极为社区出谋划策的孩子，让学校、家庭、社会形成教育合力，协同育人，争取更好的效果。

点评

李老师的这节课选取的是学校中最常见的话题“不是我的错”。“不是我的错”振振有词的背后，缺乏的是责任的担当。这是一个有难度的话题，因为近些年来，社会上不惹事、不担责的风气也影响到学生。在这样的大背景下，李老师的这节课有了这样的特点：

1. 挑战难题，积极引导。对“不是我的错”，李老师的思考是，这句话有时有其理由，但凡事都说“不是我的错”就有问题了。不光是没有担当、推脱责任，也是将自己对事物的冷漠，与他人的疏离“合理化”。因此，李老师决定就这一难题进行教育。开展积极的引导。这也启示我们，班主任一定要根据班级工作来选题。

2. 典型事例，发人深省。要加强责任教育，需要典型案例让学生提高认识。李老师精心选择了重庆万州公交车坠江事故案。因为坐过了站就对驾驶员大打出手的刘某是在犯罪，没有第一时间采取安全措施的司机严重渎职，而车上看着刘某和公交车司机之间的争执乃至变成互殴，仍无动于衷的乘客就没有责任吗？血淋淋的典型案例让我们触目惊心，可以激发学生的认真思考。

3. 提高认识，贵在行动。我特别关注了“思考和建议”中课后的行动和变化。李老师介绍了“班级的10个小组经常开展讨论，主动为班级出谋划策，用行动为班级增光添彩”。我想说的是，行动证明了认识。要让学生担责任，教师首先要担责任，敢担当的教师才能带出敢担当的学生。

24 今天你“光盘”了吗

——学生不能做到“光盘”怎么办

湖南省岳阳市岳阳楼区岳阳楼小学　许丹

问题的提出

当今世界，粮食问题依然是全球关注的重点问题，而与此同时，“舌尖上的浪费”仍然十分严重，据统计，我国每年在餐桌上浪费的粮食最多时价值高达2000亿元。党的十八大以来，在党中央的大力倡导和有力推动下，“光盘行动”广泛开展，“舌尖上的浪费”现象有所改观。2020年8月11日，习近平总书记进一步指示：坚决制止餐饮浪费行为，切实培养节约习惯，在全社会营造浪费可耻、节约光荣的氛围。2021年4月29日，《中华人民共和国反食品浪费法》也公布施行。

今天的小学生大多在蜜罐中长大，他们衣食无忧，很多孩子还感知不到一粥一饭的来之不易，感悟不到勤俭节约在当今社会的重要性和必要性。在食堂就餐后，一些孩子排着队将大量剩饭剩菜若无其事地倒进泔水桶。这场面，真是令人心痛。

四年级的孩子早先在《道德与法治》中的《爱惜粮食》一文，以及语文部编版教材《千人糕》一文中了解过从一粒米到盘中餐的过程，也知道粮食来之不易。可在平日的就餐中，浪费粮食仍是常有的事，他们还不能完全做到“光盘”。伴随着他们的成长，教育不能只是书面的，让他们开展调查走访，让他们进一步深入思考，并落实到行动中很有必要。因此拟通过班会课对症下药，进行具体的指导，切实做到拒绝浪费，践行“光盘”。

目标的思考

1. 通过调研活动，了解身边存在的浪费现象，充分认识浪费的危害性和节约粮食的重要性。

2. 通过了解我国和世界粮食现状，增强尊重劳动成果，珍惜粮食的意识。

3. 通过问题讨论，思考解决问题的方案，切实养成“光盘”的好习惯，并带动身边的人一起参与“光盘”行动。

课前的准备

1. 全班分成家庭、学校食堂、餐馆三个小组，针对“光盘”情况进行调研，完成调研报告，老师加以指导，做好发言准备。

2. 搜集学生调研走访的图片，有关世界粮食现状的视频，并制作多媒体课件。

3. 编拟新童谣《“光盘”，我们一起行动》。

课时的安排

20分钟（中班会）

实施的过程

一、交流调查情况

师：俗话说，民以食为天。近段时间，我们班的同学就吃饭这件事，分组进行了走访调查。餐桌上的现状如何，让我们一起来听听各组的汇报。

有爱的家中少不了烟火气，首先有请家庭组代表。

家庭组代表：我是家庭就餐调查组的代表。我们组通过调查了解到，由于工作和学习的原因，大多数家庭的晚餐做得比较丰盛，所以晚餐中剩菜剩饭的现象多一点。过年、过节的时候，家人多会在一起聚餐，准备的美食更多更丰富，所以剩得更多。

师：食堂的午餐为我们续航能量，有请食堂组代表。

食堂组代表：我们食堂就餐调查组成员，连续 5 天对学校食堂进行调查，中午在校就餐人数共有 1495 人，其中学生 1375 人，老师 120 人。学校每天大约有 20 公斤的剩饭剩菜。换算一下，一个月下来，浪费达 600 公斤，一年下来就有 7200 公斤。

师：这真是不算不知道，一算吓一跳。酒店聚餐、外出旅游是我们在生活中放松自己的方式。餐馆组又有什么发现呢？有请餐馆组代表。

餐馆组代表：我们餐馆调查组主要走访了景区周围的餐馆和小区周边的酒店。调查中，我们发现，人们在外聚餐，一般都会有剩菜剩饭，酒席和旅游团队就餐浪费现象更为严重。有同学特意告诉我们，参加这些活动时食物的浪费是“触目惊心”。

师：谢谢你们的分享。

二、分析浪费原因

师：为什么会存在这些浪费现象呢？大家来分析分析吧！

（预设：学生回答，菜品做得多，分量也足，所以吃不完。）

师：有一种爱叫妈妈觉得你没有吃饱。爸爸妈妈总想让你大饱口福，所以不知不觉就会把饭菜做多。

（预设：学生回答，食堂里饭菜不合我的口味，有的菜我不喜欢吃。）

师：众口难调，食堂虽然是营养餐，但不见得人人都喜欢。

（预设：学生回答，对某种食物过敏；食量小；胃口不好。）

师：是啊！有食物过敏、身体不适、胃口不好，这样的情况也的确是客观存在的。

（预设：学生回答，请客吃饭时，生怕怠慢了朋友，菜点得比较多，好面子。）

师：中国是礼仪之邦，希望客人吃饱喝好，似乎也是情理之中的事。大家积极地参与实践调研，每个人都有发现、有思考，我为你们点赞！

三、知晓粮食现状

师：调查中，我们了解到粮食浪费的原因多种多样，浪费的现象也随处可见。那衣食无忧的我们，是否关注过这些现状呢？

活动一：不算不知道

师：中国用世界上7%的土地，养活世界上约20%的人口，这绝非易事。假如你只站在自己的角度看一粒米的浪费，或许看不出什么。但如果14亿人都节约一粒米呢？以常见的白瓷碗为例，一碗米饭大约由6000粒米煮成，14亿粒米，可以做成23.3333万碗米饭，乘以每天三顿饭，等于70万碗饭，再乘以365天，等于2.5亿碗饭。这些米可以绕地球赤道240多圈，足够近3000人吃一辈子。（出示课件）

中国每年浪费食物总量折合粮食约500亿公斤，

接近全国粮食总产量的1/10。

浪费的粮食价值高达2000亿元，

相当于2亿多人一年的口粮。

同学们，看到这组数据，你想说些什么？

（预设：学生回答，这些数据令我大吃一惊，餐桌上的浪费真令人痛心。）

师：一粥一饭，当思来之不易。即使中国粮食连年丰收，即使中国的脱贫攻坚取得了全面胜利，我们也必须拒绝浪费，这才是居安思危啊！

活动二：放眼看世界

师：现在老师想请大家看视频，看了以后，谈谈你的思考。（视频简介：据世界粮农组织2020年8月份的数据显示，全球76.33亿人口中，至少还有8.2亿人面临饥饿，相当于每9个人中就有1个人在挨饿，每年约有500万5岁以下的儿童死于饥饿和营养不良等疾病。由于新冠肺炎疫情引发的经济衰退，截至2020年底，全球饥饿人群新增1.32亿人。现在仅仅过去几个月，这项数据已增加到2.7亿人。2021年将有25个国家面临严重饥饿风险。）

师：看过视频后，老师想问，你的心情如何？为什么？

（预设：学生回答，饥饿无时无刻不在威胁着这群可怜的孩子。粮食对他们来说何等珍贵！）

师：这些饥饿的人们真让人揪心。世界杂交水稻之父袁隆平爷爷曾多次提醒我们："丰年不忘饥苦，富岁当思节约。"每一粒米，每一盘菜，都渴望被珍惜。

四、讨论“光盘”妙招

师：珍惜粮食，厉行节约，拒绝浪费，于是“光盘”行动应运而生（课件出示关键词：“光盘”）。刚才我们了解了现状，也分析了造成浪费的原因，（出示一组图片：家庭、食堂、餐馆中人们用餐的情景。）我们请各组再交流，想要“光盘”，有何妙招？现在请家庭组做汇报。

家庭组代表：按人数做饭，量少一点。

师：吃多少，做多少，是个妙招。

家庭组代表：养成不挑食、不偏食的好习惯。

师：要养成不挑食的好习惯，也是有办法的。比如：你不爱吃青菜，就可以把青菜夹在肉里，做成汉堡，或是做成包饭或饭团，这既是节约妙招，又能保证营养呢！我们再来听听食堂组的。

食堂组代表：先想想自己饿不饿，吃多少、盛多少。

师：量力而行，按需取餐，我们每个人都应该这样做。

食堂组代表：建议食堂师傅按需分大、中、小盒打饭。

师：我们事先可以统计好班里需要各种分量的名单，再递交给学校食堂，建议食堂师傅按同学们的需要来分装。这种合理化的建议，相信学校一定会认真考虑并采纳。

食堂组代表：向老师提前报备过敏的食物；身体欠佳时，应提前向老师说明。

师：特别的爱给特别的你！有特殊情况，提前说明，确实可以避免一些不必要的浪费。

食堂组代表：班级评比“光盘之星”。

师：引进评价机制，让“光盘”看得见，希望你们人人都能成为“光盘”小卫士。餐馆组又会给我们分享什么妙招呢？

餐馆组代表：吃多少，点多少；点小份或半份菜。

师：同学们，你们知道现在最流行的点菜方式吗？那就是“N－1”。比如：10个人吃饭，你就先点9个菜……吃完后，不够再加菜，这样就能避免浪费哦！

餐馆组代表：剩多少，就打包。

师：打包已成为一种风尚。老师要提醒大家，就餐时一定要使用公筷，提倡分餐，这样更健康、更文明。

五、倡议共同行动

师：集体的智慧是不容小觑的，在大家讨论的基础上，我们想出了不少金点子。让“光盘”成为中国公民的自觉行动，也已成为国家意志。2021 年 4 月 29 日，《中华人民共和国反食品浪费法》正式颁布并实施。珍惜粮食、拒绝浪费有法可依。（出示课件）绿色消费将常态化、制度化。

同学们，为了让更多的人行动起来，我们不仅自己要做“光盘侠”，还应成为宣传员。班委会拟了一首新童谣《“光盘”，我们一起行动》，让我们一起诵读，表达我们的决心吧！（出示课件）

“光盘”，我们一起行动

党中央，发号召。节粮食，要“光盘”。
吃多少，做多少。巧搭配，营养好。
吃多少，盛多少。量力行，食不挑。
吃多少，点多少。N－1，方法妙。
有剩食，要打包。用公筷，保健康。
惜食粮，拒浪费。光餐盘，最时尚。
你我他，齐行动。家庭兴，国家强！

思考与建议

民以食为天。粮食在整个国民经济中始终具有不可替代的基础地位，而现实生活中，餐饮浪费现象触目惊心，令人心痛。

本节课针对学校、家庭、社会中存在的食品浪费和学生节俭意识缺乏的问题，指导学生积极参与实践调研，交流自己的所见、所闻、所思、所想，并通过图片、视频、数据等多种手段，引导孩子关注粮食问题。课堂上，孩子们深刻体会到了厉行节约、拒绝浪费的必要性，探讨了“光盘”行动的具体做法，并将教育活动从课堂延伸到课外，发出倡议，号召更多的人加入“光盘”行动。

在实施过程中，学生积极参与。老师以学生为主体，充分尊重学生，倾听他们的建议和意见；根据学生的回答，给予评价，及时引导。“情”和“理”的目标得到了充分实现。一堂课下来，居安思危的意识、先忧后乐的精神进一步浸润心田、滋养心灵，勤俭节约的传统美德必将见诸行动，助力孩子向阳生长。

点评

“光盘”行动，近年来已成为社会生活中的高频词，成为中小学教育的必选话题。人们认识到，“光盘”行动，不仅是传承中华民族勤俭节约、爱惜粮食的美德，而且是增强资源环境保护意识，落实可持续发展战略的需要。中小学生是国家的未来，是民族的希望，许多事必须从中小学生抓起。许老师的这节课精心设计，积极实施，有三个特点让我印象深刻：

1. “光盘”行动，调研先行。许老师将全班分成家庭、学校食堂、校外餐馆三个小组，针对“光盘”情况进行调研，完成调研报告，老师加以指导，在班会课上汇报交流。“纸上得来终觉浅，绝知此事要躬行”，这样的调研，规模不大、易于操作。走进家庭、走进社会，了解现状、提供认识，学生感兴趣，会收到很好的效果。

2. 对症下药，分类施策。“光盘”的重要性、意义等大道理，学生都是懂得的，但有时还不能做到“光盘”。究其原因，是多方面的，需要分类施策。在讨论“光盘”妙招这一环节，大家献计献策，给出了积极的建议。如“（家庭里）按人数做饭，量少一点”“（食堂里）食堂师傅按需分大、中、小盒打饭”“身体欠佳时，应提前向老师说明”“（餐馆里）吃多少，点多少，点小份或半份菜”“剩多少，就打包”，等等。这些建议从学生中来，具有较强的可行性。

3. 教师用语，干净利索。每位老师都有自己的语言风格，许老师的用语更显得干净利索，内涵丰富，简练中还有点幽默。如学生指出有时浪费是因为爸妈菜品做得多，分量也足，所以吃不完，许老师点评道“有一种爱叫妈妈觉得你没有吃饱。爸爸妈妈总想让你大饱口福，所以不知不觉就会把饭菜做多”。又如餐馆组建议“剩多少，就打包”，许老师点评道“打包已成为一种风尚。但老师要提醒大家，就餐时一定要使用公筷，提倡分餐，这样更健康、更文明”。

25 垃圾分类，我们要行动

——学生不能做好垃圾分类怎么办

四川省广元外国语学校　林欢

问题的提出

近年来，我国垃圾分类在“夯实基础，建立制度，明确责任，补齐短板，打通链条，提升效能，构建体系，形成模式”的道路上已开了一个好头，取得了阶段性的进展。但与文明城市发展需求、党和政府的要求相比还有不少差距。主要有以下原因：1. 对垃圾分类的意识还未形成全民共识，还未成为全民的行动。2. 对垃圾分类还缺乏深入的知识学习和经常的方法指导。因此，要实现垃圾分类目标，必须加强全民的教育。

在四年级学生中开展垃圾分类教育，是因为他们已初步具有环保意识，掌握了一定的垃圾分类知识，掌握了垃圾分类的方法。专题教育有助于巩固学生已有知识，帮助他们解决垃圾分类中出现的问题。学生接受了专题教育，能够为其他年级的孩子和家人做出好榜样，他们积极参加垃圾分类行动，有助于推进全社会垃圾分类工作。因此我设计开展了“垃圾分类，我们要行动”的主题班会。

目标的思考

1. 通过活动，巩固学生已有的垃圾分类知识和方法，增强学生垃圾分类的意识。

2. 通过交流，了解家乡和国内许多城区垃圾分类所取得的成就，增强做好垃圾分类的信心。

3. 通过讨论，探讨如何解决垃圾分类中出现的问题，用实际行动努力做好生活中的垃圾分类。

课前的准备

1. 查阅全国各地有关垃圾分类的法规，收集全国各地有关垃圾分类的经验总结类文章。

2. 准备卡片。

3. 准备相关课件，多媒体。

课时的安排

35 分钟（大班会）

实施的过程

一、话题追踪，回顾垃圾分类的基本要求

师：同学们，请看图片，你们知道这座绿白相间的小屋叫什么名字吗？（出示课件）

（预设：学生回答，冰淇淋屋；便利店；报亭；智慧居家馆；等等。）

师：这是我们广元市设在各小区的“智慧居家馆”。你们知道“智慧居家馆”用来干什么吗？

（预设：学生回答，不知道；卖东西；垃圾分类换取积分；等等。）

师：“智慧居家馆”是大家分类投放垃圾的地方，在这里老百姓可以给分类垃圾称重，在工作人员处换取生活积分。同学们，你们觉得这么做，有什么好处吗？

（预设：学生回答，让市民喜欢垃圾分类；鼓励老百姓做好垃圾分类；等等。）

师：“智慧居家馆”的开放让老百姓重视垃圾分类，掌握垃圾分类的知识，调动了他们开展垃圾分类的积极性，我们广元的垃圾分类工作也取得了一定进

步。同学们，你们还记得垃圾分为哪几类吗？

（预设：学生回答，可回收垃圾，厨余垃圾，有害垃圾，其他垃圾。）

师：大家说得非常正确，分为可回收垃圾、厨余垃圾、有害垃圾、其他垃圾。也有一些地区，如上海将垃圾分为可回收垃圾、有害垃圾、湿垃圾（相当于“厨余垃圾”）、干垃圾（相当于“其他垃圾”）。我们见到时不要感到奇怪。

现在，我来考考大家，把以下垃圾送“回家”吧！（出示课件）

下列物质哪些是可回收垃圾，哪些物质是有害垃圾？哪些物质是厨余垃圾？哪些是其他垃圾？

旧衣服　鱼骨头　菜叶菜梗　尿片　用过的纸巾　塑料瓶　碎玻璃　过期药品

香蕉皮　杀虫剂　过期化妆品　一次性餐具　旧牙刷　食物残余　废报纸

厨余垃圾　可回收垃圾　其他垃圾　有害垃圾

（预设：学生的回答，基本正确。如有个别错误，老师予以纠正。）

师：同学们，在垃圾分类时，我们有时会分不清楚。我们再来读一读这首顺口溜吧！（出示课件）

认清四色垃圾桶，垃圾分类要清楚。蓝色大桶可回收，变废为宝好颜色。

绿色大桶装剩菜，变成肥料来灌溉。红桶垃圾最有害，药品灯管就是它。

灰色大桶装其他，尿布旧物来安家。垃圾分类勤学习，熟能生巧分到家。

二、联系生活：了解本地垃圾分类工作所取得的成效

师：习近平总书记高度重视垃圾分类工作，多次对垃圾分类工作作出重要指示，强调推行垃圾分类，关键是要加强科学管理、形成长效机制、推动习惯

养成。他强调“垃圾分类工作就是新时尚。”

响应党和国家的号召，广元市委、市人民政府也连续发布文件，采取措施，大力推进城镇生活垃圾分类，垃圾分类取得很大成效。现在我们来观看视频，看看我们广元市的垃圾分类取得了哪些成果？（观看视频。视频简介：广元市垃圾分类成效显著。广元市自2017年被国务院列为全国46个先行先试的垃圾分类重点城市以来，紧盯减量化、资源化、无害化关键环节，坚持“全面统筹、顺向谋划、末端牵引、逆向推进”工作思路，城市生活垃圾分类工作有力推进，探索出“两分一化”新模式，并在全省推广。）

师：视频看完了，我们来说说你有怎样的感受？

（预设：学生回答：我们生活的环境越来越好；城市越来越干净；节约了资源；等等。）

师：同学们，你们说得好。在大家的努力下，我市市民正养成垃圾分类的好习惯，我市进一步形成了环境改善、经济发展、群众受益的多赢局面。我们要树立信心，坚持开展垃圾分类活动。

三、情景思辨：垃圾分类存在的问题

师：在垃圾分类推广过程中，还存在一些问题，我请大家动脑筋，思考如何来解决这些问题。（出示课件）

1. 有的小区居住的老人较多，对垃圾分类知识的学习、理解和行动有困难。

（预设：学生回答，向居委会反映；志愿者服务；加强学习；把垃圾分类知识编进广场舞歌；等等。）

师：非常棒。我们可以向政府反映，利用政府的公益性岗位，在所有小区建立垃圾分类督导员岗位，引导老人进行垃圾分类。居委会可以通过楼道电视加强垃圾分类宣传，可以评选表彰做得好的老标兵，帮助老人们理解掌握垃圾分类的知识和方法，落实到行动中。

2. 有些人认为垃圾分类很麻烦，耽误时间。我们该怎么办？

（预设：学生回答，熟能生巧；宣传工作的意义；设立奖惩机制等。）

师：一开始会比较麻烦，但是形成习惯就会好很多。同时我们想到垃圾回收的意义、作用，就会提高执行率，进而从心里喜欢做这件事。

3. 目前大家生活的方式越来越方便，但是产生的垃圾也越来越多，比如点外卖时的快餐盒，网上购物的快递包裹，这些包装看起来不起眼，但造成了大量资源的浪费。我们该怎么办？

（预设：学生回答，少点外卖少购物；对这些垃圾也要进行分类；回收利用；等等。）

师：首先建议合理消费，适当购买；同时要了解这些垃圾也可以进行分类，拆掉包装上的胶带，压扁纸箱投放到可回收的垃圾桶内。快递垃圾除了纸箱，最主要的就是胶带纸，这一类垃圾要和其他生活垃圾一起处理。我们还可以建议快递公司制定统一的外卖包装、快递打包的标准，通过标准化操作，逐步淘汰不可降解的塑料袋。

四、美好向往：展望垃圾分类的美好前景

师：在我们国家的许多城市，垃圾分类工作已经走到了前面，取得了不错的成就。在上海，面对餐厨垃圾气味大，上海许多社区配备了湿垃圾粉碎机，以便迅速处理。在西安，“小黄狗智能垃圾分类回收机”深入城市居民社区、写字楼、学校以及其他公共区域。在南京，为了推进垃圾分类工作，政府给垃圾“明码标价”兑换积分，100 分抵 1 元物业费。通过这样一些举措，垃圾分类得到大面积的推广，取得了很大的成就。

现在我想请同学们就垃圾分类谈一谈自己的奇思妙想，看看怎样才能做得更好。

（预设：同学们纷纷举手发言，提出了许多奇思妙想：可以有专门的垃圾分类机器人；开发“垃圾分类”APP，遇到不知道怎么分类的垃圾，只需扫描垃圾就可以进行分类指导；自动提醒分类垃圾机器；语音垃圾识别系统；等等。）

师：大家的奇思妙想真好。展开想象，不断创新，我们才可以做得更好。

五、行动起来：制作垃圾分类宣传语

师：同学们，垃圾分类在实施阶段，确实遇到了很多问题。为了我们家园环境的美好，全社会要积极行动起来，其间宣传动员很重要。我们虽是小学生，但也要积极行动起来，进行宣传，让大家充分了解这一活动。

接下来我们一起制作宣传语。老师先给大家做个示范：“垃圾分一分，周

围环境美十分。”我们看看哪些宣传语特别棒！

（学生制作宣传语。）

师：现在我们进行交流。

（预设：学生介绍自己制作的宣传语。“垃圾分一分，还可换积分”“垃圾分类，人人有责”，等等。）

六、总结全课，共享收获

师：通过今天这次活动，你有什么收获，谁能和大家一起分享一下自己的收获？

（预设：学生回答，了解了垃圾分类的进展；垃圾分类的知识越来越多了；为我们家乡感到自豪；等等。）

师：我们每个人都是垃圾的制造者，也曾是垃圾的受害者；我们每个人更应该是垃圾分类的行动者，是美好环境的保护者。保护环境，人人有责，为了我们共同的家园，请从自己开始，自觉对垃圾进行分类，让我们的生活更美好！

垃圾分类，我们要行动，我们在行动！

思考与建议

这节班会课的目的就在于让学生体会垃圾分类的意义，增强学生垃圾分类的意识，掌握必要的垃圾分类知识，用实际行动做好垃圾分类。上完这堂课后，我发现班级有不少同学在自己的桌子侧方挂了一个口袋。一问原因，才知道他们准备把空的饮料瓶带回家，和家里空的饮料瓶一起投放到小区的“智慧家居馆”，争取用自己的努力换取积分。

我想这节课给同学们留下深刻的印象有以下原因：1. 结合同学们生活的城市，介绍本地垃圾分类的成绩再到能引起学生思考的问题，让学生走进生活，联系实际，学以致用。2. 体现学生的主体地位，展望前景、制作标语，充分调动学生对美好生活的向往，让学生在憧憬中强化垃圾分类的信心。

点评

林欢老师是我在上海新纪元教育集团主持丁如许工作室时带教的第 2 期高级研修班学员。那时，我们一起打磨班会课，在广东、吉林、贵州、江苏等许多地方，林老师都借班上过课。这样的历练让她对上好班会课有了更多的体验和认识。林老师 2019 年 4 月在江苏常州外国语学校借班上过“垃圾分类，我们要行动”，当时就获得好评。这次征稿，林老师重新研究学情，设计教案，有了新的亮点：

1. 立足当下，温故知新。林老师由社区的绿白相间的小屋“智慧居家馆”引出垃圾分类话题，并进行了垃圾分类知识小测试，又由观看广元垃圾分类视频了解本地垃圾分类工作的宏观推进，进而引出如何解决当下垃圾分类存在问题的讨论。这样的做法由点到面，又由面到点，简洁明了接地气，聚焦话题求实效。特别是三道情境思辨题的设计结合生活实际，针对性强。

2. 注重发展，增强自信。我记得当年在常州上课时，林老师还介绍了西方国家垃圾分类的新做法；而这次则介绍了上海、南京、西安等地垃圾分类的新做法。这样的变化，一是基于我国先进城市垃圾分类工作的新进展。二是基于增强自信心的考量。在“垃圾分类成为新时尚”的大背景下，我们要增强工作自信，要多介绍、多宣传我们工作的成就，激励学生从我做起，从今天做起。

26 腹有诗书气自华

——学生不爱读书怎么办

黑龙江省海林子荣小学　刘玉兰

问题的提出

“书籍是人类进步的阶梯。”读书有助于人们增长知识、开阔视野，增强本领，有助于形成良好的品格和健全的人格。读书的意义众所周知。

近年来，党和国家倡导并推动全民读书活动。学校、家庭、社会都很重视学生读书，老师要求学生看课外书，家长也要求孩子看课外书，然而真正每天静下心来认真读书的孩子并不多，养成阅读习惯的更少，许多孩子似乎对读课外书并没有兴趣。家长买了许多书，孩子却不认真读，有时读几页但不能坚持下去，进入中高年级的孩子有的还只喜欢看漫画书，不知道选择适合自己年龄段读的书。四年级是学生成长的重要阶段。这时养成的好习惯会使其受用终身。为解决学生不爱读书的这一问题，我召开“腹有诗书气自华”主题班会，帮助孩子们提高认识，改进方法，养成良好的读书习惯。

目标的思考

1. 通过活动，切实加强学生对读书重要性与紧迫性的认识。

2. 通过活动，进一步激发学生的读书热情，培养学生的阅读兴趣。

3. 通过活动，指导学生学会选择书籍，制订切实可行的阅读计划，经常读书，养成良好的读书习惯。

课前的准备

1. 搜集犹太民族读书的资料、视频。
2. 课前搜集关于读书的名人名言。
3. 搜集朱永新的小学生阅读推荐目录。
4. 排练小品《轩轩的故事》，准备诗歌、歌曲及背景音乐。
5. 制作课件。

课时的安排

35分钟（大班会）

实施的过程

一、观看视频，了解读书的重要性

师：同学们，老师想问你们一个问题，从小到大，陪伴你成长的是什么？

（预设：学生回答，玩具、动画片、故事书、好吃的、电视等。）

师：说到陪伴，我想到了世界上有个很聪明的民族——犹太民族。我们来看看陪伴他们孩子的是什么？（出示课件）

犹太人让孩子从小意识到书本是美好的。在孩子还小的时候，犹太人就会在书本上抹上蜂蜜，然后让孩子舔，这样孩子就会认为书本是甜的。这样孩子就会对书本非常亲近，在孩子幼小的心灵上打下热爱读书的烙印。

师：书不仅陪伴着犹太民族的儿童，而且大人们无论走到哪里，也都爱带着书。他们为什么会这么做？请看视频。（播放视频。视频简介：全球的犹太人只有1700万人，但对全球所做的贡献非常大。哈佛大学1/3是犹太人，美国所有的投资银行都是犹太人在投资。犹太人无论走到哪儿，都要带着书，因为智慧是没法从大脑中拿走的。）

师：看完这个视频，你有什么感想？

（预设：学生回答，犹太人很厉害，对世界贡献很大，犹太人爱读书。）

师：犹太民族是爱读书的民族。联合国教科文组织曾做过一项调查，数据显示，全世界每年阅读书籍排名第一的是犹太人，平均每人一年 64 本，难怪他们对世界的贡献这么大。

说到读书，我们需要记住世界读书日——4 月 23 日。每年，世界读书日前，有关部门都要做一个全国国民阅读调查。我们通过一个视频短片来了解一下 2020 年我国国民的读书情况（播放视频。视频简介：第 18 次全国国民阅读调查结果显示，我国国民的纸质图书阅读率和数字化图书接触率双双上涨，在成年人中，人均每年纸质图书阅读量为 4.7 本，人均电子书阅读量为 3.29 本，纸质图书阅读率连续 15 年保持增长，成年国民数字化阅读方式接触率从 2008 年到 2020 年的 12 年间由 24.5%上升至 79.4%。目前，八成中国国民开展电子阅读。）

师：从视频中可以看到我国的人均阅读量在逐年上升，这是很鼓舞人心的。随着社会的发展，人们还可以通过读电子书、听书等更多的途径来学习。作为小学生，我们首推纸质书，因为当我们面对纸质书时，一页页翻读，一行行细读，才能静下心来，走进书的世界，而且纸质书也有利于保护视力！

二、研讨阅读意义，激发阅读愿望

师：读书并非说说这么简单，需要长期坚持。世上所有的坚持，都是因为热爱。要热爱读书需要先了解读书的意义，同学们，你们知道为什么要读书吗？

（预设：学生回答，读书可以让我快乐；读书可以增长知识，扩大视野；等等。）

师：同学们说得真好。我们再来看看名家是怎么说的？（出示课件）

书籍是全世界的营养品。生活里没有书籍，就好像没有阳光；智慧里没有书籍，就好像鸟儿没有翅膀。

——莎士比亚

一日不读书，尘生其中；两日不读书，言语乏味；三日不读书，面目可憎。

——黄庭坚

师：通过名家读书的切身感受，我们知道读书可以愉悦身心、陶冶情操、涵养素质，还可以提高能力。想要实现自己的人生追求，更需努力刻苦读书。

自古以来有许许多多名人读书的经典故事，你们知道吗？谁来说说？

（预设：学生讲述自己知道的名人读书的小故事，如鲁迅嚼辣椒驱寒，闻一多醉书等。讲述名人读书小故事两则即可，如学生讲不出，老师讲述。）

三、指导选择书目，明确阅读目标

师：我们已经四年级了，可是我发现很多同学还在阅读一年级小朋友喜欢读的漫画，不是不可以看漫画，而是伴随着年级的增长，我们应该阅读文字更多一点的书；而有的同学只读作文书；有的同学只读童话故事。如何选书呢？来看看名人在选择书本方面有什么见解？（出示名言）

读过一本好书，像交了一个益友。

——臧克家

读书就像蜜蜂采蜜一样，倘若叮在一处，所得就有限。必须如蜜蜂一样，采过许多花，才能酿出蜜来。

——鲁迅

师：谁能说说这些名人是怎样选书的吗？

（预设：学生回答，选择有益的书；选对自己有帮助的书；读的种类要多一些；等等。）

师：老师很想知道同学们正在读什么书，谁来给我们分享一下？

（预设：学生回答，《稻草人》《昆虫记》《西游记》《假如给我三天光明》；等等。）

师：除了同学们介绍的这些书外，我们在选择图书时，还可以按名家推荐的书目选择，比如朱永新教授推荐的小学生阅读书目，这份书目分成了文学、科学、人文三大类。这样选书就比较容易了。（出示课件：朱永新教授推荐的小学生阅读书目）

四、讲析不同方法，解决读书难题

师：课前老师做了一项调查，发现同学们在读书方面还有些困惑。老师把同学们遇到的问题做了归纳。（出示课件）

1. 不会选书

前面已经讲过，我们可以根据书的分类，有针对性地选择某一类书，某一本书。当然，在拿到书时，我们还要先看一下作者简介、序、目录。大致了解一下这本书的内容，从而做出选择。你们明白了吗？

（预设：学生回答，明白了。）

师：还有这样的问题。（出示课件）

2. 喜欢读小人书、漫画书，读不懂整本的书。

针对同学们这方面的困惑，老师以人物故事类文章为例，梳理出几个问题，同学们可以带着问题去阅读，这样会产生兴趣。（出示课件）

（1）书的作者是谁？哪国人？

（2）书中有哪些人物？你最喜欢谁？说出你的理由。

（3）书中最让你难忘的是什么？

带着问题去读，就可以读懂了。你们明白了吗？

（预设：学生回答，明白了。）

师：第3个问题。（出示课件）

3. 有些书的内容过多，读起来太吃力。

一般来说，我们不要选太厚的书。现在推荐的阅读书目的书都适合同学们阅读。在读课外书时，我们要采用恰当的阅读方法，学课文时我们采用的是精读的方法。除此之外，还有跳读、泛读等方法。想要快速读书以了解其大意，我们可以采取跳读的方法，跳过某些细节，以求抓住书的梗概，从而提高阅读速度。泛读是指广泛地阅读不同的书。这正如鲁迅先生说的，读书要如蜜蜂采蜜一样。恰当的读书方法能提高阅读效率，但光看书不动笔在头脑中的印象恐怕不会长久。（板书：精读、跳读、泛读。）

俗话说，好记性不如烂笔头。说的是读书时要动动笔，做摘抄或写写读书笔记，伟大领袖毛泽东在读书时，就常常在书页上圈圈点点、勾勾画画，留下自己的心得或评论。谁能说说你是怎么动笔墨读书的？

（预设：学生回答，板书：做批注、写读书记录卡。）

师：我们可以写心得体会，可以用上自己摘抄的好词句。这样读完了就能更好更快地消化，读书效率会更高。

五、制订阅读计划，养成阅读习惯

师：同学们有了喜欢的课外书，找到了适合自己的读书方法，就能养成读书的好习惯吗？（预设：学生回答，要制订读书计划，要坚持，等等。）

师：我们可以选定一本书，然后制订切实可行的计划。可以视时间而定，每天读一至两节内容。但是要注意好习惯的养成，并非一朝一夕之事。专家研究发现，21天以上的重复会形成习惯，85天的重复会形成稳定的习惯。长期的坚持，才会养成良好的习惯。

在习惯的养成上，我们要向希腊的大哲学家柏拉图学习。我来给大家讲一个柏拉图甩手的故事。（出示课件）

大哲学家苏格拉底有一天给他的学生上课。他说，同学们，我们今天不讲哲学，只要求大家做一个简单的动作，把手往前甩300下，然后再往后甩300下，看看谁能每天坚持。过了几天，苏格拉底上课时，他请坚持下来的同学举手，结果90%以上的人举起了手。过了一个月，他又请坚持下来的同学举手，只有70%多的人举手。过了一年，他又同样要求，结果只有一个人举手，这个人就是后来也成为大哲学家的柏拉图。

一个简单的甩手动作，柏拉图坚持了下来，养成了好习惯，也正是柏拉图做事的坚持，成就了他后来的辉煌。听完这个故事，你有什么感受？

（预设：学生回答，我们应该向柏拉图学习，把一件事情坚持做好。）

师：当你立志要做一件事时，不应只有三分钟的热情，更为重要的是要有坚持不懈的精神。坚持的路上常常会有各种诱惑，面对诱惑你该作何选择呢？请看小品《轩轩的故事》。（学生上场表演）

轩轩：老师前天上了一节班会课，原来读书有那么多好处啊。从今天起，我决定每天读半小时的课外书，让同学和老师对我刮目相看。闲话少说，现在就开始读课外书。

（旁白：他说着拿起《昆虫记》开始阅读。这时，宁宁和平平拿着风筝来到轩轩家敲门。）

宁宁：轩轩在家吗？

轩轩：（急忙把门打开）是你们啊？有事吗？

宁宁：轩轩，今天天气多好啊，公园里放风筝的人可多啦！我们一起去放风筝吧！

轩轩：不行啊，老师刚说过，坚持读书很重要，我正在读书呢！

平平：行了，行了！读书还差这一会儿啊？现在是放风筝的好时机。待会儿就没风了，快走吧！（平平边说边扯动着轩轩的衣角）

轩轩：好吧，既然你们来找我了，就出去玩一会儿。

（旁白：公园里人可真多，天上的风筝也多，孩子们的欢笑声不断，一小时过去了，两小时过去了，三小时过去了，慢慢地夜幕降临，轩轩拿着风筝满头大汗地回到了家。）

轩轩：今天玩了一个下午，晚上快写写作业吧！（做写作业状）作业总算写完了。（轩轩看了看放在一旁的《昆虫记》，倒床睡觉）读书，明天吧！

（学生表演结束后，同学们报以热烈的掌声。）

师：同学们看了这几名同学表演的小品，你们想对轩轩说些什么？

（预设：学生回答，轩轩应该抵制诱惑，按照计划读书，再出去玩，不能因为有人找他玩就半途而废；既然有了努力的目标就应该坚持下来；等等。）

师：放假了，玩耍是休息的最好方式，可是在玩耍和读书的选择上，应该有主次之分，有计划、有安排才能实现自己的既定目标。

读书是门槛最低的高贵举动，书中装载了人类灵魂中全部的美丽。下面让我们来朗诵诗歌《没有任何快艇像一本书》，感受读书的魅力。（出示课件。音乐响起，同学们声情并茂地齐声朗读）

没有任何快艇像一本书

埃米莉·迪金森

没有任何快艇像一本书
把我们带到遥远的地方
也没有任何骏马
能像一页欢悦的诗篇
最贫穷的人也可如此跨越旅行
这运载人类灵魂的马车
是多么节俭朴素

没有一艘非凡的战舰
能像一册书籍
把我们带到浩瀚的天地
也没有一匹神奇的坐骑
能像一页诗扉
带我们领略人世的真谛
即令你一贫如洗
也没有任何栅栏能阻挡

你在书的王国遨游的步履
多么质朴无华的车骑
可是它却装载了
人类灵魂中全部的美丽

师：读书可以净化人的心灵，可以增长人的智慧。著名教育家朱永新说：“一个人的精神发育史，就是你的阅读史。”著名教育家苏霍姆林斯基说：“一个人走进学校，并不意味着接受教育，只有当他面对一本书沉醉不已的时候，教育才刚刚开始。”让我们从此刻起与书相伴，让阅读与阅历叠加在一起，你的人生将会流光溢彩。

（播放歌曲《校园的早晨》，在音乐声中本课结束。）

思考与建议

本节课由问题导入新课，引发了同学们的思考。随后我出示了犹太人的年人均读书量及犹太人对世界的贡献，通过真实的事例，使孩子们意识到读书的重要。在研讨了读书的意义后，我出示了朱永新教授推荐的阅读书目，让孩子们知道可以根据兴趣选书。然后我从学生读书的困惑入手，介绍有效的阅读方法，让学生觉得阅读整本书不再困难，而制订切实可行的阅读计划才能保证阅读的时效性。小品《轩轩的故事》又从学生的阅读实际出发，说明了坚持的重要性，对学生有启迪和教育作用。

虽然这节课在情感熏陶、思想教育上有一定的启示作用，在读书方法上也对学生进行了指导，但读书活动的开展还需要家校合作及教师后续的关注，这样才能确保读书活动的质量。接下来可以在班级定期举行读书交流会，增强学生的阅读兴趣，每天按时在班级分享阅读收获，及时检查、督促课外阅读活动，确保课外阅读有序进行。

点评

这些年，党和政府大力倡导全民读书，应该说，收到了不错的效果。但生活的压力、工作的紧张使许多人无暇读书。读书必须从学生抓起，必须从小学生抓起，已成为共识。每一位班主任都应该指导学生开展读书活动。刘老师的教案给了我三点启发：

1. 让数据说话。要引导学生读书，班主任、语文老师要用好数据，让数据说话。本课中刘老师多次引用数据。有犹太民族喜好读书的数据，有我国国民阅读的调查数据。我非常赞同刘老师对我国的人均阅读量数据的分析：“作为一个人口大国，任何小数点的上升都是鼓舞人心的。”“数据胜过雄辩”，用好数据很重要。

2. 用名人引导。读书话题的班会课，用好名人名言、讲好名人故事很重要。名人名言、名人故事既有名人的光环效应，更有书卷气的芬香。莎士比亚、黄庭坚、臧克家、鲁迅、柏拉图、苏格拉底、埃米莉·迪金森、朱永新，他们穿越历史、跨越时空，与学生倾心交谈。

3. 将话题聚焦。读书的话题比较大，刘老师化大为小，聚集两个核心话题，即“为什么要读书”“怎样读书”。由“读书的重要”“读书的意义”回答“为什么要读书”，由“指导选择书目”“讲析不同方法”“制订读书计划”回答“怎样读书”。课的结构合理、环节紧扣，借鉴性强。

当然，读书话题的班会形式可以多样。读书知识竞赛、读书标兵表彰、读书心得交流、读书小报评比、请作家进班指导，许多方法都是可行的。我们也期待老师们更多更好的实践。

27 唱响国歌

——怎么让学生更了解国歌

湖南省岳阳市岳阳楼区东方红小学　贺永

问题的提出

国歌是一个国家的象征和标志。国歌《义勇军进行曲》是中华人民共和国的象征和标志，它诞生在民族危亡的关键时刻，铭刻着国家从战火中走来的奋斗历史，她标志着中华人民共和国的成立来之不易，激励着每一个公民为国家的强大和富强而努力奋斗。

今天，为加强爱国主义教育，每所中小学都会在周一奏响国歌，举行庄严的升旗仪式。在升旗时，我们会发现行为习惯好的学生在国歌奏响时，能认真地跟着旋律唱响国歌。但也有少数学生在队伍里面若无其事、心不在焉，没有认真地唱国歌。出现这样的行为，说明这些学生对国歌不够了解，或虽有了解但不能做到知行合一。

2017 年颁布的《中华人民共和国国旗法》明确要求："国歌纳入中小学教育。中小学应当将国歌作为爱国主义教育的重要内容，组织学生学唱国歌，教育学生了解国歌的历史和精神内涵、遵守国歌奏唱礼仪。"作为教师应该让学生知晓国歌的来历，知晓升旗仪式奏（唱）响国歌的意义。特别是五年级的学生正在三观形成的重要阶段，让学生了解国歌的来历和意义很有必要，我决定召开班会"唱响国歌"。通过多种活动，引导学生不仅要知晓国歌，热爱国歌，还要用实际行动唱响国歌。

目标的思考

1. 通过活动，让学生知晓国歌的来历，知晓国歌是国家的象征和标志。
2. 通过活动，增强学生对国歌的敬重感、自豪感。
3. 通过活动，引导学生知行合一，用实际行动唱响国歌。

课前的准备

1. 剪辑故事片《东方红 1949》中毛泽东、周恩来等革命领袖在开国大典前商定国歌的片段。
2. 剪辑利比亚撤侨高唱国歌的视频。
3. 剪辑《国歌》纪录片各界人士高唱国歌的视频。
4. 搜集学校升旗仪式、港澳回归、奥运夺冠这些重要场合奏唱国歌的照片。
5. 准备国歌彩印粘贴板，《国歌法》选文。
6. 制作课件。

课时的安排

20 分钟（中班会）

实施的过程

一、问题导入，知晓国歌

师：同学们，身为中国人，应知中国事！老师想考考你们：新中国成立多少年？我们国家的全称是什么？我们的国旗是什么？我们的国歌歌名是什么？

（预设：学生一般能说出来，如果学生答不上就请其他同学补充。）

师：对，《义勇军进行曲》就是我们的国歌。

（老师板书课题，并将国歌粘贴板粘贴在黑板上。）

师：结合生活体验，谁能说一说你会在什么样的场合听到国歌奏响？

（预设：有的学生回答学校升旗，有的学生回答奥运会夺冠，也有的学生说香港、澳门回归祖国怀抱、国庆大阅兵等重要场合。）

师：是呀！天安门前升旗，国歌响起；港澳回归，国歌响起；奥运夺冠，国歌响起。每天的升旗仪式，国歌响起。国歌是国家的象征和标志。

二、观看视频，走近国歌

师：那为什么《义勇军进行曲》被选为国歌呢？这首歌与其他歌曲有着怎样不一样的意义呢？现在请大家看故事片《东方红 1949》的片段。这段视频生动再现了 1949 年开国大典之前，毛泽东、周恩来等革命领袖在一起商定国歌的场面，请你们在观看视频时想一想，为什么开国大典前将《义勇军进行曲》定为我们的代国歌？

（播放视频。视频简介：在中华人民共和国成立前夕，毛泽东、周恩来等革命领袖与各界代表在一起商定国歌。大家认为《义勇军进行曲》这首歌在抗战中起过巨大的鼓舞作用，以它代为国歌最能反映出亿万站起来的中国人民的心声。）

师：请大家说说，为什么开国大典前将《义勇军进行曲》定为我们的代国歌？

（预设：学生回答，为了牢记历史；我们要居安思危，敬畏历史；等等。）

师：同学们，抗日战争时期，《义勇军进行曲》成为中华民族解放的号角，那么和平年代国歌又意味着什么呢？让我们来看一段视频：

（播放我国从利比亚撤侨的视频，这段视频记录了 2011 年利比亚动乱，中国企业的工地遭到袭击，通信中断，近三万中国人滞留利比亚，我国政府组织撤侨，人们高唱国歌的感人场景。）

师：看了这段视频，你有哪些感动呢？

（预设：有的学生说，国歌是中国人身份的证明，只要会唱国歌，就可以回国；有的学生说，国歌是危难时的保护神；还有的学生说，回国后跪在地上亲吻土地的中国人对祖国的真挚情感；等等。）

师：著名诗人艾青曾说：“为什么我的眼里常含泪水，因为我对这土地爱得深沉”，你们看那跪着亲吻祖国大地的华侨，那是一种多么质朴、多么深沉的爱呀！

利比亚撤侨时，中国援外企业员工的护照被抢，埃及边防没有护照不放行，于是中国援外企业员工一起高唱国歌，就这么神奇。大国有声，国歌成为每个中国人身份的标志，此刻，国歌是回国的护照；此刻，国歌是我们的荣耀，是当我们陷入危险时刻生还的希望，所以每一个中国人都应该真正理解国歌的含义。

三、知识竞赛，熟悉国歌

师：为了更好地知晓国歌，我们现在来一个小测试“国歌知识知多少”，请听题。（出示课件）

1. 国歌《义勇军进行曲》诞生于1931年（______）事变之后，（______）年中华人民共和国成立时被定为代国歌。

（预设：学生积极答题。第1题答案：九·一八，1949。）

师：很好。继续——（出示课件）

2. 国歌是由（______）在国民党狱中写成歌词后，辗转传给（______）谱曲。

（预设：学生积极答题。第2题答案：田汉，聂耳。）

师：很好。继续——（出示课件）

3. 国歌最初作为电影《________》的主题歌广为流传，影响极大。

（预设：学生积极答题。第3题答案：风云儿女。）

师：第4题——（出示课件）

4.2017年9月1日十二届全国人大常委会第二十九次会议表决通过了《____》，该法自同年10月1日起施行。

（预设：学生积极答题。第4题答案：中华人民共和国国歌法。）

四、情景思辨，尊重国歌

师：刚才的知识竞赛，大家的表现都很棒。下面我再出几道情景思辨题，请大家辨析。（出示课件）

情景思辨题一：2018年9月6日16时许，李某为维权改编了中华人民共和国国歌歌词，并在QQ群中发布。

（预设：学生回答，李某做法错误。老师可进一步说明，《中华人民共和国国歌法》规定，在公共场合，故意篡改国歌歌词、曲谱，以歪曲、贬损方式奏唱国歌，或者以其他方式侮辱国歌的，由公安机关处以警告或者十五日以下拘留；构成犯罪的，依法追究刑事责任。)

情景思辨题二：2018 年 10 月 7 日，网红杨某开直播时，高唱国歌。推销商品。

(预设：学生回答，杨某做法错误。老师可进一步说明，《中华人民共和国国歌法》规定，国歌不得用于或者变相用于商标、商业广告，不得在私人丧事活动等不适宜的场合使用，不得作为公共场所的背景音乐等。)

情景思辨题三：周一升旗仪式时国歌奏响，当大家认真地跟着旋律唱响国歌，有少数学生在队伍里面若无其事、心不在焉。升旗仪式结束后，班主任提醒他们时，个别同学不以为然。

(预设：学生回答，个别同学做法错误。老师可进一步说明，《中华人民共和国国歌法》规定，奏唱国歌时，在场人员应当肃立，举止庄重，不得有不尊重国歌的行为。)

师：《中华人民共和国国歌法》重点对奏唱国歌的场合、礼仪规范等做出规定，鼓励广大人民群众唱国歌、爱国歌。违反《中华人民共和国国歌法》就是违反法律，我们要学会依法维护国歌尊严，尊重国歌，热爱国歌。

五、热情寄语，唱响国歌

师：同学们，国歌是我国各族人民的奋斗之歌、团结之歌、前进之歌、胜利之歌，我们不仅要在升旗仪式时满怀自豪唱响这首歌，更要用实际行动唱响这首永恒的旋律！最后，让我们伴着《永恒的旋律》，唱响我们心中的这首歌！

(现场播放纪录片《永恒的旋律》，全场起立、敬队礼、唱国歌。《永恒的旋律》为纪录片《国歌》的剪辑片，为各界人民高唱国歌的动人场面。)

思考与建议

本课通过活动引导学生深入理解国歌的含义，引导学生在实际生活中做到知行合一。平时听到国歌，就要心生敬意，要爱国歌，用实际行动唱响国歌。

课上我选择故事片《东方红 1949》片段，利比亚撤侨高唱国歌和《国歌》纪录片中各界人士唱国歌三个视频，将整堂中班会串联起来，把国歌的来历，国歌是国家的象征和标志直观地从视频中展示出来，由学生自己去看、去思考、去辨析，最后达成教育目标。

通过这节课的引领，班上几个孩子较以前有了很大的变化。我在课间找了其中一个学生，他笑着挠挠头对我说："贺老师，通过您的这节课，我了解到了很多关于国歌的新知识。国歌不仅仅是一首歌，她更见证了我们中国站起来的历程，我要把对国歌的爱与敬化为自己的实际行动。"

现在学校举行升旗仪式，我们班上的孩子队伍站得整齐有序，歌声响亮，和其他班的孩子们，一起成为学校亮丽的风景线。

孩子们已懂得不管是大型活动还是平时的常规活动，只要国歌响起就必须以自己的言行表示对国歌的敬和爱，对国歌敬爱已成为一种生活习惯，孩子们真正做到了将国歌含义铭记于心，在实际行动中做到了知行合一。

点评

当下"学四史"（学党史、学新中国史、学改革开放史、学社会主义发展史）已成为中小学德育的重要选题。"唱响国歌"是学新中国史的最佳切入口。贺老师的这节课给我留下难忘的印象，原因有三点：

1. 用好视频。视频因内容丰富、画面生动、信息量大而受师生欢迎。这节课贺老师选用了三个视频，生动地展示了国歌的来历，形象地表达了国歌是国家的象征和标志。老师将视频作了必要的剪辑，使话题更集中、时间更紧凑。特别是利比亚撤侨时同胞们高唱国歌的视频让我们为之动容。这段视频以真实的场景再现了危难时刻老百姓对国家的认同、信赖和依托。

2. 做好思辨。情景思辨题是班主任为提高学生认识，精心设计的"需要思考、辨析"的题目，贺老师在设计教案时注意以法释理，常常在"预设"中结合《中华人民共和国国歌法》进行分析，体现了法治的严肃。

3. 拟好标题。标题是文章的窗户，文章的眼睛。好的标题能先声夺人，传文章之神韵。人们常说，题好一半文。意思是题目拟得好，文章就成功了一半。"唱响"国歌，"唱响"二字表达了心声，也表达了要求。我们不仅要在口头唱响，更要通过实际行动为国家增光添彩，从心底唱响国歌。

28 作业的“重量”

——学生周末作业完不成怎么办

山东省潍坊高新区（上海）新纪元学校　孙萍

问题的提出

进入五年级后，随着孩子年龄的增长、作业负担的增加，我发现孩子们的周末作业完成的质量存在较多的问题：有的同学敷衍了事，更有甚者作业干脆不写，等到周日返校时利用自修课偷偷地补写，还有的同学一副无所谓的态度，与老师形成一种沉默的抗争。

通过和孩子们的交流以及和家长的沟通，我发现许多孩子有一些共性问题：在学校学习时就需要老师的不断引导以及多次提醒才能完成学习任务；本身缺乏自制力，家长上班不在家，他们便沉迷于手机游戏、短视频难以自拔，将作业抛向九霄云外；丢三落四，在学校时记不下作业或者回家发现记作业的本子不知道放在哪里了；基础较弱的孩子提出布置的作业太难了，他们不会做，不想做，畏难情绪严重；当然了，还有一部分平时成绩很棒但是周末作业质量不高的同学则向我反映，在家爸爸妈妈给报的兴趣班太多，周末要连轴上几个兴趣班导致没有时间完成老师布置的作业。

这样的情况被称为“周末作业”现象，许多老师都遇到过。针对这个问题，经过筹划，我决定开展“作业的‘重量’”班会课。

目标的思考

1. 通过学习，让学生明白做作业的重要性。

2. 通过活动，分析学生周末完不成作业的不同原因，找出合适的解决办法。

3. 通过制订周密的时间计划、开展师徒结对等方式，保证作业的完成度和质量，认真完成作业。

课前的准备

1. 找周末经常完不成作业的同学了解情况。
2. 与家长进行沟通。
3. 准备课件。

课时的安排

20 分钟

实施的过程

一、谈话导入，引发思考

师：同学们，老师最近发现咱们班的周末家庭作业出现了很大的问题，有的同学作业完成质量不高，有的同学甚至都懒得做作业，你知道老师为什么要布置周末作业吗？

（预设：学生回答，练习题的作业是为了让我们巩固练习这一周所学的知识，避免遗忘；预习的作业，是为了让我们提前了解下一周要学习的新知识，在上课的时候跟上老师的节奏；老师要求画的思维导图是为了让我们梳理文章内容，理清知识点；让我们在家也要静下心来，养成爱学习的好习惯；等等。）

师：原来同学们这么懂得老师的良苦用心啊！确实，完成周末作业不仅是让你们巩固本周所学知识，也是为了让你们提前了解下周要学的知识，理清知识点，跟上老师上课的节奏。其实我们都知道有一个“公式”叫作“5－2＝0”，这个公式是指周一到周五你们在学校学习，习惯保持得很好，但周末一放松，比如睡懒觉、作息不正常等，很多好习惯就一下子没有了。这个公式在学习中也非常适用，如果你在校认真努力学习了5天，在家却只是疯狂玩耍没有进行巩固练习，那学习效果一定会大打折扣，甚至会抵消你在校付出的所有努力。老师也知道同学们在学校上了一周的课都感觉非常累，想回家好好放松一下，也理解同学们周末想要玩的心情。但是，做作业对我们来说非常重要——谁能来说一说作业的重要性？（出示课件：作业的重要性）

（预设：学生回答，认真写作业才能考出好成绩；只有认真学习，努力完成作业，才能在期末的时候将奖状捧回家；只有从现在养成爱学习的好习惯，以后才能考上好的大学，为国家和社会贡献出自己的力量；等等。）

师：是呀同学们！我相信你们都已经感受到了作业的“重量”，这“重量”里包含着父母和老师的期待，倒映着你努力的影子，也藏着你美好的未来！老师很欣慰同学们能够由作业想得这么深，这么远，老师要给你们点一个大大的赞！

二、分析问题，给出对策

师：认真完成每一项作业是你实现理想的一小步，但就是这一小步却成了有些孩子沉重的负担。这两天我通过和周末不完成作业以及作业完成度不高的同学聊天，我发现阻碍同学完成作业的有这样几座“大山”。首先是部分同学缺乏自制力，这些同学在学校的学习就需要老师的不断引导以及时刻提醒才能完成学习任务，本身自律性不足，家长上班不在家，他们便沉迷于手机游戏、短视频难以自拔，早已将作业抛向九霄云外。面对这样一座“大山”，你们能来帮他们想想办法吗？

（预设：有的学生回答，一定要给他们设置玩手机的时间，不能超时；有的学生回答，必须将手机里的游戏卸载，因为玩游戏容易上瘾；有的学生回答，一定要制订详细的学习计划；有的学生回答，可以建立微信学习群，互相监督；等等。）

师：（出示课件：面对自制力不足）感谢同学们给这些同学提出了许多实用的建议！我们应该给自己制订周密的周末学习计划，将作业平均分到周末两天来完成，分解作业压力，每完成一项任务可以奖励自己“手机时间”20 分钟。当然，我们也可以建立小组微信学习群，设置学习小组长，小组长负责监督，每位同学完成作业后拍照上传到学习群，完成作业且质量高的同学班会课时在班级优化大师加 5 分。如果小组群里所有同学都能高质量地完成作业，每位同学在加 5 分的同时，小组长加 10 分。如果小组群里的成员连续一个月都能高质量地完成作业，老师不仅会在班级优化大师给你们加分，还有神秘大奖等着你，希望你们能坚持，争取拿到老师的惊喜大奖呀！当然，这个办法需要同学们共同的配合，同学们愿不愿意共同帮他们减轻作业的“重量”呢？

（预设：学生回答，愿意！）

师：老师期待咱们共同的合作！其实作业能不能完成，完成的质量高不高，主要在于你的态度有没有端正，我相信同学们只要端正学习态度，你们一定都能高质量地完成作业！对自制力不强、无法完成作业的同学，我们已经给他们提供了宝贵的建议，我们再看看其他同学出现的问题——丢三落四，在学校时记不全作业或者回家发现记作业的本子不知道放在哪里了。

（预设：有的学生回答，小组长在放学的时候检查记作业的情况；有的学生回答，准备专门记作业的小本子；等等。）

师：（出示课件：面对“丢三落四”）看来有的同学和老师心有灵犀，为了解决这个问题，请各个小组长每周五放学时检查本组成员记作业的情况，完整记完并记准确的同学才能出去站队，没有记完的同学请小组长给予必要的提醒。当然，老师也给你们准备了一个专门记作业的小本子，请同学们将它放在书包的夹层里，在周末记作业时发挥它的作用！还有的同学提出布置的作业太难了，他们不会做，所以不想做，畏难情绪严重。我们又该如何帮助他们解决这个问题呢？这可真是个让人头疼的难题，如果同学们能解决这个问题，那可真是帮了老师的大忙！

（预设：有的学生回答，可以实行一对一的家庭作业帮扶，让学习成绩好的同学选择一个基础稍微弱的同学，如果作业有什么问题可以电话沟通；有的学生回答，基础较弱的同学难的题目他们肯定不会做，可以给他们布置一些适合他们的题目；等等。）

师：（出示课件：面对“难”题）同学们提出的方法都非常好，也很有针对性，老师要给你们竖大拇指！从今天开始，我们将在全班实行家庭作业“师徒结对”措施，现在班级有 5 名同学需要你们伸出援手，想要为他们提供帮助的同学下课可以来办公室找我，“师傅”团队期待你们的加入！那还有一部分同学他们的情况更为复杂，他们的自制力很强，既不沉迷于网络游戏，也不会忘记记作业，但是他们的作业完成质量却不高。原来周末爸爸妈妈给报的兴趣班太多，周末的时间要连轴上几个兴趣班，导致没有时间完成老师布置的作业。我们也帮他们想想办法。

（预设：有的学生回答，可以利用周五、周六晚上或者零碎的时间完成作业；有的学生回答，可以减少一两个兴趣班；等等。）

师：（出示课件：面对“没有时间”）同学们，时间就像海绵里的水，挤一挤总会有的。如果觉得时间无法平衡，老师给这些同学两个建议：一是制订详细的时间计划表，例如：7：00 起床，7：00—7：30 洗漱吃饭，8：00—9：00美术班，9：00—10：00 语文作业，10：00—11：00 围棋班……你可以将计划表自己画出来贴在书桌前或者上兴趣班时随身携带，这样将自己的时间分成具体的模块，把活动、学习的时间节点具体到小时和分钟，我相信你一定能够利用碎片化时间高质量完成作业。二是如果精力实在跟不上，就需要和爸爸妈妈进行有效的沟通，是否需要减少一个或者两个兴趣班来保存自己的体力和精力以应对下一周在校的学习和生活。我相信，只要你的理由能说服你的爸爸妈妈，这不会是一件难以沟通的事情。如果有困难，老师也会和你的家长进行沟通。

当然对老师来说，合理布置作业也很重要。我也会和咱们班任课老师交流，在设置分层作业的同时，尽量使语数英三科的作业量控制在 1 个小时之内可完成，给你们的作业“减负”，让你们能有一个愉快且充实的周末！

三、总结全课，明确要求

师：（出示课件：“重量”或“动力”）同学们，完成作业并不难，高质量地完成作业也只是需要你多投入一份认真。只要你端正态度，认真对待作业，我相信作业不会成为你身上的“重量”，而是会成为你学习道路上的动力。借着这股动力，你一定会打好学习的基石，成为更好的自己！让我们一起互相监督，共同进步吧！

思考与建议

本课是基于周末完不成作业或者作业完成质量不高这个问题开展的。给孩子设置微信学习群，实行一对一帮扶目的不只是为了督促孩子必须高质量地完成作业，更是站在发展的角度，让他们明白作业的重要性，努力提高自制力，养成认真学习，按时完成作业的好习惯。当然在上课的过程中，要时时关注作业出现问题的同学，关注他们作业的完成情况，及时给予鼓励和提醒，帮助他们达到自己的目标，成为更好的自己！

课后，我仔细观察了那些作业完成不理想的同学，我发现他们有了较多的改进。不仅能够在课上认真听讲，周末作业的质量也大大提高。虽然还有进步的空间，但整体在向好的方向发展。表现最好的则是“师徒结对”小组，通过沟通我了解到每位“师傅”都比较称职，开完班会的周五回家就加上了各自“徒弟”的微信，周六晚上8点前收取语文和数学作业，周日中午12点前收取英语及实践作业。不仅如此，他们还会主动询问“徒弟”不会的问题并及时给予解决。为了了解孩子们在家的学习情况，我也通过微信、电话的方式和家长进行沟通，家长们都说自从老师让他们“师徒结对”后，孩子们的学习热情空前高涨，不仅在家能够主动学习，不会的问题还会积极地和同学讨论。从这些反馈中，我意识到，孩子们的潜力是无穷的，我们要用辩证的思维来看待孩子身上出现的问题。作业有“重量”，但我们可以将这种“重量”转化为合作的力量，这样不仅解决了令人头疼的作业问题，更能使班级同学之间联系更紧密，更团结！

当然，一次班会不可能彻底解决问题，在后续的班级管理中我还会加强检查，加强教育，加强个别指导，一定要让学生养成良好的学习习惯。

点评

“周日作业现象”，老师们一定不陌生。不仅寄宿学校有，走读学校也有。对此有人感到奇怪，周末不是有家长监督，怎么会出现“周日作业现象”呢？孙老师的分析很到位，平时作业就存在问题，本身缺乏自制力；沉迷于手机游戏、短视频；畏难情绪严重；还有周末兴趣班过多；等等。正是对班情的仔细分析，孙老师采取对策的这节课有两点很可取：

1. 晓之以理。面对成长中的孩子们，特别是五年级的学生，孙老师没有简单地责骂，而是采取推心置腹的交流方式，和孩子们讨论“老师为什么要布置周末作业”。一番交流，原来是为了学生成长的需要，让学生明白作业的“重要”，进而导出本课的话题“作业的重量”。在这样充满尊重、理解、期望的对话中，学生应该感受到老师的良苦用心。

2. 导之以法。在明白了老师的良苦用心，重温了作业的意义后，老师针对“周末作业现象”，予以不同的指导。列出“缺乏自制力”“丢三落四”“面对‘难’题”“没有时间”等不同情况，通过集体讨论，形成有效对策。其中注意发挥团队的作用，注意具体的措施，给我们留下了深刻的印象。特别值得称道的是，老师对自己也提出要求，“对老师来说，合理布置作业也很重要。我也会和咱们班任课老师交流，在设置分层作业的同时，尽量使语数英三科的作业量控制在1个小时之内可完成，给你们的作业‘减负’，让你们能有一个愉快且充实的周末!”使学生感到教师满满的诚意。真正体现了“心往一处想，劲往一处使”。

从孙老师的课后反馈来看，也收到了良好的效果。但要解决“周末作业现象”，更需要“持之以恒”的努力。我们期待孙老师以及更多的班主任在“坚持”“有效”上下功夫，取得更有价值的经验，继续进行分享。

29 对校园欺凌说“不”

——学生面对校园欺凌怎么办

上海市嘉定区苏民学校　黄静

问题的提出

近年来，校园欺凌事件频发，引起了党和政府、学校、家庭及社会各界的高度关注。通过综合整治，对校园欺凌现象形成了高压态势，校园欺凌现象得到了遏制，但防治校园欺凌，仍是班主任工作的重要话题。

周一课间，我看到班里的小毅在座位上对着小婷竖拳头，小婷没有理他，他又快步跑到小婷身边握拳捶了她的左手臂，小婷皱着眉头摸了摸手臂，默不作声地回到座位坐下。这时，小毅又招手把小宇叫到小婷座位旁，他先洋洋得意地示意小宇看他，接着又握紧拳头用力捶了小婷的右手臂，小婷委屈地离开了座位。小宇见了，和小毅对视一眼，哈哈大笑，趁小婷离开座位和他擦身而过的时机也动手击打了小婷的右手臂。我立马叫住他们，抓住时机好好地教育了一番。

我想他们已经五年级了，身心都快速发展，但世界观、人生观、价值观还未定型，心理、生理都不成熟，社会经验不足，加之短视频平台或电影电视剧中某些欺凌情节的吸引，自我约束力差的学生容易仿效。而对校园欺凌认识不足，导致有些学生缺乏自我保护的意识、方法和技巧。遇到校园欺凌时，有些学生胆小怕事，选择忍气吞声，有些学生遇事冲动，选择“以暴制暴”，他们都不太懂遇到校园欺凌时该怎么做。虽然五年级下册《道德与法治》课本第五单元有关于“校园欺凌”的章节，大家对“校园欺凌”这一词并不陌生，但实际生活中对“哪些行为属于校园欺凌”“面对校园欺凌时该怎么办”这两个问题还不是很清楚，所以我决定开展一节“对校园欺凌说不”的班会课，让学生敢于对校园欺凌说“不”，而且绝不做校园欺凌的施暴者。

目标的思考

1. 通过活动，知道校园欺凌的定义以及校园欺凌的行为表现，认清校园欺凌的危害。

2. 通过活动，学会机智应对校园欺凌的方法，遇到校园欺凌时，敢于说“不”，提高防范校园欺凌的能力，同时坚决不做校园欺凌的施暴者，自觉维护和谐的校园氛围。

课前的准备

1. 收集校园欺凌相关的视频和图片资料。
2. 准备校园欺凌的相关案例。
3. 制作课件。

课时的安排

35 分钟（大班会）

实施的过程

一、图片导入

师：同学们，你们瞧，图片中的他们玩得多开心啊！校园本就该是大家健康成长的乐园。但近年来，校园欺凌事件时有发生，校园欺凌就像一个恶魔，让大家原本快乐的笑脸布满了阴霾，它撕破了校园的和谐与安宁，给宁静的校园蒙上了一层阴影，伤害了多少同学的心灵啊！（出示同学们在校园内开心玩耍的图片和被校园欺凌时伤心难过的图片进行对比）今天这节课，我们将直视校园欺凌现象，寻求解决的办法，来，让我们一起“对校园欺凌说‘不’”！

（预设：出示课题，师生一起大声地读出课题“对校园欺凌说‘不’”！）

二、认识校园欺凌

1. 了解校园欺凌的定义。

师：同学们，校园欺凌离我们并不遥远，它就真实地发生在我们身边，接下来请大家一起来看视频《校园反欺凌知识普法宣传片》。

（观看温州市人民检察院和共青团温州市委员会联合出品的《校园反欺凌知识普法宣传片》，截取1分零4秒到1分52秒中讲述校园欺凌的三个案例。）

师：同学们，这些都是让人心痛的校园欺凌事件，那什么是校园欺凌呢？我们一起来读一读吧！（出示课件）

校园欺凌是指发生在学生之间，一方蓄意或恶意通过肢体、语言及网络等手段实施欺压、侮辱，造成另一方人身伤害、财产损失或精神损害的行为。

2. 了解校园欺凌的表现。

师：了解了什么是校园欺凌，接下来请大家想想校园欺凌的行为有哪些？同桌思考交流下。

（预设：学生讨论交流后回答：为了一点小事就对同学大打出手；损坏同学的书本；给同学起侮辱性外号；辱骂同学；向同学索要财物还威胁不准告诉老师；等等。）

师：看来大家对校园欺凌的行为还是很关注的。刚刚大家提到的这些欺凌行为具体包括打（打架、斗殴）、骂（辱骂、中伤、讥讽、贬抑受害者）、吓（恐吓、威胁、逼迫受害者做其不愿意做的事）、传（网上传播谣言、人身攻击）、毁（损害受害者的书本、衣物等个人财产），值得注意的是拉拢朋友有意孤立某同学等现象也属于校园欺凌。

老师注意到刚才在说到“给同学起绰号”时，有人认为那是开玩笑或恶作剧，还不是校园欺凌。在这里，我们要搞清楚校园欺凌和开玩笑、恶作剧的区别。是否是校园欺凌，要考虑四个要素：一是校园欺凌指的是学生之间发生的行为；二是主观上存在故意，即蓄意或恶意欺压其他学生；三是通过肢体、语言或网络等手段实施欺压或侮辱行为；四是造成伤害后果。校园欺凌与开玩笑、恶作剧相比，校园欺凌性质恶劣、后果严重。老师想说，不要觉得给同学起绰号是在开玩笑或搞恶作剧，就无所谓。因为如果起绰号给对方留下心理阴影，就会产生严重后果，肇事人就要承担责任，所以我们不应该给同学乱起绰号。若喜欢开玩笑、恶作剧的同学不吸取教训，就会变成校园欺凌，所以同学们，我们一定要和身边的人友好相处，规范好自己的言行，大家能做到吗？

（预设：学生回答：“能。”）

三、认清校园欺凌的危害

师：同学们，校园欺凌离我们并不遥远，那校园欺凌有哪些危害呢？请大家仔细听班长讲述的案例，注意思考。

班长：（出示课件）同学们，伴着救护车急速的鸣笛声，乐乐被送进了医院的急救室，他后背血流不止，身上的衣服都被血浸透了，那乐乐到底经历了什么呢？

原来，乐乐是班级新转来的学生，他多才多艺，会拉小提琴，会唱歌，很快班里不少同学都成了他的“铁粉”。但小虎莫名地看他不顺眼，因为乐乐长得矮，他就经常叫乐乐“矮冬瓜”。只要乐乐不帮他写作业，他就会撕烂乐乐的作业本，还威胁乐乐如果告诉老师就揍他，乐乐只好忍气吞声，每天都闷闷不乐，脸上再也没有了笑容。

这天，是乐乐妈妈的生日，乐乐在体育课运动时不慎掉落了要给妈妈买生日礼物的100元压岁钱，捡起时被小虎看见了。于是大课间时，小虎约上了好哥们小嘉、小轩，在教学楼后的小树林里逼迫乐乐交出100元钱，乐乐不肯，他们就揍他，他只好妥协了。可恶的小虎一边收钱，一边还不忘和好哥们探讨打人姿势帅不帅，像不像某电视中的男明星。

从此，这三人找乐乐要钱的次数越来越多，数额也越来越大，乐乐跟父母也越来越难要到钱了。这天，乐乐坦陈实在要不到钱了，三人恼羞成怒，小虎拾起路边的铁棍就朝乐乐的后背猛抽过去，乐乐顿时血流不止。正在附近值日的悠悠看到这一幕被吓坏了，她想报告老师又怕被报复，正犹豫时，乐乐已经被路过的老师发现，老师制止住施暴者，打电话喊来救护车，三个施暴者也被送进了派出所……

师：同学们，我注意到班长讲述这个案例时，有同学攥紧了小拳头。确实小虎等人的行为令人发指。老师想问，校园欺凌的危害大不大？

（预设：学生回答，危害大。）

师：那校园欺凌有哪些危害？

（预设：学生回答：危害被欺凌者的身心健康和生命安全；欺凌者在人际交往等多方面也会遭受消极影响；破坏学校的正常工作秩序；影响家长和其他

学生的正常生活；造成恶劣的社会影响；等等。）

师：你们看，校园欺凌的危害不容小觑啊！

四、校园欺凌法不容

师：同学们，在这个案例中，乐乐一味地忍气吞声，最后被送进了医院，事实上，任何形式的诉诸暴力都是不被允许的，法律是保护我们健康成长的。请大家观看视频《小学生消除校园暴力和防范校园欺凌专题教育片》。（截取视频的8分0秒到9分28秒）

（学生观看视频了解片段中介绍的未成年人实施校园欺凌需要承担的相关法律责任。）

师：我们要学法、懂法、守法、用法，既要以法律规范自己的行为，也要以法律来保护自身的合法权益。

五、面对欺凌要说不

师：如果你拥有穿越时光隧道回到案例中的任何时候去扭转乐乐“悲剧”结局的超能力，你打算怎样做来阻止这起伤害事件的发生呢？我们可以怎样预防校园欺凌呢？

1. 假如我是乐乐（被欺凌者）。

师：假如你是乐乐，该怎么办？

（预设：学生回答：要及时告诉老师；告诉家长；不忍气吞声；等等。）

师：你们说得非常好，老师做个小结：（1）不外露钱财，不摆阔气；当有人约自己到偏僻的地方去时，一定要坚决拒绝；（2）不能忍气吞声，第一次被欺凌就要及时告诉老师或家长，寻求大人的帮助；（3）要有自我保护意识，被欺凌时要大声呼救，双手抱头，护好头部，尤其是太阳穴和后脑；（4）理性处理，不能以暴制暴，自觉学法、守法、用法，用法律维护自己的合法权益；（5）注意搜集证据，寻求有关部门的帮助，必要时可向人民法院提起诉讼。

2. 假如我是悠悠（旁观者）。

师：假如你是悠悠，该怎么办？

（预设：学生回答：要及时告诉老师；要制止小虎他们；等等。）

师：发现同学被欺凌一定要及时报告老师，否则就是在纵容欺凌，而且下一个被欺凌者很可能就是你；要见义智为，勇于用智慧制止校园欺凌现象的发生，维护校园和谐的氛围。

老师提醒大家，当遭遇校园欺凌时，一定要保持镇定，认清对方的脸，用智慧去化解危局，可以先示弱，用“善意的谎言”拖延时间，想办法求救，当遭遇人身和财产双重危险时，一定要把自己的生命安全放在第一位，舍财保命，以免受到更大的伤害。不管遇到怎样的威胁，都要及时告知老师和家长。

六、坚决不做施暴者

1. 假如我是小虎（欺凌“首犯”）。

师：同学们，老师也想请大家思考，假如你是小虎，你该怎么办？请大家想一想。

（预设：学生回答：要改正，不能把自己的快乐建立在别人的痛苦之上；不能欺负同学，因为国家出台了具体的法规；赶紧自首，争取宽大处理；等等。）

师：你们说得非常好。老师也做个小结：（1）平时要尊重同学，善待他人，不给同学乱起外号，不敲诈勒索同学，不要打骂同学；（2）不沉迷网络，不仿效网络行为，不崇尚暴力；（3）出事后，一定要赶快自首，争取宽大处理；（4）自觉学法、守法、懂法，不做违法的事情。

2. 假如我是小嘉、小轩（欺凌“从犯”）。

师：老师再请大家思考，假如你是小嘉、小轩，你该怎么办？

（预设：学生回答：交友要谨慎；不随意欺负同学；不做违法的事情；等等。）

师：说得很好，我们不能欺凌弱小，不能伤害别人；要自觉学法、守法、懂法，不做违法的事情；不结交坏朋友；不加入暴力小团体。

七、争做文明好少年

师：如果人人都不做施暴者，看见校园欺凌现象，都能见义智为，勇于制止，那我们的校园该是多么和谐美好啊！让我们一起大声朗诵教育部网站上的这首拒绝校园欺凌童谣吧！（出示童谣，作者为安徽省合肥市胜利路小学老师何敏、陈建，安徽省合肥市胜利路小学四（3）班学生周子娴、六（1）班学生

张可心）

春风吹，阳光照，校园生活真美妙。
对同学，要友善，文明礼让要记牢。
坏风气，不能要，互帮互助不可少。
见恶行，要举报，视而不见可不好。
不恃强，不凌弱，后果严重警察找。
反欺凌，要做到，校园和谐最重要。
同学间，不为难，互助成长情谊连。
欺凌者，要受处，屡教不改要严办。
被欺凌，莫慌乱，报告老师来评判。
心平静，坐下谈，握手言和把手牵。
与人交，要友善，礼义廉耻记心间。
正学风，爱校园，争做文明好少年，
好少年！

（学生齐声朗诵。）

师：同学们，今天的课，相信大家收获都不少。希望大家都能学会控制自己的情绪，彼此之间相互尊重，友好相处，有矛盾时要及时化解，不做施暴者；被欺凌时要学会自我保护，寻求老师、家长或有关部门的帮助；遇到有人被欺凌时要在保护好自己的前提下，用智慧帮助他人，让我们一起“对校园欺凌说‘不’”，愿人人都能做好自己，愿我们的校园永远和谐安宁，让我们一起努力吧！

思考与建议

课后，我仔细观察了学生的日常行为，发现学生间起外号、打骂等现象都有好转，特别是我们班的小毅和小宇，通过这节课的引领，他们也能积极地改变自己打人的坏习惯，只要一发现有欺负同学的现象，他俩就会大声说道：“法律规定我们不可以这样做！”他俩的改变真令人欣喜。我还注意观察班情，发现问题提醒有关同学及时改正，同时对进步明显的同学予以表扬。“抓苗头”“树榜样”，效果十分显著。

通过课上学生们的表现和课后的反馈，我觉得在拒绝校园欺凌这方面，教师不能只是大声呵斥学生的相关行为，而应该通过具体的校园欺凌案例让学生切实感受校园欺凌的危害，设计特定情境通过角色扮演的方式让学生体验感悟面对校园欺凌时应该怎样做，习得机智地应对校园欺凌的方法，更重要的是坚决不做校园欺凌的施暴者。

点评

近些年来，校园欺凌一度呈现多发态势。伴随着党和政府的大力整治，遏制了校园欺凌的蔓延之风，但工作需要常态化。虽然“道德与法治”课上有专门章节，但班主任还应根据班情，通过班会课加强针对性教育。读了黄老师的教案，有两点思考：

1. 厘清认识。说起校园欺凌，如果你问学生是否厌恶，学生一定会说厌恶。但校园中还是会出现欺凌现象，甚至有些说厌恶的学生就是校园欺凌的施暴者。究其原因是多方面的。其中有一点就是认为开玩笑、恶作剧而无所谓。因此，班主任要对症下药，开展针对性教育。我们既承认开玩笑、恶作剧与校园欺凌有区别，但我们必须指出开玩笑、恶作剧与校园欺凌有联系。经常性的，无视对方的感受，造成严重后果，就超越边界，量变必然引起质变。

2. 把握重点。对校园欺凌，我们既要敢于说“不”，智慧说“不”，更不要做校园欺凌的施暴者，对小学生的教育尤其要这样做。因此，黄老师特意从讨论校园欺凌的危害、设计特定角色的行为转变方式让学生体验感悟面对校园欺凌时应该怎样做，进而要求学生坚决不做校园欺凌的施暴者。

30 百善孝为先，尊长敬为重

——学生不体谅父母怎么办

内蒙古自治区土默特左旗台阁牧中心校达尔架小学　韩春梅

问题的提出

如今的学生大都以自我为中心，过着衣来伸手、饭来张口的生活，从小在父母的呵护中长大，却很少从父母的角度去体谅父母的艰辛与不易。五年级的学生，伴随着自我意识的增强，在与家长的沟通中开始出现了顶嘴甚至不服管教的现象。究其原因，有的同学因为父母工作繁忙，没有足够时间陪伴自己而对父母心存埋怨；有的同学不考虑家庭生活条件，一味地注重满足自己的需求；也有一部分同学我行我素，对父母的教育充耳不闻。

近期，经常有家长和我私聊，倾诉教育不了孩子的无奈。有的家长说，孩子写作业必须家长“陪伴”，否则就不认真写，批评几句吧，孩子还委屈地抱怨家长根本不关心自己；有的家长说，孩子经常要零花钱，不是买零食就是买一些小玩具，家长教育一下吧，竟怀疑自己是不是父母的亲生儿女。还有的家长告诉我，和孩子沟通时只能顺着孩子说，稍微说几句孩子不想听的，孩子要么直接摔门而去，要么把自己一个人关在房里。林林总总的表现让人困惑不已。

为此，我设计、召开了这一主题班会，拟通过实践体验，感悟亲情，激发学生尊重父母、孝敬父母的情感，把亲情回报付诸实践。

目标的思考

1. 通过活动，带领学生了解孝的由来，使学生明白孝敬父母首先要体谅父母、尊重父母。

2. 通过活动，激发学生对父母的亲情和尊敬父母的真情。

3. 通过活动，引导学生将尊重父母、孝敬父母的心愿落实到日常的具体行动中。

课前的准备

1. 了解与家长交往中积极转变的学生，请有关家长准备讲述有关故事。
2. 向家长收集其工作现场的照片。
3. 向家长收集孩子在家帮助父母做家务的照片。
4. 组织学生学唱歌曲《百善孝为先》。
5. 收集自己父母年轻时和现在的照片。
6. 制作课件。
7. 准备一束鲜花。

课时的安排

35分钟（大班会）

实施的过程

一、学习名言，导入话题

师：《弟子规》中有言："父母呼，应勿缓；父母命，行勿懒；父母教，须敬听；父母责，须顺承。"讲的就是我们中华民族的传统美德——尊重父母，孝敬父母。今天我们就围绕这一话题来开展一次班会（出示课题：百善孝为先，尊长敬为重）

二、交流采访，感悟辛劳

师：从小到大，都是父母围着我们在转，有谁知道父母在把我们送到学校之后又在干些什么呢？前一阶段，我们开展了“了解父母的工作”的寻访活动，现在有请李涵和张敏同学做介绍。

李涵：我的爸爸是一名电焊工，每天把我送到学校后，就骑着电动车去工地，开始了一天的忙碌生活。爸爸的工作环境经常是比较恶劣的，有时候还有一些高空作业，会存在一定的安全隐患。爸爸也经常带着一身的疲惫很晚才回家。

张敏：我的爸爸也是一名普通搬运工人，经常奔波在工地的现场，有一次我回家后发现爸爸的脚都肿了，一问才知道是搬运的过程中不小心砸到了脚，可爸爸没有请假，而是一直坚持到了下班。

师：是啊，许多同学的爸爸妈妈为了维持一家人的生计，他们每天都要奔波在辛苦的工作路上，老师也特意请你们的家长提供了他们工作的现场照，我们一起来看看。

（出示提前收集好的照片，每出示一张，请同学们辨认一下是哪位同学家长的工作照，并简单介绍一下自己对爸爸妈妈工作情况的了解。）

师：老师这里只展示了部分家长的工作照。透过这些照片，我们能感受到什么？请同学们来谈谈你的感受——

（预设：有的学生说，体会到了父母工作的辛苦；有的学生说，感受到了父母对家庭所承担的责任；等等。）

三、列举问题，引发思考

师：是啊！好多时候父母总是把他们最美好、最坚强的一面呈现给了我们，可是作为子女的我们有时候的表现却不尽如人意。就在前些日子，老师了解到，我们班的一位同学回家后不主动写作业，每天要熬到很晚才睡觉。妈妈好言相劝，他根本不听，后来妈妈就生气地批评了他几句。你们猜结果怎样了？（同学们纷纷交头接耳、窃窃私语）结果，我们这位同学就直接摔门而去，大晚上的一个人游走在大街上，让父母非常揪心。

我们班还有一位同学，是家里的“小王子”，平时要什么家长给什么，有一次因为嫌弃家里的晚饭不合口味，就非要点外卖。妈妈忍不住教育了他几句，结果我们这位“小王子”，当场就和自己的妈妈针锋相对，顶撞了妈妈。他的妈妈在和老师沟通这件事情的时候还几度流下了伤心的眼泪。

听到这两件事情的时候，老师的心里也是五味杂陈。想想生活中的我们，是否总觉得自己已经长大，好像自己的世界父母已经难以理解？是否总觉得父母的操心是那么多余，有时候甚至啰嗦至极？面对与父母之间的“鸿沟”，我们曾经是否恶语相向，甚至拒绝沟通？

今天老师想请同学们看几张照片。（出示老师的爸爸妈妈年轻时和年老时的四张照片）这是老师的爸爸妈妈年轻时和现在的样子，请同学们仔细观察其变化，并想象一下自己父母未来的样子。老师的爸爸妈妈现在都已经70岁左右了，和年轻时候相比，平添了许多皱纹和白发。皱纹是岁月的留痕，白发是风霜的漂染，记载了父母为我们的付出，父母为我们的操劳。现在结合自己的日常生活，我们想想，面对刚才我们班两位同学身上所发生的情景，我们应该怎么办呢？

（预设：有的学生说要考虑父母的感受，理解父母，多站到父母的角度想问题；有的学生说要学会和父母好好沟通，表达清楚自己的想法；也有的学生说要尊重父母，只有先学会尊重他人，他人才会尊重你；还有的学生说可以和父母互换角色，体验父母的艰辛；等等。）

师：老师知道，你们现在的独立意识、自主意识越来越强，说明你们在长大，这是人生中莫大的好事。可是老师也想说，伴随着你们的成长，你们的父母却在慢慢变老，唠叨的根源是满满的爱，如果有一天这份爱对你而言成了负担，那么我们怎样做，才能解决问题呢？

（预设：有的学生说作为子女，我们要体谅父母工作的艰辛，对父母少一些抱怨与指责，多一些理解；有的学生说多与父母交流，在向父母倾诉自己的喜怒哀乐时，也要学会倾听并虚心采纳父母的意见和建议；有的学生说生活中我们遇事不能只考虑自己，还要多考虑父母的感受，多帮父母做一些力所能及的家务活；还有的学生说如果以后和父母遇到沟通矛盾可以先让家长和自己冷静一会儿再做沟通；等等。）

师：同学们说得很好！老师想强调的是在与家长交往时，我们要尊重、理解、学会沟通。

四、走进生活，感悟真谛

师：俗话说：“养儿才知父母恩。”虽然我们现在还只是一名小学生，但是知恩的种子早已埋在了很多同学的心田。前几天也是在一次与家长的聊天中，我才得知我们班有一位同学，她不仅很理解父母的不易，还默默地把对父母的孝付诸实际行动。

这位同学就是李一桐。今天，我们很高兴邀请到了李一桐同学的妈妈，下面就让我们用热烈的掌声请李一桐的妈妈上台，来给我们讲讲她们母子之间的故事吧。

李一桐妈妈：我是独生女，自从我的妈妈得了癌症之后我就竭尽所能为老人治病，还一度辞去工作照顾老人。长期的担忧与操劳，使我的身体也垮了下来，经医生检查，也已身患癌症。这个结果对我们这个原本不怎么富裕的家庭来说，无异于雪上加霜。作为家中的小女儿，李一桐之前也是“衣来伸手、饭来张口”，是被我们捧在手心里养着，生怕她受一点点委屈。而李一桐仿佛公主一般很享受这个过程，有时候对于她的一些要求，如果没有及时让她得到满足，她可能还会埋怨我，甚至几天都不理我。

可是，自从亲眼看见了我所经历的一切之后，李一桐开始一边不停地开导、鼓励着我，一边主动学着帮我分担家务，零花钱也不再要那么多了，发脾气的次数也越来越少了，真的是一下子成长了许多！

师：多么伟大的妈妈！多么伟大的爱！其实我们每个同学的父母又何尝不是如此呢？他们一肩扛着生活的重担，一肩扛着教育你们的重任，有时累得即使快喘不过气来了，却依然选择默默地坚持！所以今天让我们全体起立，对到场的这位妈妈，以及还坚守在自己工作岗位的所有爸爸妈妈，深深鞠躬，并大声地说一声：“爸爸妈妈，你们辛苦了！”

（学生起立，行鞠躬礼，齐声说：“爸爸妈妈，你们辛苦了！”）

师：今天，我们全班同学也为这位到场的妈妈准备了一束鲜花，请李一桐同学向妈妈敬献鲜花，祝福一桐妈妈，也祝福我们自己的爸爸妈妈健康、快乐、幸福！

（李一桐上台给妈妈敬献鲜花。）

师：其实，让父母感到欣慰的孩子不止李一桐一个，大家看这里——

（出示提前收集好的一些同学帮父母做家务的照片。出示时，可请有关同学简单介绍一下当时做家务的场景或原因。）

师：这些同学做得真棒！也许这些瞬间大家自己都记不清了，可是我们的父母却以照片的形式将它留存在记忆的深处，因为这是你们成长的见证。透过这些照片，老师也深深地感受到了你们都是懂事的孩子，因为你们已经懂得用实际行动回报父母了，这就是在行孝。老师想说：“长大，真好！”

五、布置作业，激励前行

师：通过今天的学习，我们更加明白，尽孝不只是捶捶背、揉揉肩；尽孝，不只是端杯水、倒杯茶；尽孝，更不止是洗洗碗、削削土豆。尽孝的方式还有成千上万种，但是尊重父母是最大的孝行。那么，从今天开始，给大家留个家庭作业：今后怎样与父母和谐相处？准备如何将“孝”进行到底？一个月后，我们再开展一次“将孝行进行到底”的寻访活动，希望我们班所有同学都能有所收获！

最后让我们一起唱响歌曲《百善孝为先》，希望同学们在重温孝道内涵的同时，能够学会尊重父母，能够真正地做到“百善孝为先、尊长敬为重”，并且能够将中华民族这一传统美德发扬光大，让家庭温馨，让生活充满爱。

（师生合唱歌曲《百善孝为先》。）

思考与建议

这节班会课后，孩子们很长时间都处于一种兴奋状态，这虽然与课前的精心准备是密不可分的，但一定程度上也说明，这节班会课切切实实地解决了一部分同学存在的问题。课后，我也与之前向我诉说教育困惑的几位家长了解了孩子回家后的一些变化，几位家长对于这样的教育形式纷纷给予了充分的肯定。

在展示家长工作现场照片的环节，我一直有一种顾虑，担心有些同学会因为爸爸妈妈的工作不够体面，老师做了展示后会伤害他们的自尊心。但从实际效果来看，孩子们的思想还是很单纯的，是比较积极向上的，这些照片也确确实实触碰到了一些孩子的心灵，尤其是对于那些自认为家庭环境优渥的同学，也让他们充分感知到了人间百态的意味。

在整个环节中，家长亲临现场讲述孩子的成长过程这一环节的教学设计，起到了意想不到的效果，因为发生在身边的实例似乎更具有说服力和感染力。建议后续再开展一次系列班会课，比如以尊敬老师为主题，解决孩子们不知道怎样体谅老师的问题。通过系列班会课的开展，引导学生学会换位思考，学会尊重别人。

点评

小学生在成长的过程中会遇到许多困惑，比如怎样与同学合作、怎样与家长相处、怎样与老师交流，班主任应予以积极的指导。韩老师的这节课在指导学生尊重家长、孝敬父母、学会与家长沟通方面做了功课，下了功夫。

1. 准备充分。为了上好这节课，韩老师做了不少课前的准备，如了解与家长交往中积极转变的学生，请有关家长准备讲述有关故事；向家长收集其工作现场的照片；向家长收集孩子在家帮助父母做家务的照片；组织学生学唱歌曲《百善孝为先》；等等。我一直主张课要易操作，以减轻老师的负担，但有时准备充分，才能把课上好。这节课要上好，必要的准备就不能少。课上好了，“磨刀不误砍柴工”，努力付出也是值得的。对此韩老师在“思考与建议”中也提到这节课的成功“与课前的精心准备是密不可分的”。

2. 用好照片。照片是影像的记录，真实、形象、直观，拍摄方便，易于操作。韩老师注意发挥照片的作用，“了解父母的工作”的父母工作现场照片，“感悟岁月变迁”的韩老师父母的对比照，“我为爸妈分担家务”的学生做家务照片。这些照片来自生活，现场感强，学生感兴趣，关注度高，结合讲述照片后的故事，必然收到很好的效果。

3. 注重协调。学生不体谅、不尊重家长这类问题的解决，学校、家庭一定要携手，互相配合，共同行动。本课我们看到课前与家长的沟通，请家长支持拍照片，向家长了解情况，课上邀请家长进班级讲述孩子的故事，韩老师认为“家长亲临现场讲述孩子的成长过程这一环节的教学设计，起到了意想不到的效果，因为发生在身边的实例似乎更具有说服力和感染力”。这些都说明家校协同教育的重要。

如果给点建议，我认为家校协同教育还应该组织化、规范化。班级应组建班级家长委员会，开展经常、有效的工作，因为提高家长的教育水平，更有助于学生尊重父母、体谅父母。

31 劳动让生活更美好

——学生不重视劳动怎么办

山西省运城国际学校　牛秀琴

问题的提出

劳动教育是全面贯彻党的教育方针的基本要求，是实施素质教育的重要内容，是培育和践行社会主义核心价值观的有效途径。2020 年 7 月教育部颁布了《大中小学劳动教育指导纲要（试行）》，对中小学劳动教育提出了明确的要求。我校积极响应，开展了丰富的劳动实践活动，切实加强劳动教育。

在实践中，家长、学生还有些教师对如何开展劳动教育存在认识上的差距，行动上的不足。特别是五年级有些学生思想上还不重视劳动，他们认为没时间、没必要、学不会。因此，我们在“五一劳动节”假期在五年级开展“劳动让生活更美好”的综合实践体验活动，要求学生利用假期参与家居清洁、收纳整理，制作简单的家常餐等活动，学习 1～2 项生活技能，增强学生生活自理能力，培养学生的家庭责任感；或参加社区环保、公共卫生、垃圾分类等力所能及的公益劳动，增强学生公共服务意识和公民责任意识。在这个基础上，以班级为单位召开主题班会，进行交流分享。

目标的思考

1. 通过活动，加深学生对劳动的认识，体会劳动创造美好生活的积极意义。

2. 通过活动，增强学生热爱劳动的情感，珍惜自己和他人的劳动成果。

3. 通过活动，引导学生从家庭和社区出发，做身边事，养成爱劳动的好习惯，学会用劳动去实现生活中更多的美好。

课前的准备

1. 布置作业：五一假期，学生需完成以下一项或多项假日劳动实践活动。劳动实践活动可选择收纳整理过季衣物、变废为宝（废物改造）、制作家常餐等家庭活动，可参与身边社区的其他劳动活动。劳动后可以随机采访父母或者参与者的感受，并就自己的劳动感受写一篇作文，在假期结束后交班主任。活动中注意拍摄照片或视频。

2. 收集学生作文，与班委会一起选出发言的同学。

3. 与班委会确定主持人，指导学生编拟主持词。

4. 帮助学生剪辑视频，制作课件。

课时的安排

35 分钟（大班会）

实施的过程

一、活动开场

杜玥瑶同学：亲爱的同学们，今天我们的班会主题是——劳动让生活更美好。

赵振宇同学：我是今天的主持人赵振宇。

杜玥瑶同学：我是今天的主持人杜月瑶。

赵振宇同学：五一劳动节是全世界劳动者的共同节日。因为劳动，我们过上了幸福美好的生活；因为劳动，我们创造了丰富多彩的世界。

杜玥瑶同学：劳动，创造了一页页厚重的历史；劳动，书写了一个个惊世的传奇。但是现在物质生活越来越充裕，我们有的同学认为劳动没必要，劳动不重要，劳动不积极，慢慢养成了懈怠慵懒的生活习惯。

赵振宇同学：所以在五一假期，我们根据学校的要求，开展了“劳动让生活更美好”的主题实践活动，并且每个同学都用作文的方式记录了自己的劳动实践经历，有的同学还录下了珍贵的视频，今天我们就一起来交流，感受劳动实践给我们带来的美好。

杜玥瑶同学：下面我宣布“劳动让生活更美好”班会正式开始！

第一板块：整理衣物我学习

赵振宇同学：首先是第一板块——整理衣物我学习。有请李子涵同学做介绍。

李子涵同学：前几天一直是阴雨连绵，路上有穿羽绒服的、穿风衣的，可是没想到五一假期，天气一下子热了起来，于是我想穿个短袖，或者穿上漂亮裙子。于是我找妈妈要夏天的衣服，可妈妈说，还没有把夏天的衣服拿出来。我想，刚好要完成一项劳动实践活动，于是我自告奋勇：“妈妈，我和你一起收拾衣服吧。”

我和妈妈先把柜子里所有不穿的厚衣服和要拿出来的夏天衣服全都放在了床上。“哇！这么多的衣服！”看到衣服放满整张床，我忍不住说：“咱们家可以开服装店了。”妈妈说，有些衣服穿的次数非常少，可以送到小区的衣物捐赠处，于是我们把要捐赠的衣物挑了出来。然后我们将剩下的衣服进行分类：内衣、毛衣、厚棉袄、大衣、羽绒服；爸爸的、妈妈的、我的。妈妈说大衣要挂起来，要套上防尘袋，这样不容易起皱。其他的上衣，需要我们折叠。

下面我来演示一下折叠方法：上衣首先要将袖子折到中间，然后再把衣服下摆从中间对折到领子的位置，然后再对折一次，这样就叠好了。裤子要先从裤裆处将两条裤腿对折，然后再将整条裤腿对折两次就可以了。用顺口溜说就是“伸伸手，抱一抱，弯弯腰；排两队，变一队，弯弯腰”。（出示课件）

在我和妈妈的努力下，所有的衣服被一一分开、叠好。最后，我们把不穿的厚衣服放到了柜子的最上边，马上要穿的夏天衣服放在了随手好拿的地方。妈妈还和我分享了一些整理衣服的小妙招。（出示课件）

（1）按照来年取衣物的季节温度变化，整理过季衣物的上下顺序。比如，我们现在整理的是春天和冬天的衣服，那么我们就要把冬天的衣服放在上面，春天衣服放在下面，这样到冬天就方便取出来，也不影响春天衣服的摆放。

（2）含羊毛的衣物需要放置樟脑丸，以防虫蛀。因为羊毛的衣物特别容易被虫蛀，所以我们需要买一些樟脑丸放在衣物夹层中，但樟脑丸一定要包好或装在小袋子里。

这些小妙招看上去很普通，却是妈妈长期积累的经验，都非常有用。爸爸回家时，都惊呆了，连连夸赞我：“女儿长大了！”我自己也有点怀疑原来我也这么能干啊！这次整理衣物，我不仅学会了折叠衣服的方法，还深刻地体会到妈妈的辛苦，更发现繁多的物品，分门别类地整理后就不一样了。以后不会再随意乱堆放，及时规整，时时整齐！

杜玥瑶同学：成长就是在我们的体验中一点一点积累起高度！感谢李子涵同学给我们带来的分享，下面有请丁子洵同学为大家分享他在“衣物整理”中的体验。

丁子洵同学：假期里，我也和妈妈一起对衣柜里的衣物进行了整理，在整理的过程中我跟妈妈学习了很多的整理方法，让我对“整理衣物”有了新的认识和感悟。

以前我以为收拾衣服就是把它叠整齐放到柜子里就可以了，但不是这么回事。如果我们没有对叠好的衣服进行分类，即使叠放得很整齐，也很难快速地找到想要穿的衣服。但如果我们按照外套、裤子、内衣、内裤、秋衣、秋裤、毛衫、袜子等分类叠放，那找的时候会省很多力气。除了知道这个窍门，我们还要清楚不同类型的衣服放在柜子里的哪个位置比较合适。为解决这个问题，我查看了一下家里的柜子，主要有大格子区域、抽屉，还有悬挂衣物的区域。大格子区域我们可以放一些较厚的被子和褥子；抽屉可以放内衣、内裤、袜子等小衣物；悬挂区域主要悬挂一些经常穿和容易起褶皱的衣物。经过这样的分类，我们取衣服时就很方便了。

最后我想说的是衣服的材质决定了它应该如何收纳，整理后主要有这么几类。（出示课件）

纯棉的衣物：这类衣物多为贴身衣物，可以折叠。

真丝和羊毛大衣：因为容易起褶皱，要悬挂。

皮衣：这类衣物多以外套为主，要擦油保养，要悬挂。

这次整理衣物的经历，让我体会到了做事时一定要多思考，只有经历了“解决问题”的过程，我们才能从中获得更多的成长。

第二板块：家常饭菜我尝试

赵振宇同学：下面我们进行第二板块汇报——家常饭菜我尝试。有请郭子赫同学分享。

郭子赫同学：说起品尝美食，我可是专家；但说起做美食，我可真不好意思抬头。为了给爸爸妈妈一个惊喜，我特意选择为他们做一个大菜——“酸辣粉丝黄鳝段”。

一大早，我就约上妈妈去了菜市场，买了5条黄鳝，并且让卖鱼的师傅处理好。回到家，本以为处理死掉的黄鳝是件容易的事，可是没想到，当我刚刚拿了一条鳝鱼段放在洗碗池洗时，它突然一下子弹起来，直接弹到了我的胳膊上，虽然我是个男子汉，但还是吓了一大跳。妈妈告诉我，这是黄鳝濒死前的肌肉战栗现象。虽然卖鱼师傅在菜市场已经开肚取肠，但是少数黄鳝还会“垂死挣扎”。结果，洗鳝鱼时我一直提心吊胆，本来10分钟就能搞定清洗，我用了1个小时才洗完。

我把清洗好的鳝鱼切成拇指长的小段，然后拿了三包方便酸辣粉做汤。首先，用锅烧开水。当锅里的水烧开以后，放进粉丝和调料包。最后，等到粉丝煮成七分熟时加入鳝鱼段。不一会儿，厨房里就飘满了酸酸辣辣的鱼香味，我的“酸辣粉丝黄鳝段”终于做好了。此时我已经满头大汗，平时看着妈妈半个小时就轻松搞定的一道菜，我却用了足足两个半小时！本来还说准备一桌子饭菜呢，已没有办法完成了。其他饭菜都是妈妈帮忙完成的。

这次的做菜经历，让我想起平时自己吃饭挑三拣四的样子，真的后悔极了。那天，我诚恳地向妈妈道了歉，并承诺以后我要多为她分担家务活。

杜玥瑶同学：感谢郭子赫同学的分享。下面有请景奕博同学来交流。

景奕博同学：没想到我心目中的超人郭子赫，因为一次亲身的劳动经历感触这么多！和他一样，这次为家人准备饭菜的过程中，也让我体会到了温暖和爱。

因为我的爸爸妈妈都在外地上班，所以平时我都是和奶奶在一起。每天早上都是奶奶早早起床，为我做好早餐，虽然只是简简单单的煎鸡蛋、馒头、小菜，却让我感到非常温暖，所以五一假期里，我选择为奶奶做一顿早餐。

假期第二天一大早，我就早早做好准备。煎鸡蛋的过程中，奶奶边拿手机录像，边指挥我如何操作，看着我“把鸡蛋壳掉进锅里”“怕油溅出来站得远远的”“鸡蛋的一面被煎得黑乎乎的”，奶奶的笑声就没有停过。

看到奶奶吃上我煎的鸡蛋，我特别高兴。虽然我的煎鸡蛋过了火候，但奶奶还是夸奖我！平时因为爸爸妈妈在外地工作，我经常看到奶奶唉声叹气，羡慕邻居家王爷爷一家老小一起生活的场景。但我为她做了煎蛋后，她总是不停地在邻居们面前夸我，不厌其烦地讲述我煎蛋的细节。讲一次她就笑一次。这次劳动实践，让我体会最深的是：当我们陪伴亲人时，才是他们最开心的时刻。

赵振宇同学：感谢郭子赫、景奕博两位同学给我们带来的分享。现在请大家观看视频：

（播放视频。视频简介，女儿一早起来准备早餐，家长在一旁看着。女儿熟练地将各种食材切好，用心操作。很快一份香喷喷的脆饼就做好了。）

赵振宇同学：从视频中，大家已经知道故事的主人公是谁，“熟悉的”“用心”“香喷喷”“幸福”，这些平凡的字眼里充满了妈妈对女儿的骄傲，这是阮京同学家长为本次交流特意录的视频。我敢肯定，我们班阮京同学平时一定经常给妈妈做饭打下手，做饭已成为她的拿手好戏。我们要向阮京同学学习。

第三板块：变废为宝我创造

杜玥瑶同学：下面进入第三板块——变废为宝我创造。有请赵泽璇、杨玳萱、杨菁宜、张雅琪四位同学分享。

赵泽璇同学：我结合“变废为宝”这个主题，将家里不用的闲置物品进行了改造，我设计的是一个棉签盒（出示棉签盒），这是用一个废旧奶瓶改造完成的。首先对奶瓶进行清洗和烘干，然后在外部画上或贴上自己喜欢的图案就可以了。我在瓶身粘贴了一圈的棉花团，有一种白色蓬蓬裙的感觉，感觉就像是穿了一件白色裙子的公主一样。

杨玳萱同学：我设计的是一个笔筒。大家猜一猜它是拿什么改造的？（出示笔筒）它是一个吃剩的薯片罐。清洗薯片罐时注意不能太湿，我们可以用湿纸巾来清理，然后再用彩纸进行包裹和裁剪，做成你喜欢的造型。我选的是小熊维尼的造型，我为笔筒添加了两只耳朵。我希望自己像小熊维尼一样，快乐成长。

杨菁宜同学：我是看了短视频上的“旧衣服 DIY”才有了改造背包的想法（出示背包）。这两个背包都是用我不穿的上衣制作的。黑色的原本是一个黑色短袖衬衫，因为我很喜欢个性化，所以我特意在包口的位置缝上了一朵白色的蓬蓬花，这样黑白色差对比很大，唯一不满意的就是我不太会缝，所以针脚太大了。第二个背包是直接用我的一个 T 恤衫改造的，我直接把 T 恤下端缝合好，雏形就出来了，然后我把袖子撕成细条当背包的袋子，领口就是我的袋子口，这样作品就完成了。

张雅琪同学：这是我在家制作的牙刷架。平时我看见牙刷放在潮湿的刷牙杯里，牙刷底部总是容易发霉，所以这次我就按照网上的提示制作牙刷架。我们家一共有 6 口人，爷爷奶奶，爸爸妈妈，还有我和弟弟。我设计的牙刷架可以把我们 6 个人的牙刷都放进去，我将这个牙刷架命名为“合家欢乐”，寓意团团圆圆。

第四板块：劳动让生活更美好

赵振宇同学：感谢同学们的精彩分享，我想今年的五一劳动节应该是我们度过的最有意义的一个节日。虽然在劳动体验中我们有失败、有苦恼，但我们都为自己的成长增添了难忘的记忆，懂得了感恩父母，珍惜来之不易的幸福生活。下面让我们用热烈的掌声欢迎牛老师讲话。

（学生鼓掌欢迎。）

牛老师：亲爱的同学们，你们真了不起！近年来，党和国家非常重视劳动教育。我们学校也积极响应。这次在五一劳动节特意在五年级开展“劳动让生活更美好”的实践活动。在本次活动中，不仅展示了你们亲自参与的劳动成果，也体现了你们的担当、成长以及责任感，老师为你们感到骄傲与自豪。

劳动创造的美无处不在。每一次的劳动都是学习、挑战的机会。但对劳动，有的同学选择推脱，有的同学选择放弃，甚至有的同学已经变成了“小公主”“小皇上”！经过这次的实践活动，我看到了我们班里每一位同学的成长，你们用实际行动体会了劳动的意义，为自己的成长添上了一抹动人的色彩，用双手创造了甜美的生活，我为你们点赞！

孩子们，你们终将要长大，你们终将独立于天地间！我期待你们像我们各行各业的劳动者一样，继续参与，继续承担，共创美好！加油！

杜玥瑶同学：感谢牛老师的讲话。牛老师表扬了我们取得的成绩，给我们提出了新的要求！

赵振宇同学：因为时间关系，我们没能把所有同学的劳动成果都一一展示，这次汇报交流的只是部分同学。除此以外，我们班还有很多同学参与到这次的实践活动中（出示课件），他们的劳动成果和汇报交流文章我们将在教室的展示栏内继续交流。

杜玥瑶同学：同学们，今天我们收获多多。今后我们将做得更好！我宣布五一劳动节特别班会“劳动让生活更美好”到此结束！

思考与建议

这节班会课最重要的意义就是通过参与劳动实践活动来引导学生真切地体会劳动的意义和劳动价值——劳动让我们的生活更美好。借助五一劳动节假期时间让孩子们参与到家庭的各项劳动中，比如“整理过季衣物”“准备家常菜”“变废为宝”等活动，通过参与家务劳动和家中闲置物品再利用等活动让学生理解身边劳动者的辛苦，学会敬重他们，学会珍惜他人的劳动成果，学会共创一个美好的家庭氛围；通过让学生参与“变废为宝”的设计活动，使同学们对珍惜美好幸福生活有了更深的体会，更加促使学生养成一个勤俭节约的习惯。

通过此次活动后续的观察，孩子们在教室的卫生打扫上比以前更细心了，在教室里借用他人物品时更懂得珍惜；家长也反馈孩子们相比以前更加愿意主动参与家庭劳动，家庭氛围相比之前也有了很大的进步；有的孩子也从整理衣物中获得了经验，课桌里的书本整理得更有条理了。但同时还有一些同学的劳动习惯没有变化得如此明显，我们后续还将通过其他的方式让孩子们产生更多的体会，最终养成良好的劳动习惯。

点评

近年来，党和国家非常重视学生的劳动教育，颁发了一系列的重要文件。全国各地中小学也积极响应，开展了丰富多彩的劳动教育活动。但有些学校觉得开展劳动教育活动比较难，没有时间，不会做。牛老师的实践让我们眼前一亮。她的教案为解决三个难题提供了切实可行的参考：

1. 选好时段。牛老师指导的劳动实践活动时间选择在五一劳动节，这个时间点选得好。五一前，学校都完成了期中考试。五一正值劳动节，开展劳动实践活动，是最好的纪念。

2. 选好内容。内容其实比较好把握。教育部 2020 年 7 月出台了《大中小学劳动教育指导纲要（试行）》，对各学段劳动教育有明确要求。以小学为例：低年级以个人生活起居为主要内容，开展劳动教育，注重培养劳动意识和劳动安全意识，使学生懂得人人都要劳动，感知劳动乐趣，爱惜劳动成果。指导学生：(1) 完成个人物品的整理、清洗，进行简单的家庭清扫和垃圾分类等，树立自己的事情自己做的意识，提高生活自理能力；(2) 参与适当的班级集体劳动，主动维护教室内外环境卫生等，培养集体荣誉感；(3) 进行简单的手工制作，照顾身边的动植物，关爱生命，热爱自然。中高年级：以校园劳动和家庭劳动为主要内容开展劳动教育，体会劳动光荣，尊重普通劳动者，初步养成热爱劳动、热爱生活的态度。指导学生：(1) 参与家居清洁、收纳整理，制作简单的家常餐等，每年学会 1～2 项生活技能，增强生活自理能力和勤俭节约意识，培养家庭责任感；(2) 参加校园卫生保洁、垃圾分类处理、绿化美化等，适当参加社区环保、公共卫生等力所能及的公益劳动，增强公共服务意识；

(3) 初步体验种植、养殖、手工制作等简单的生产劳动，初步学会与他人合作劳动，懂得生活用品、食品来之不易，珍惜劳动成果。各小学可依据此进一步细化。

3. 选好年级。对于劳动教育，我们应加强全校一盘棋的总体布局、整体思考。五一劳动节，可以全校开展劳动实践活动，也可以根据年级特点进行整体设计。运城国际学校选择五年级，我很赞同。因为五年级是高年级，五年的学校教育，可以通过劳动实践活动做总结汇报，而五年级学生能力也比较强，有搞好活动的基础。六年级因为小升初的关系，学习比较紧张，这时搞这样的活动也很难得到家长的支持。

感谢牛老师带领孩子们完成了这节课的实践。具体到这节课，还有一个显著特点，那就是学生参与度高。不仅全班总动员，人人参加了活动，而且代表发言质量高，小主持人的主持词也是很棒的。

32 跟着浦东向前走

——怎么让学生更了解改革开放

上海市嘉定区苏民学校　赵皎

问题的提出

近年来，“学四史”（学习党史、新中国史、改革开放史、社会主义发展史）成为中小学德育的重要话题之一。2020 年正值浦东改革开放 30 周年，习近平总书记特意莅临浦东，并发表了重要讲话。他强调，要让孩子们了解浦东的过去，要让孩子们知道作为改革开放的先行者和排头兵，浦东 30 年来取得的令世界瞩目的辉煌成就，是一代代建设者用坚持不懈的奋斗创造出来的。今天，深受浦东发展影响的嘉定也经历了翻天覆地的变化，我们要引导学生了解党领导下的改革开放，培养学生学习浦东、紧跟浦东的认知，增强学生爱嘉定、爱浦东、爱上海、爱祖国的思想情感。

五年级学生对浦东改革开放发展史知之甚少，对嘉定的过去也比较陌生，特别是对浦东和嘉定最近 30 年的改革发展史缺少深刻的认知。因此，本课拟通过活动引导学生们了解浦东，了解浦东发展对嘉定的影响，了解在浦东发展影响下嘉定发生的巨大变化，将爱浦东爱嘉定的感情升华为爱国之情、报国之志，同时将这一热情落实到具体的行动中，好好学习、勤奋努力，做讲文明、爱学习、求上进的好少年。

目标的思考

1. 知识目标：通过活动，让学生了解家乡在党的领导下通过改革开放取得的伟大成就，将嘉定、浦东 30 年前的环境、主要建筑物与现在的进行对比，感受改革开放带来的巨大变化和迅猛发展。

2. 情感目标：通过活动，让学生了解浦东和嘉定的巨大变化，从而增强学生的公民意识，产生我以浦东为荣、以嘉定为荣，要为家乡发展、为国家发展好好学习、好好努力的家国情怀。

3. 行为目标：通过活动，增强学生的主人翁意识，用实际行动践行“跟着浦东向前走”的美好愿望。

课前的准备

1. 收集浦东和嘉定今昔巨变的图片，剪辑介绍浦东和嘉定今昔巨变的视频。

2. 召开班级家委会会议，邀请家长准备30年前嘉定的故事以及浦东近些年迅速发展的资料，邀请家长拍摄相关视频。

3. 打印图片。

4. 准备音乐《我和我的祖国》。

课时的安排

35分钟（大班会）

实施的过程

一、图片导入

师：今年是中国共产党建党100周年。百年沧桑，风雨兼程，中国人民在中国共产党的领导下，走过了“站起来”“富起来”“强起来”的峥嵘岁月。今天，老师特别想和你们聊一聊浦东的改革开放。同学们，去年上海市人民政府办公厅发布的“2020年上海十大新闻”中，排在第一位的新闻就是上海人民热烈庆祝浦东改革开放30周年。2020年11月12日，习近平总书记在浦东开发开放30周年庆祝大会上发表了重要讲话。30年来，浦东取得了举世瞩目的成就。我们生活在上海，浦东的发展和我们每个人都有着千丝万缕的联系，说到这里，我想问问大家，你了解浦东吗？浦东的这些地方你熟悉吗？（出示图片，有东方明珠广播电视塔、金茂大厦、上海环球金融中心、上海迪士尼、世博会中国馆等图片。）

（预设：伴随着老师出示的图片，同学们大声地说出有关建筑的名称。）

师：非常棒！看来大家对这些楼宇、场馆还是很熟悉的。我们今天这节课的话题是——跟着浦东向前走。（出示课题并板贴）

二、浦东的“前世今生”

1. 观看视频：《崛起的上海浦东，向上的“30年之变”》

师：浦东的今天让我们自豪。那浦东是如何快速发展的呢？请大家观看视频，让我们穿越时空致敬浦东改革开放波澜壮阔的30年，共同感受浦东的“前世今生”。（播放视频。视频简介：视频以浦东30年改革之变为切入点，介绍了一代代建设者在浦东30年来的奋斗历程，将30年间的巨变通过图片对比、数据图表等多种形式呈现出来，给人以震撼。朗朗上口的童谣唱出了30年来浦东取得的辉煌成就，不断刷新的天际线彰显了上海向上的决心和发展的实力。）

2. 讨论交流：我来说一说

师：同学们，看了视频，相信大家都有许多感触，接下来我们结合视频，将浦东30年前的情况与今天的社会、经济、文化等各方面做一个比较。请同学们来说一说，视频中30年前的浦东是什么样子？

（预设：有的学生会说，30年前的浦东到处是农田、交通困难、工厂破旧。有的学生会说，当时的浦东还很落后，有许多棚户区、低矮的房子。）

师：是啊，当时浦东的很多标志性建筑都还没有。随着党决定在浦东实施大改革、大开放，浦东建设跨上了骏马，扬蹄飞奔。1993年东方明珠广播电视塔建成，一座座高楼迅速地拔地而起，勾勒出陆家嘴独一无二的美丽风光。如今的浦东又有着怎样的不同呢？

（预设：学生回答，浦东创造了许多上海第一，世界第一。比如第一个自由贸易试验区；第一个“区港一体”的保税港区：洋山保税港区；第一个金融贸易区：陆家嘴金融贸易区；等等。）

师：确实，浦东作为我国改革开放的先行者和排头兵，中国首个自贸区在这里诞生，世界级的金融中心、航运枢纽和科学城在这里发展成长。如今的陆家嘴百余座现代高楼林立于江畔，不断刷新着上海浦东新的天际线。

3. 交流分享：我去过浦东的哪些地方

师：同学们，上海目前的三个5A级景区都在浦东：上海科技馆、东方明珠广播电视塔、上海野生动物园。浦东新区还有迪士尼乐园、世纪公园、上海海昌海洋公园、上海环球金融中心观光厅、上海博物馆东馆等许多精彩的地方。你去过浦东的哪些地方呢？感受最深的是什么？请同学们来分享。

（预设：有的学生回答，我去过上海科技馆，里面有很多高科技的展品，可以学到很多课本里学不到的知识；有的学生回答，我登上过东方明珠广播电视塔，看到了上海美丽的夜景；有的学生回答，我去过迪士尼乐园，玩过过山车、激流勇进，度过了非常开心的一天；等等。）

三、嘉定的现在与过去

1. 辨认照片：出示嘉定30年前与现在的标志性照片

师：同学们，我们都生活在上海，浦东是改革发展的排头兵，是改革发展的先行者。浦东发展，也必然影响着嘉定。浦东发展，我们也不能落后，我们也要紧跟浦东的发展进程向前走。接下来我们看一看，嘉定在这30年间都有哪些变化。（出示嘉定30年前和嘉定现在的标志性建筑的照片）

（预设：学生辨认嘉定30年前和嘉定现在的标志性建筑的照片，发出阵阵惊叹，感受嘉定在30年间的巨大变化。）

2. 观看视频：和你聊聊30年前的嘉定

师：只看这些照片好像了解得还不全面，老师邀请了一位同学的爸爸来给我们讲讲嘉定这30年间的点点滴滴。（播放视频《我眼中的嘉定》。视频简介：家长通过回顾小时候的事情，将自己亲身经历的嘉定30年间的发展故事讲给孩子们听，从儿时的弄堂、街巷、学校到如今便捷的道路交通、繁华的城市面貌，嘉定的变化翻天覆地、令人惊叹。）

（预设：学生观看视频，了解30年前的嘉定情况和今天嘉定的发展变化。）

3. 交流分享：嘉定也在不断变化中

师：同学们，30年来，嘉定的发展日新月异、突飞猛进，四通八达的交通、高耸挺拔的大厦、郁郁葱葱的城市公园，这点点滴滴的改变让我们的生活更加便捷、惬意。你能结合日常生活，和大家分享一下你身边的变化吗？

（预设：有的学生回答，我们家附近的印象城建好了，我们周末有了新的休闲娱乐场所；嘉定新城建了瑞金医院北院，爷爷奶奶看病方便多了；我们的学校也越来越漂亮了。有的学生回答，陈翔公路地铁站建成了，方便了我们的出行等。）

4. 交流讨论：浦东的发展和我们有关系吗

师：同学们，虽同在上海，但从地图上看，嘉定到浦东的直线距离约30千米，那浦东的发展对我们嘉定有影响吗？有哪些影响呢？

（预设：学生回答，有影响。但有哪些影响，可能说不清。也许会说到美丽的建筑、发展的速度、浦东的奋斗精神等。）

师：浦东的发展对我们嘉定有很多影响。浦东的发展对我们嘉定的发展起到观念引领、榜样示范、经济辐射和带动作用，也为嘉定的发展提供了更多的发展机会和平台。老师特别想告诉大家，嘉定的飞速发展与浦东的发展是紧密相关的。在浦东敢闯敢试敢突破、创新创业创一流精神的影响下，我们嘉定也迅速崛起。大家熟知的上海国际赛车场坐落在嘉定伊宁路，场馆能容纳20万人，这座承接了各项国际赛事的赛车场让市民零距离感受到国际赛事的激烈与震撼。“三横三竖”对外高速干线网络的建设，让嘉定迎来全新的机遇和发展格局。

四、改革激励我前行

1. 观看视频：《我和浦东同成长》

师：我们来看看长期在浦东工作的同学妈妈是怎么看待浦东这些年的发展的。（播放视频。视频简介：家长介绍了作为长期在浦东工作的员工，感受到的浦东精神，以及自己的努力。）

（预设：同学们观看家长视频，感受家长作为浦东建设者的情怀，感受家长对自己的殷切期望。）

2. 撰写“给未来的自己”

师：同学们，家长的话感动着我们。作为一个建设者是自豪的，作为一个奋斗者是光荣的。我们今天是学生，明天也将是建设者和奋斗者。老师特意准备了漂亮的信纸，让我们给未来的自己写封信，告诉未来的自己你此时的所感所想，告诉他（她）你的目标与理想，然后我们把信珍藏在瓶子里，如果有机会，我们30年后再聚会，来看一看我们的心愿是不是实现了。

（预设：在《歌唱祖国》的背景音乐中，学生开始撰写“给未来的自己”。）

五、班主任寄语

师：同学们，浦东 30 年沧桑巨变源于 30 年前党中央做出的英明决策——开发开放浦东。从这一战略决策开始，浦东人锐意进取、敢为人先、勇抓机遇，才有了今天我们所见到的这片浦东新区。浦东是我们的父辈用他们的心血奋斗出来的，浦东发展的前 30 年，你们没有赶上，但是嘉定、浦东、祖国发展的新 30 年你们将会赶上，老师希望在你们心里有一个美好的愿望，那就是要努力，要奋斗，期待 30 年后的今天，我们的嘉定，我们的浦东，我们的上海，在我们的奋斗中更加美丽！让我们跟着浦东向前走！

思考与建议

通过本课的学习，学生对身边生活环境的改变产生了极大的兴趣，大家开始留心观察、主动发现并记录身边的变化，而老师明确地指出这些变化源于党的改革开放的战略决策。让孩子们对改革开放有了明晰的了解。学生们热情地将“致未来的自己”给老师保管，希望 30 年后再来回忆这份曾经的憧憬。有学生利用课余时间拍摄了城市的照片，将照片标上时间后存放，准备 30 年后再拿出来感受时间给这座城市带来的改变。更多的学生通过父母家人的帮助，了解了自己家乡改革开放 30 年间的改变。学生们纷纷表示：原来我们生活的这座城市如此美丽，一定要为家乡发展、为国家发展好好学习、好好努力。

本节课磨课期间，我校班主任工作坊的老师们为我提出了许多中肯的意见和建议，丁老师更是指导我一遍一遍地修改，在大家的群策群力下，课的环节不断完善、课的内容日益充实，比如：在“浦东的‘前世今生’”这一环节中，先观看视频，后开展活动，如此一来更有学习的阶梯层次感，一步步引发学生思考，为“交流分享”做了充分的准备。在最后环节中增加了“致未来的自己”这一内容，让学生产生对未来的畅想，明白自身所要肩负的社会责任。一条条中肯的建议令我豁然开朗、茅塞顿开，我深刻感受到团队力量的强大，感谢大家的帮助。

点评

自党中央发出学四史（学习党史、新中国史、改革开放史、社会主义发展史）的号召后，许多学校积极响应。学史明理，学史鉴今。小学生学四史，《道德与法治》是主课堂，班会课也是主课堂。作为班主任，必须加强研究。赵老师的这节课，给我三点启发：

1. 运用对比，走进生活。赵老师选择了改革开放这一主题，选择了发生在身边的事，以对比的手法切入，引导孩子观察身边发生的变化，拉近学生与社会大事的距离。通过浦东地标图片的辨识，通过观看视频，通过老照片和新照片的对比，激发学生兴趣，增强参与性。可以说，小学生学改革开放史，选准了学四史的切入口，因为改革开放史与党史、与新中国史、与社会主义发展史都紧密相关，学生是可以直观感受到的。

2. 借助家长，家校协同。在本课中，我发现赵老师非常注重借助家长的力量。请家长讲述嘉定的变化，请家长讲述作为长期在浦东工作的员工，感受到的浦东精神，以及自己的努力。从物质到精神，这样的讲述非常真诚。更让我们感动的是，赵老师在课前召开班级家长委员会做部署，做动员，“更多的学生通过父母家人的帮助，了解了自己家乡改革开放30年间的改变”。这样全方位、立体化、多形式地与家庭教育相协调，是对改革开放史的深入学习。

3. 把握要点，深情寄语。通观全课，我感到赵老师处处用心，指点到位。“随着党决定在浦东实施大改革、大开放，浦东建设跨上了骏马，扬蹄飞奔。”“浦东的发展对我们嘉定有很多影响。浦东的发展对我们嘉定的发展起到观念引领、榜样示范、经济辐射和带动作用，也为嘉定发展提供了更多的发展机会和平台。”“在浦东敢闯敢试敢突破、创新创业创一流精神的影响下，我们嘉定也迅速崛起。”特别是结束语，语重心长，说到学生的心上。

学四史，许多学校都在做。相信赵老师的这节课有助于打开我们的思路，浦东、深圳、珠海、厦门、杭州、西咸、雄安、成都、长沙、昆明、乌鲁木齐，祖国大地许多地方都有着改革开放的先行区、示范区，全国人民都是改革开放的亲历者、见证者。家校协同，共同演绎学四史的精彩。以先行区、示范区引领，感受更强烈，如果身边没有先行区、示范区，可以“家乡巨变话改革”“我身边的变化”等选题来实施。

33 面对挫折

——学生遇到挫折怎么办

山东省潍坊高新区（上海）新纪元学校　秦鹏

问题的提出

挫折是人生成长的必经之路，没有挫折的人生不是完整的人生，可是当我们面对挫折时，又该怎么对待呢？五年级的孩子正处在成长的重要时期，孩子的自我意识开始崛起，但心智不够成熟，承受挫折的能力有限。我们班就遇到不少麻烦事：小博的妈妈说，最近孩子的压力特别大，考试成绩不稳定，很担心被小元同学超过，回家愁眉苦脸的。小蓉在学校总是独来独往的，上课小组讨论问题的时候，她也不积极，不愿跟同学多交流。小元平常总违反纪律，尽管成绩不错，但是量化分不好，所以没有评上“三好学生”。小睿的爸爸妈妈离婚了，他最近的表现一落千丈，上课时频繁走神。期中考试有好几个孩子没有考到理想的分数，更是有极强的挫折感。

我认为这些问题归根结底还是承受挫折的能力不够，不知道自己面临挫折时，应该怎么做，因此召开“面对挫折”的主题班会很有必要。

目标的思考

1. 通过活动，让学生知道挫折是成长路上难以避免的，增强面对挫折的勇气。

2. 通过活动，让学生有直面挫折的心理准备，面对挫折能够拥有积极的人生态度和坚强的意志。

3. 通过活动，鼓励学生正确面对挫折、承受挫折、战胜挫折。

课前的准备

1. 下载“释放压力”的小视频。
2. 制作课件。

课时的安排

35 分钟（大班会）

实施的过程

一、谈话导入，引发思考

师：人生不如意事十之八九，人生道路不是一帆风顺的。同学们请看大屏幕（出示课件），这是华罗庚，他在上学的时候因为家庭贫困，拿不出学费而中途退学，回家帮助父亲料理杂货铺。19 岁时，又不幸得了严重的伤寒病，经过近半年的治疗，病才好了。但是左腿的关节受到严重的损害，落下了终身残疾，走路都一瘸一拐的，可以说华罗庚遭受到了严重的挫折。其实，在人生的道路上常常会遇到很多的挫折，我想请同学们说说，你有没有遭受过挫折？

（预设：有的学生说，我考试没考好，在学习上遇到了挫折；有的学生说，学期评优选先，我没评上“三好学生”，也遭受到了挫折；有的学生说，我的朋友少，感到交朋友遇到挫折；等等。）

二、迎接挑战，勇敢面对

师：是啊，人生有这么多的挫折！但挫折是把双刃剑，既会给我们的身心造成打击和压力，也能增强我们的意志，激发我们的进取精神。也就是说，挫折既有消极作用，也有积极作用。遇到挫折，怎么办呢？

我们一起来看这张图片（出示课件）：我们先来看看华罗庚遇到挫折时，是怎么做的。他因病退学以后，没有自暴自弃，没有放弃学业；而是一边帮父亲打理铺子，一边自学。白天，他利用一切空档时间看书，做题。一年四季，无论严寒酷暑，华罗庚都一心钻研。夏天有蚊子，他就点草绳驱蚊，热得满头大汗；冬天没有炉子，他就蜷在椅子上做题，手指都冻得发青。面对挫折，他迎难而上，勇敢地面对挫折，想尽一切办法去战胜挫折。

同学们，你们听了华罗庚的故事有什么感想？

（预设：学生回答，不屈服；勇敢地迎接挑战；知难而上；等等。）

师：你们说得非常好！华罗庚的故事启发我们，面对挫折，一定不要屈服，要勇敢地迎接挑战。

三、调整心态，坦然应对

师：乔·吉拉德曾说过：我要微笑着面对整个世界，当我微笑的时候全世界都在对我笑。因此我们面对挫折时，要勇敢面对，先要调整自己的心态，只有用良好的心态冷静地对待挫折，才能获得成功。我们说挫折是常见的，是人生路上总会遇到的，唉声叹气于事无补。别人能正视并勇敢面对的事，我们如果想努力也完全能做到。当你的自我感觉良好时，你会觉得满怀自信、情绪高昂；当你的自我感觉不好时，你会觉得一切都是灰色的。所谓看好自己，就是“认为自己很不错”，当你自我感觉不错时，往往你就拥有了自信的心态。只有自信地面对挫折，才能战胜挫折。

现在我们的挫折多来自学习。老师想以期末考试为例，和大家一起来讨论，我们该怎么面对即将到来的期末考试呢？

（预设：有的学生说，期中考试没考好，不能忧心忡忡。有的学生说，我们首先把功夫用在平时，只有平时的时候多付出，多努力，考试才不会慌张。其次要认真复习，才能坦然应对，临阵磨枪，不快也光。有的学生说，我们应该放平心态，考试没什么大不了的，只要正常发挥出自己的水平就好了，要有一颗平常心。有的学生说，要相信自己，我们为这次考试准备了这么久，复习了这么多，一定能取得好成绩。）

师：同学们说得都很好，大道理也都懂，我们不光要懂，更重要的是将这些每个人都懂的道理落实到行动上，在面对考试的时候，要积极调整自己的心态，坦然应对考试。这里老师想提醒大家，基于上次考试失利，目标值要适当调低。适当调低也是心态调整的一种表现。

四、寻找对策，改变方法

师：面对挫折时，我们要积极地寻找对策，改变方法，要想想自己的问题出在哪里，进行自我反思，反思自己的方法是否得当，进而有所改变。比如有的同学平时不懂也不问，导致成绩不理想，这时候就需要改变原来的学习方法。“学问，学问，要学要问。”如果你什么都会，那何必还上学呢？实际上我们在学习中都有许多不会的地方，那应该怎么办？积极地发问，课堂上提问，课下跟老师跟同学来探讨，一定要改变方法，并寻求帮助，正如孔子那句话：三人行，必有我师焉！那你觉得谁可以帮助你呢？

（预设：有的学生说，小博成绩好，我可以向他请教自己不会的题目；有的学生说，小宇每天起床都很早，我可以让他叫我起床，一起背单词；有的学生说小元作文写得好，我可以向他学习写好作文的方法；有的学生说，晓锦乐观积极，还是我的好朋友，我可以跟他说我不开心的事，让他帮助我；有的学生说，我数学成绩一直不理想，我打算多问老师，让老师帮帮我。）

五、宣泄情绪，振奋精神

师：尽管有了同学和老师的帮助，但还是不够的。因为我们面临挫折时，可能情绪低落，难以控制，比如上课受到批评，跟老师怄气，遇到较多不顺心的事，等等。当我们的情绪异常不稳定时，有没有很好的方法来释放这种不良情绪呢？有，比如写日记、跑步、听音乐，甚至大喊几声，等等。当你遇到挫折、情绪低落时，你会用什么方式释放自己的情绪呢？

（预设：有的学生说，我遇到不顺心的事时，一般都会跟好朋友“吐槽”，因为我觉得只有说出来，自己心里才会好受；有的学生说，当我情绪低落的时候，我喜欢想想同学们帮我找的优点，多看看自己的优点，心情就没有那么糟糕了；有的学生说，当我受到老师的批评，心里有怨言的时候，我会在下课去洗手间洗脸，让自己冷静下来。）

师：同学们都说得很好，说了很多宣泄情绪的方法，我们要学会自我疏导，挫折总会给人们带来一些不良的情绪，采取自我疏导的方法，合理宣泄不良情绪，将自己的不良情绪转化为积极情绪，就能增添战胜挫折的勇气。

六、互相激励，共同进步

师：生活中挫折是难免的。请以四人小组为单位制作 1 张信心卡，讨论在你们组的同学遇到挫折时，该怎样激励他直面挫折，战胜困难！

（预设：学生写下激励自己或同学的话，给自己或同学增强信心。）

师：同学们都写了一句激励自己或同学的话，非常棒！这是集体的智慧，这是团队的力量！老师也有一句话送给大家，同学们请看课件。

即使跌倒 100 次，也要 101 次地站起来。——张海迪

让我们一起高声诵读吧！

（师生一起诵读名言。）

七、总结全课，明确要求

师：（出示课件）同学们，挫折是常见的，战胜挫折是必须的。面对挫折时，迎接挑战、勇敢应对是前提；调整心态、坦然面对是方法；寻找对策、改变方法是关键；合理宣泄、振奋精神是出路；互相激励、共同进步是方向。让我们一起努力，奋勇向前！

思考与建议

挫折是人生路上常见的，每个人都要正确地面对挫折。有的同学不能正视自己面临的挫折，只是一味地逃避，老师要引导他们迎接挑战、勇敢面对；要调整心态、坦然应对；要寻找对策、改变方法。有个别的学生不能正确面对挫折，会采取极端的做法，如自残等。因此必要的情绪宣泄的指导，很有必要。

学生个体不一样，面临的挫折也不一样。班主任一定要加强个别指导，做到“一把钥匙开一把锁”，针对学生的不同困难，该鼓励的积极鼓励，该指出错误的也要及时指出。这样学生才能更好地成长，才能做更好的自己。

当然，学生挫折承受能力弱是每个班级都会面临的问题，一次班会不可能彻底解决问题，班主任必须根据班情不断强化，让学生养成克服困难和开拓进取的优良品质。

点评

如何面对挫折，这是一个老话题。秦老师在这个话题上，写出了两点新意：

1. 强调情绪的宣泄。过去很多面对挫折的文章，在论及如何面对挫折时，总是强调勇敢面对，乐于面对，应该说是正确的。但面对挫折，学生个体不同，除了勇敢面对，乐于面对外，情绪的宣泄是非常重要的。有些孩子面对挫折想不开，很大原因是情绪没能宣泄，过分压抑。秦老师鼓励学生学习情绪的宣泄。学会宣泄，才能重新振作，才能勇敢地面对挫折。

2. 重视团队的力量。过去面对挫折，偏重对个体的鼓励。其实在班级这个集体中，同学们朝夕相处，同学受挫折，有困难，我们理应互相帮助，抱团取暖。因此秦老师设计了四人小组合写信心卡的环节。你一言，我一句，汇聚强大的力量。秦老师的赠言，则反映了师生同心，其利断金。

34 传承红色基因　弘扬英雄精神

——怎么让学生更崇尚英雄人物

黑龙江省海林市子荣小学　王教刚

问题的提出

“传承红色基因，弘扬英雄精神”是厚植家国情怀，培育精神家园的重要举措。

如今的小学生大多过着衣食无忧的幸福生活，他们缺少人生阅历，难以理解革命英烈、时代楷模、道德模范“感天地、泣鬼神”的英勇壮举，更难以感受英雄们“舍小家，为大家”那种自我牺牲、勇于奉献的精神。其实，无数可歌可泣的红色故事是培育孩子精神家园的最好范本，然而有的孩子认为英雄太高大，学不来；有的认为英雄的壮举遇不到，没法学；还有的认为英雄所做的事都是大人的事，等自己长大了再去学。在学生中没有形成强烈的崇尚英雄的氛围，他们谈论最多的还是影视明星，这是价值观的偏差。针对这一现状，为增强小学六年级学生崇尚英雄的意识而设计本课。

目标的思考

1. 通过活动，让学生了解和熟悉著名英雄人物的感人事迹。

2. 通过活动，让学生产生对英雄人物的仰慕之情。

3. 通过活动，提高学生崇尚英雄的意识，在班级形成崇尚英雄的氛围，并将对英雄人物的崇敬转化为学习的动力、具体的行动。

课前的准备

1. 每个学生至少收集 3 个自己喜欢的革命英烈、时代楷模、道德模范等英雄人物照片，并阅读他们的故事。

2. 教师准备双百英雄、共和国勋章获得者等 12 个英雄人物的电子照片、简介，1 段视频短片，做成课件。

3. 教师准备比赛得分表格。

课时的安排

35 分钟（大班会）

实施的过程

一、播放英雄事迹，竞说英雄名字

师：同学们，课前老师让大家搜集革命英烈、时代楷模、道德模范等英雄人物的照片，阅读英雄人物的故事，大家都做了吗？

（预设：学生异口同声地回答，做了。）

师：看来大家完成得都很好，下面我们来进行一场比赛，比一比哪个组知道的英雄故事最多。老师先说一下比赛规则：待会儿老师要在屏幕上依次播放 8 个英雄人物的主要事迹，每播放一个英雄人物，我们以小组为单位，说出英雄的名字。说的顺序从第 1 组开始，第 1 组说第 1 个，第 2 组说第 2 个，依此类推，倘若该组说不出或说得不对，就由下一组说，如果两组都不知道，将由老师公布答案。每组答对一个得 10 分。

（预设：学生热情高涨，气氛活跃。）

师：请听题。（出示课件）

他是中国共产主义的先驱，伟大的马克思主义者，杰出的无产阶级革命家，中国共产党的主要创始人之一，中国共产党早期的卓越领导人。1920 年初，他与陈独秀相约，在北京和上海分别活动筹建中国共产党。他就是——

（预设：学生回答，李大钊。）

师：正确。请听题。（出示课件）

进山的日本鬼子在山里迷了路，被他和枣花发现。为了给乡亲们和八路军伤员争取时间转移，他和枣花兵分两路，枣花回村里报信，他则故意暴露自己，拖住敌人。在敌人要求“带路”时，他故意走陡峭山路、兜圈子，最后把敌人引进了八路军的伏击圈。日本鬼子被消灭了，他也英勇牺牲了。他的名字叫——

（预设：学生回答，王二小。）

师：正确。老师还想补充一点，王二小其实是抗战时期许多小英雄共同的名字。请听题。（出示课件）

她坚贞不屈，大义凛然，从容地走向敌人的铡刀。壮烈牺牲时，年仅15岁。毛泽东主席听到了她英勇就义的事迹，深受感动，挥笔题词“生的伟大，死的光荣”。她是——

（预设：学生回答，刘胡兰。）

师：正确。请听题。（出示课件）

在抗美援朝的一次战斗中，他的部队为夺取391高地进行阵地潜伏。敌人燃烧弹的火焰烧到了他的身上。那时，他只要跳出来打个滚，就可以把火灭掉。但这样做，整个潜伏部队就会暴露，可能会有许多的战士阵亡。为了战斗的胜利，他以惊人的毅力强忍着，至死也没有挪动，没有发出一声呻吟。他就是——

（预设：学生回答，邱少云。）

师：正确。请听题。（出示课件）

他是世界著名科学家，空气动力学家，中国载人航天奠基人，中国科学院及中国工程院院士，中国两弹一星功勋奖章获得者，被誉为“中国航天之父”“中国导弹之父”“中国自动化控制之父”和“火箭之王”，由于他，中国导弹、原子弹的发射向前推进了至少20年。他就是——

（预设：学生回答，钱学森。）

师：正确。请听题。（出示课件）

有一次出差，他在沈阳火车站换车时，发现一群人围着一个背着小孩的中年妇女，原来她丢了火车票和钱。了解情况后，他立刻用自己的津贴买了火车票塞到她手中，那位大嫂十分感谢，询问他的工作单位和姓名，他只是说，他叫解放军，就住在中国。他就是被人们称赞“出差一千里，好事做了一火车”

的——

（预设：学生回答，雷锋。）

师：正确。请听题。（出示课件）

习近平总书记这样评价他的精神："无论过去、现在还是将来，都永远是亿万人们心中一座永不磨灭的丰碑，永远是鼓舞我们艰苦奋斗、执政为民的强大思想动力，永远是激励我们求真务实、开拓进取的宝贵精神财富，永远不会过时。"他就是——

（预设：学生回答，焦裕禄。）

师：正确。请听题。（出示课件）

他长期致力于重大呼吸道传染病及慢性呼吸系统疾病的研究、预防与治疗，成果丰硕，成绩突出。新冠肺炎疫情发生后，他敢医敢言，率先提出存在"人传人"现象，强调严格防控，领导撰写新冠肺炎诊疗方案，在疫情防控、重症救治、科研攻关等方面作出杰出贡献。他的名字叫——

（预设：学生回答，钟南山。）

师：下面老师给大家播放几个英雄人物的照片，看看大家认不认识？

（大屏幕播放照片。董存瑞、张富清、张伯礼、屠呦呦。）

师：我宣布本次比赛获得最终胜利的小组是第×小组，祝贺你们！（全班响起热烈的掌声。）除了刚才老师在屏幕上展示的英雄人物，谁还知道有哪些英雄？

（预设：学生迫不及待说出自己心仪的英雄人物名字。）

师：我们的国家历史悠久，有许许多多的英雄人物。1840 年以来，特别是近百年来，更是英雄辈出。比如抗战英雄、时代楷模、道德模范，他们的故事感天地、泣鬼神，他们是我们的骄傲，希望同学们在课后多去收集、阅读英雄人物的故事。

二、学习英雄事迹，感受英雄情怀

师：同学们，习近平总书记说：一个有希望的民族不能没有英雄，一个有前途的国家不能没有先锋。我们伟大的祖国，拥有许许多多可歌可泣的英雄故事。

下面我们一起来看一个小视频，《水稻之父袁隆平的故事》，大家要边看边想，想一想袁隆平有哪些贡献？我们应该学习袁隆平的什么精神？

（观看《水稻之父袁隆平的故事》。视频简介：袁隆平是我国杂交水稻领域的开拓者和带头人，享誉世界的“杂交水稻之父”。50 多年来，他不畏艰辛、执着追求；大胆创新、勇攀高峰。袁隆平领衔的科研团队接连攻破水稻超高产育种难题，超级稻亩产 700 公斤、800 公斤、900 公斤、1000 公斤和 1100 公斤的五期目标全部完成，一次次刷新着世界纪录。袁隆平用高产、更高产、超高产的现实，对这一世纪发问给出了中国人自己的答案。袁隆平院士所取得的科研成果使我国杂交水稻研究一直处于世界领先地位，不仅解决了中国粮食自给难题，也为世界粮食安全作出了杰出贡献。）

师：视频看完了，谁能说说袁隆平有哪些贡献？

（预设：学生回答，一次一次提高了水稻的产量；解决了中国人吃粮的问题；为世界粮食安全作出了贡献。）

师：我们应该学习袁隆平的什么精神？

（预设：学生回答，学习他敢于创造、勇于实验、坚持不懈、不断突破的精神。）

师：说得非常好！我们学校是以英雄名字命名的学校。杨子荣的故事大家耳熟能详。下面请我们班的故事大王再给大家讲一讲《杨子荣智擒匪首》的故事。

故事大王：1947 年 1 月 26 日，农历正月初五，杨子荣一行 6 人接到命令进山剿匪。他们顶风冒雪，在一个叫蛤蟆塘的地方，找到一座工棚，工棚里住着十几个人。杨子荣先用土匪黑话试探，说是自己遇了难，走投无路，想请人帮忙牵线，投奔个山头。一个自称姓孟的工头搭了腔，答应领他们去一个地方。他把他们带到了 20 里外的一个木棚里，交代了几句就走了。杨子荣他们在工棚里一连等了三天，也不见孟工头的影儿。正着急时，孟工头回来了，他把杨子荣领到了附近的一个屯子，在屯长家里见了两个人。两人先是一番土匪黑话试探，见杨子荣对答如流，才亮出了真实身份，原来是“座山雕”的副官。两人同意带杨子荣等人上山。两天后，他俩再次找杨子荣。杨子荣喝令把两人给绑了，并假意说：现在不知是否是自己人，只好先委屈一下，到了山上再说。两个土匪无可奈何，就领着杨子荣直奔“威虎山”。

“座山雕”在路上设了三道哨卡，要是派大部队清剿，只要惊动了一道哨卡，“座山雕”就会逃得无影无踪。杨子荣每过一道哨卡，都让两个土匪上前搭话，然后，把岗哨也一块绑了，一同押上山。过了第三道哨卡，就到了“座山雕”的老巢，杨子荣命令战士们迅速占据有利位置，一下子就活捉了匪首

“座山雕”。

师：听了这个故事，你认为杨子荣是一个怎样的英雄？

（预设：学生回答，智勇双全、有勇有谋的英雄。）

师：杨子荣一行仅有6人竟勇闯匪穴，这是一种“明知征途有艰险，越是艰险越向前”的精神。小说《林海雪原》就是根据杨子荣和他的战友的英雄事迹创作的。

每个英雄身上都会有很多难能可贵的精神，当我们读英雄故事的时候，一定要用心思考英雄身上所具备的精神，这种精神是值得我们学习的，是值得继承和发扬的。

三、讨论何为英雄，理解英雄内涵

师：袁隆平、杨子荣可以说是当之无愧的时代英雄，大家讨论一下什么样的人物才算是真正的英雄？或者说英雄应该具有怎样的品质？

（预设：学生回答，为人民作出重大贡献的杰出人物，敢于与恶势力做斗争的人们。）

师：同学们，习近平总书记指出：一切为中华民族独立和解放而牺牲的人们，一切为中华民族摆脱外来殖民统治和侵略而英勇斗争的人们，一切为中华民族掌握自己命运、开创国家发展新路的人们，都是民族英雄，都是国家荣光。

英雄有的名垂史册，有的生活在我们身边。新冠肺炎疫情发生后，我们海林市的6名医务工作者积极响应党中央号召，主动请缨奔赴湖北抗疫最前线，勇敢地投身到救护病患的战斗中，为打赢湖北保卫战作出了突出贡献。他们算不算英雄？为什么？

（预设：学生回答，他们都是英雄，因为他们在抗疫期间作出了突出贡献。）

师：国难当头时，舍生取义的人是英雄；中华人民共和国成立时期，忘我工作的人也是英雄；疫情施虐时，与病魔勇敢斗争的人都是英雄。

四、联系生活实际，增强崇尚意识

师：习近平总书记强调：“崇尚英雄才会产生英雄，争做英雄才能英雄辈出。”我们中华民族自古以来就是一个崇尚英雄的民族，作为小学生，我们应该怎样崇尚英雄？

（预设：学生回答，喜欢唱英雄的歌曲，喜欢讲英雄的故事，喜欢看英雄的影片，树立做英雄的信念，把英雄作为自己的偶像，积极参加祭扫烈士陵园活动……）

师：英雄不问出处，英雄不分年龄大小，没有人生来就是英雄。请大家说说作为小学生应该怎样做，才能算是一个小英雄？

（预设：学生回答，遇到困难敢于迎难而上，不惧怕，不懒惰，自己的事情自己做，学习和生活中的每一件事情都要尽心尽力，争取做到更好。）

五、总结全课，热情寄语

师：同学们，英雄的壮举我们或许无法“拷贝”，但是英雄的精神人人都可以学习。我们从小要树立崇尚英雄的意识，平时要多唱英雄的歌曲，多讲英雄的故事，积极参与红色活动，从英雄身上汲取力量，严格要求自己。将来在不同的岗位上，为祖国的建设、为民族的振兴书写自己的英雄篇章！

思考与建议

应该说，这节课我是很用心的。课前安排学生阅读双百英雄和共和国勋章获得者的事迹材料，旨在让学生了解、认识更多的英雄人物。课伊始，我设计了认识英雄大比拼活动，了解学生认识英雄人物情况。通过让学生阅读英雄简短的事迹、观看英雄照片等方式竞说英雄名字，激发了学生学习、了解英雄人物的兴趣。不过在这一环节，我发现还有很多同学对双百英雄人物了解不够，这是平时英模教育不够，这让我想到今后要继续引导学生学习英雄人物的必要性。课的第二个板块重点学习了袁隆平、杨子荣两个双百英雄人物的事迹，引导学生礼赞了袁隆平、杨子荣为国为人民作出的突出贡献，让学生感受到时代英雄的家国情怀。在这一基础上，引导学生进入第三个板块，辨析英雄内涵，学生通过前面两个板块的学习，已了解了许多英雄人物的事迹，体会到了英雄的共同特质，便水到渠成理解了英雄的内涵，就是为国、为民作贡献。学生产生了敬佩英雄心理后，崇尚英雄的意识自然形成。最后进入第四个板块，引导学生分析讨论如何崇尚英雄，鼓励学生要把崇尚英雄的意识转化为崇尚英雄的行动。

点评

阅读王老师的《传承红色基因，弘扬英雄精神》，感到教案充满正能量。这是一个呼唤英雄的时代，这是一个礼赞英雄的国家。“传承红色基因，弘扬英雄精神”，是小学班会课必选的一个话题。我和王老师有较多的微信交流，我对这节课也有了更多的认识。

1. 精心选择英雄。1921 年以来，中国共产党诞生以后，无数热血儿女为了人民的解放事业，为了国家的繁荣昌盛，为了中华民族的伟大复兴，前赴后继，勇往直前。有名的英雄、无名的英雄，不计其数。短短的班会课时间，在竞答题环节，选择哪八位最具代表性的英雄人物，对小学生来说最适合呢？王老师几经斟酌，反复推敲。最后选定李大钊、王二小、刘胡兰、邱少云、钱学森、雷锋、焦裕禄、钟南山八位英雄人物，这是不同时期英雄人物的代表。建党初期、抗日战争、解放战争、抗美援朝、航天之父、全民标兵、全党楷模、共和国英雄，每一个名字都熠熠生辉，每一个人的事迹都让我们感动。在讲故事环节，王老师又选择了共和国英雄、“杂交水稻之父”袁隆平和传奇英雄杨子荣，而自己所在的学校又是以英雄杨子荣的英名命名的学校。这会让学生感到无上光荣，无上自豪。

2. 联系实际引导。通过竞答英雄名字和讲述英雄故事，引导学生思考英雄的共同特点，那就是忠诚于党，忠诚于人民，忠诚于祖国。在这样的基础上，联系学生实际，进行讨论，怎样向英雄学习。这样课的脉络清楚，重点突出，会使学生激情昂扬，坚定志向，落实于每一个实际行动。

35 冬之韵

——学生不爱诵读古诗文怎么办

黑龙江省大兴安岭地区加格达奇区育才小学　陈丽

问题的提出

近年来，许多学校把古诗文的诵读列为学校的校本研读活动。低年级的学生常以诵读《弟子规》为主；中年级的学生常以诵读唐诗宋词为主；高年级的学生常以诵读经典古诗文为主。

一个周一的早自习，我像往常一样对学生进行古诗文诵读的检查。当我要求同学们背诵本周要求背诵的宋词时，几乎没有人主动举手。在我的鼓励下，全班 40 个学生只有 10 个人举起手来。我请举手的同学先背诵，结果有的能背下来，有的出现了卡顿，但在我的提示下也能背下来。接下来我请没有举手的同学背，他们基本上没能背下来。

下课后我和这些同学进行了交流。我问他们，为什么老师布置的诵读任务没有完成。

他们有的说，古诗文诵读太难了，很多诗句都不理解；有的说，虽然当时会背了，但一紧张又忘了；有的说，背的诗词平时用不上。

看着同学们迷茫的眼神，我思考，小学六年级的学生，也从课本里接触过一些唐诗宋词，但是对于唐诗宋词之美，理解不够，感悟不够，也影响了同学们诵读古诗文的积极性。如何更好地进行古诗文的诵读，应引导学生在诵读的过程中增强兴趣，陶冶情操，引导学生通过古诗文的诵读爱上国学，爱上语文。我决定在班级开展古诗文的诵读比赛活动，特别是结合时令特点，在班会课的时间开展“冬之韵”古诗词诵读微班会。

目标的思考

1. 通过活动，增强学生诵读古诗词的兴趣，增强对学习古诗词重要性的认识。

2. 通过活动，感受古诗词所表达的情感和韵味，得到美的熏陶。

3. 通过活动，引导学生进一步掌握诵读古诗词的好方法，提高学生诵读古诗词的能力，感受中华传统文化的魅力。

课前的准备

1. 学生搜集、背诵关于“冬”“雪”“梅”等具有冬季特征的古诗词。

2. 剪辑中国诗词大会有关“雪”字飞花令的视频。

3. 制作课件。

课时的安排

10 分钟（微班会）

实施的过程

一、图片导入

师：同学们，时值冬令，正是我们美丽的家乡大兴安岭最美的季节，让我们一起来欣赏美丽的雪景图吧！（出示大兴安岭冬天美景的图片）这么美的雪景，你觉得还缺点儿什么吗？

（预设：有的学生会说，如果配上优美的音乐，就更有意境啦；也有的学生会说，配上诗词，会更美。如学生回答不出，老师来说。）

师：配上音乐，我们可以感受如梦如幻的冬之韵。面对美丽的雪景，我们配上相应的诗词，那就更有一番韵味了。

二、看图配诗

师：现在我出示图画，请同学们想一想可以配上哪句最合适的诗句。（出示渔翁在雪天江上钓鱼的图片。）

（预设：学生回答，孤舟蓑笠翁，独钓寒江雪。）

师：非常棒！再看这幅图。（出示远处雪山近处泊船的图片。）

（预设：学生回答，窗含西岭千秋雪，门泊东吴万里船。）

师：很好！再看这幅图（出示一支寒梅的图片。）

（预设：学生回答，遥知不是雪，为有暗香来。）

师：同学们配得太好啦。诗句朗朗上口，或描绘雪景，或借景抒情，或直抒胸臆，正是“画中有诗，诗中有画”，相得益彰。

三、选择比较

师：从古至今，许多诗人留下了无数吟唱冬天景物的优美诗篇。他们推敲用词，讲究立意，值得我们好好品读，细细欣赏。下面，我们来做选择题，比较诗词中的情景，感悟诗词的魅力。

1. 找出下列诗句中没有描写雪景的诗句：（　　）

A. 大漠沙如雪，燕山月似钩。　B. 六出飞花入户时，坐看青竹变琼枝。

C. 不见杨柳春，徒见桂枝白。　D. 撒盐空中差可拟，未若柳絮因风起。

（预设：正确答案应是A。学生答对，予以表扬。学生答错，老师做必要的解释。）

2. 毛泽东主席不仅是伟大的政治家、思想家、军事家，还是一位伟大的诗人。他非常喜欢古诗词，喜欢用旧体诗词的形式抒情言志，特别对“雪”情有独钟，留下了许多脍炙人口的宏伟篇章。以下诗句中哪一句是用雪做比喻的诗句：（　　）

A. 梅花喜欢漫天雪，冻死苍蝇未足奇。

B. 风雨送春归，飞雪迎春到。

C. 洞庭波涌连天雪，长岛人歌动地诗。

D. 北国风光，千里冰封，万里雪飘。

（预设：正确答案应是C。学生答对，予以表扬。学生答错，老师做必要的解释。)

师：两道选择题，就让我们感受到诗词的魅力，语言的魅力，中华文化的博大精深。我们需要好好学习。

四、飞花令对抗

师：从古至今，无数精美的诗词让人们高声吟诵，世代相传。在吟诵活动中，飞花令成为诗词学习趣味化的有效形式。谈起冬天，许多文人墨客都喜欢咏雪。雪这一冬天的精灵在诗人的笔下活力四射，而雪字还有更多的义项。现在我们全班分成两个大组，以飞花令的形式轮流说出含有“雪”字的诗句，多者获胜。现在比赛开始！

(预设：全班同学兴致勃勃地参加。你来我往，互不相让。但考虑时间、记忆等多种原因，对抗不要超过10个来回，可以双双获胜。)

五、观看视频

师：同学们在刚才的对抗中展示了自己诗词的积累。那么，中央电视台诗词大会有关“雪”字飞花令的对抗有怎样的精彩呢？下面我们就来观看一段视频。视频播放结束后，我们来交流感受。

(观看视频：中央电视台诗词大会第四季“雪”字飞花令的对决。视频简介：两位选手你来我往，互不相让，诗句从他们的口中吟出，从他们的心底流淌。)

六、交流分享

师：同学们，这段对决非常精彩，现在请同学们来交流一下观后的感受，你从视频中看到了什么，学到了什么？

(预设：学生回答，很精彩，选手对答如流、知识渊博、饱含深情等。)

师：同学们说得非常好！精彩的对决，让我们强烈地感受到选手们对诗词的热爱，对诗词的深情。这种深深的爱也将激励我们认真学好古诗词。

七、热情寄语

师：同学们，今天的活动时间不长，但相信大家收获不少。通过对古诗词的背诵和学习，对我们祖国的传统文化有了进一步的感悟和理解。老师希望同学们能坚持把诗词诵读活动开展下去，通过诵读，通过积淀，感受诗词的韵味，感受中华传统文化的无穷魅力！

思考与建议

这节微班会课最重要的意义就是通过给冬之韵的画配诗的活动来引导学生学会怎样诵读古诗文，并且培养学生热爱古诗文的兴趣，养成诵读古诗文的好习惯，感受中华传统文化的魅力。

这节班会课后，我仔细观察了学生的诵读情况，发现学生诵读的整体状态都有所改变，特别是那些平时对诵读不太感兴趣的学生，他们通过这节班会课的引领，也能够积极主动地进行诵读，而且诵读的效果非常好。从一开始的反感、不接受、觉得有负担，到现在慢慢地产生了兴趣。

我们班的谢东轩同学平时不爱学语文，更别说背诵古诗文了。以前他从来不背，自从上完了这节微班会课以后，每次检查背诵古诗文时，他都积极主动举手，认真背诵。他说："我觉得古诗文真的非常有意思，简短的几句话就能表达出作者很多的想法和情感。我发现每一句诗，甚至每一个字都有它的含义，值得细细品味。"

我们班的于烨彤同学说："老师，从小爸爸妈妈就教我读古诗，但我不是很理解。通过这段时间的诵读活动，我感觉诵读唐诗宋词太有意思啦。我不但学会了诵读古诗，还了解了古诗背后的小故事，体会到了诗人表达的情感。我要向他们学习，传承优秀的文化。"

通过在班会课上学生们的表现和课后的反馈，我觉得在诵读古诗文这方面，我们教师不能只让学生死记硬背，应该把研究的重点放在如何让学生产生诵读兴趣，教给学生诵读的方法，让学生体会到诗情画意的美，引导学生养成诵读的好习惯，不断提高他们诵读古诗文的能力；要开展形式多样、丰富多彩的诵读活动，让他们感受中华传统文化的无穷魅力。

点评

很多老师都知道我的团队在初中有一节颇受学生欢迎的微班会“走进春天”班级诗词比赛。我在许多地方借班上过或介绍过这节微班会，这节课得到了许多老师的好评。现在黑龙江省大兴安岭地区加格达奇区育才小学陈丽老师结合北方地域特点，设计了相似的一节课。仔细读来，感到这节课有两个特点，特别值得学习：

1. 寓教于乐，立意高远。这节课寓教育于活动之中。陈老师采取了诗词比赛的形式，看图配诗、选择比较、飞花令对抗，注重学生参与，调动了学生学习的积极性，增强了学生对诗词的热爱。然而，不仅是课上的活动精彩，课前的准备也很充分，课后的拓展延伸也很认真。课前学习诗词，是在潜移默化中感受中华文化的博大精深，而课后的拓展延伸，“开展形式多样、丰富多彩的诵读活动”，让我们感受到不是在“作秀”，而是扎扎实实地推进。这样的努力，源于“让他们感受中华传统文化的无穷魅力”。这就揭示了课的意义，展示了班主任的责任担当。

2. 精心设计，短小精悍。这节课采取的是微班会的方法。“不短不是微班会”，但“短”不等于简单，不等于粗糙。陈老师精心设计，每个环节都认真思考、仔细斟酌。首先是“图片导入”，来自家乡的美景，亲切自然，贴近生活。而“这么美的雪景，你觉得还缺点儿什么吗”的询问，调动了学生参与的积极性。接着是“看图配诗”，题干指向明确，要求“配上最合适的诗句”。三幅画，用时不长，但各有侧重，起着“举一反三”的作用。随后是“选择比较”，采取选择题，简练快速。然后是“飞花令对抗”，这是学生非常喜欢的活动。在活动中，我注意到在预设中有说明“考虑时间、记忆等多种原因，对抗不要超过 10 个来回，可以双双获胜”，这是机智的处理。因为次数过多，必然拖沓，因为次数过多，也会造成记忆的不清，而有了“恰到火候”的体验，就可以进入下一环节：观看视频。观看视频环节，陈老师又做了精心的设计。首先将视频做了必要的剪辑，使内容精炼流畅，其次关注学生的最近发展区，开展了交流分享：“你从视频中看到了什么，学到了什么?”通过比较，通过交流分享，让学生感受到了“选手们对诗词的热爱，对诗词的深情”“这种深深的爱也将激励我们认真学好古诗词”。最后的结束语则言简意赅、意蕴深长。

本节课精心设计，既形式多样，又不蔓不枝，做到了短小精悍。

36 花开有时令，相处亦有道

——学生有朦胧的早恋现象怎么办

上海市嘉定区苏民学校　周玥

问题的提出

随着社会的发展与进步，人们的物质生活条件越来越好，不少孩子出现了生长发育提前的现象，已经进入了青春前期。同时在互联网和大众传媒日益发达的当下，流行文化也已渗透到学生中，“恋爱”“爱情”的话题在小学生群体中并不罕见。有些孩子出现了朦胧的早恋现象。他们悄悄地传纸条，偷偷地“约会”。虽然出现早恋倾向的孩子在小学还不多，但一则影响自己的学习，二则影响班级的风气。其他同学会悄然模仿。

因此学校教育必须及早介入，班主任要引导学生认识到花开有时令，相处亦有道。男女生需要互相学习，取长补短，友好相处，但不要将友情当爱情，要将精力投入积极向上的学习生活中。

目标的思考

1. 通过活动，引导学生正确认识青春期的心理、生理变化，认识花开有时令，相处亦有道。

2. 通过活动，引导学生正确看待自己对异性的情愫，珍惜与同学友好相处的美好情感。

3. 通过活动，引导学生与异性同学友好相处，建立健康、积极的同伴关系。

课前的准备

1. 搜集、整理案例。
2. 准备板贴。
3. 剪辑视频《纸条传情》。
4. 与家长一起准备短视频：《家长寄语》。

课时的安排

35分钟（大班会）

实施的过程

一、谈话导入，揭示课题

师：（出示学生一年级入学到六年级的照片）同学们，不知不觉我们已经由懵懂无知的小孩子成长为少年了。就像美丽的花儿到了它们开花的时令了，你们的青春之花也将悄悄开放。（板书：花开有时令）

青春期是一个非常重要的时期，在这个阶段，我们的身体和心理会经历比较大的变化。你们慢慢开始对异性怀有好奇与好感。今天老师想和你们一起探讨一下在青春之花悄然开放的时候我们应该通过怎样的方式和异性同学相处。（板书：相处亦有道）

二、悄悄变化的男女生关系

师：李白的《长干行》中有两句特别有名的诗："郎骑竹马来，绕床弄青梅。同居长干里，两小无嫌猜。""青梅竹马""两小无猜"这两个词语就出自这两句诗。你们知道这两个成语的意思吗？

（预设：学生回答，一个小男孩和一个小女孩从小一起玩耍，没有一点猜疑。）

师："青梅""竹马"，很多同学不太理解。这不奇怪，因为我们的生活方式有了很大的变化。"青梅"指的是青的梅子，"竹马"指的是小孩子拿着一根竹竿当马骑。李白诗句中的这个小男孩骑着竹马到小女孩家玩耍，两个小儿女绕着井栏互扔青梅作乐。现在人们常用"青梅竹马"这个词形容男生女生童年时亲密无间。相信你们小时候也有青梅竹马、两小无猜的小伙伴吧？现在，你们还会经常和儿时的异性小伙伴一起玩耍吗？

（预设：学生回答，不太会。）

师：这既是因为男女生长大后，兴趣爱好会有诸多不同，更因为我们长大了，再在一起玩，往往就会有点不自在了。我们还会发现男女生在相处中的一些变化。（出示图片：对异性有好感，关于异性的话题多了）这些新变化说明你们已经或即将迈入青春期。

三、探寻男女生相处之道

1. 不断学习，完善自己

师：现在的我们应该如何与异性同伴相处呢？让我们看看这些事例，思考思考吧。（出示课件）

小晴是一个品学兼优的小姑娘，深受老师和同学们的喜爱。但是最近她的表现有点反常，总是闷闷不乐的，而且还在教室展板上她自己的照片上戳了很多洞，特别是脸，根本就看不清原貌了。班主任和她谈心后才知道，原来小晴喜欢上班里一个男孩，她觉得自己长得不好看，配不上那个男生，因此心中对自己很嫌弃。

师：小晴的烦恼是什么？

（预设：学生回答，她喜欢上同班的一个男生，觉得自己长得不好看，担心那个男生不会喜欢自己。）

师：你们正处于生长发育的时候，有的同学会变得高大强壮，有的同学则身体发育慢些。这一期间，有的同学脸上还会长出青春痘。这样会让我们对自己的外貌产生焦虑。小晴对外貌的焦虑还多了一层原因，如果你是小晴的好朋友，你会怎么劝说她？

（预设：有的学生会说，人美在心灵；有的学生会说，现在还小，不要自寻烦恼；有的学生会说，每个人有自己独特的美。）

师：同学们说得很好，在和他人相处的过程中我们首先要记住：不断学习，完善自我。我们正在人生重要的打基础的阶段，我们需要不断学习，来完善自己，使自己能赢得更多人的好评。

2. 互相学习，真诚沟通

师：我们再来看一个事例。（出示课件）

临近期末，丁丁请同班好友陈陈帮他在《成长手册》"同伴的话"处写赠言。谁知陈陈写的居然是：祝你早日和婷婷结婚。

婷婷是邻班的一位女生，和丁丁在同一个辅导班上课，她成绩非常好，什么问题都难不倒她，而且待人温和，长得也很好看。丁丁很喜欢跟她一起写作业，一起玩。丁丁把自己对婷婷的好感告诉了好朋友陈陈。没想到陈陈居然在《成长手册》上写那样的话，还让全班同学都知道了。

同学们现在总爱打趣丁丁："你什么时候和婷婷结婚呀？"甚至还有同学跑到婷婷班跟婷婷说，丁丁想要和她结婚。现在婷婷都不理丁丁了……

师：丁丁的烦心事儿是谁引起的？

（预设：学生回答，是陈陈引起的，他不应该随便开玩笑。）

师：丁丁对婷婷有好感，主要是因为什么？

（预设：学生回答，婷婷成绩很好，婷婷人也好。）

师：如果你是陈陈，知道丁丁的心思后，你会给丁丁什么样的建议或者祝福？

（预设：有的学生回答，希望你多向婷婷学习，成为和她一样优秀的人；有的学生回答，让自己更优秀；有的学生回答，以学习为重，不要分心。）

师：丁丁应该继续和婷婷做朋友吗？

（预设：有的学生认为他们应该继续做朋友，因为丁丁可以向婷婷学习，他们可以共同进步；有的学生认为他们不应该继续做朋友，因为其他人会说闲话，可能会影响他们的学习和生活。）

师：能不能继续做朋友，取决于丁丁和婷婷各自的想法。如果丁丁想重建和婷婷的友谊，他应该怎么做呢？

（预设：有的学生说，丁丁可以和婷婷真诚沟通，告诉她自己的想法，并表示自己想要向她学习，希望能继续和她做朋友。有的学生说，丁丁也可以和陈陈真诚沟通，让陈陈知道自己的做法不对，并通过陈陈帮忙化解丁丁和婷婷的误会。有的学生还可能会提出丁丁可以寻求老师的帮助，让老师帮忙澄清误会，消除同学间的流言。）

师：爱美之心人皆有之，对优秀的异性同学有好感，实在是人之常情。通过刚刚的讨论我们知道丁丁要想保持和婷婷的友谊就要多向婷婷学习，变得和她一样优秀。还要和婷婷真诚沟通，避免日后相处中的尴尬。（板书：互相学习，真诚沟通）这也是男女生相处的重要方法。

3. 因时循序，学习为重

师：老师还想请大家观看一个视频：《纸条传情》（播放视频。视频内容概述：一名六年级的男生给同班一位女同学递纸条，两人在纸条上写了一些很亲密的话，甚至有很直白的话。）

师：老师想问，这两个学生的行为是否恰当？为什么？

（预设：有的学生说，这两个学生的行为不恰当，因为他们还是小孩子，谈情说爱对他们来说太早了。有的学生说，他们还是学生，应该以学习为重，把时间和精力过多地放在对方身上一定会影响学习的。）

师：你们有什么建议送给他们呢？

（预设：有的学生说，应该把心思放在学习上。）

师：同学们，你们的青春之花正悄悄绽放，爱情之花也正慢慢萌发，但它远远还没有开放，还不到它最美丽的时候。我们应该耐心等待，在未来那个恰当的时间摘下它，到那时爱情之花的芬芳才是最沁人的。我们要因时循序，顺应时令，在恰当的时候做恰当的事情。当下对我们来说最重要的事情就是——学习。（板书：因时循序，学习为重。）

4. 善于欣赏，不断进取

师：关于青春期男女生的相处之道，家长们又有什么想跟你们说的呢？现在请听小琪妈妈的话。（播放家长寄语）

小琪妈妈：同学们，你们好！我是小琪的妈妈。今天阿姨想要和你们分享与异性同学建立友谊的看法。你们是大孩子了，可能会渐渐对身边优秀的异性同学产生好感，不用觉得难为情，这恰恰说明你们长大了，懂得欣赏他人了。人人都喜欢优秀的人，这也是人之常情。如果你能把这份欣赏化为自己进步的动力，不断向你欣赏的同学学习，相信你也会像他一样优秀。至于要不要把这份爱慕之心说出来？阿姨的建议是，藏在心底。因为你还年轻，缺少处理这类事情的经验，不要公之于众，以免增添意外的烦恼。

如果你是被爱慕的对象，说明你是一个非常优秀、非常讨人喜欢的孩子。希望你能珍惜别人对你的欣赏，并且不断学习，不断进步，争取变得更优秀。

同学们，希望你们都有一颗善于欣赏、不断进取的心，以积极健康的心态和异性同学建立友谊。

（预设：同学们用心听。）

师：小琪妈妈又教给我们一条很重要的男女生相处之道：善于欣赏，不断进取。（板书：善于欣赏，不断进取）我们要欣赏有闪光点的异性同伴，以他们为榜样，鞭策自己不断进步。

四、静待花开，许愿未来

师：亲爱的男生女生们，祝愿你们在人生的春天，孕育自己的花苞，将来在属于自己的花期开出最美丽的花朵，像这些伉俪一样——（出示课件）

居里夫人和居里先生：1894年相识相爱，一起从事科学研究，发现了放射性元素钋和镭。1903年夫妻二人一起获得了诺贝尔物理学奖。

周总理和邓颖超：1925年结婚，从此成为终身革命伴侣，为建设中华人民共和国奋斗终生。

钱锺书和杨绛：二人均从事文学创作与研究，著作颇丰。携手度过了63年的风风雨雨。

花开有时令，相处亦有道。让我们不断学习，健康成长！

思考与建议

小学高年级学生有朦胧的早恋现象是学生即将步入青春期的正常现象。此时会有不少学生对异性产生好奇与好感，对两性话题变得非常敏感。他们很想了解异性，但又不好意思公开谈论，这种似懂非懂的状态不利于学生发展积极的同伴关系，也不利于他们健康成长。因此开展这样一节有针对性的班会课尤为重要。引导学生认识自己目前的生理心理变化都是正常的，是自己成长的证明，但目前还未成人，还处在学习知识、夯实基础的重要时期，“花开有时令”；同时通过案例讨论、聆听家长寄语等活动习得男女生相处的正确方法，“相处亦有道”。

本教案侧重通过解读案例的方式引导学生思考男女生的相处之道，但班情不一样，建议老师们结合本班班情灵活选用案例。

点评

阅读周老师的教案，可以感受到周老师循循善诱的语态，娓娓道来又不失明确的期待。仔细阅读，三点收获：

1. 诗句导引，走进心灵。和孩子们做交流，姿势、语态很重要。周老师尊重孩子们，由李白的诗谈起，“李白的《长干行》中有两句特别有名的诗：‘郎骑竹马来，绕床弄青梅。同居长干里，两小无嫌猜。’‘青梅竹马’‘两小无猜’这两个词语就出自这两句诗。你们知道这两个成语的意思吗?”这样导入话题亲切、自然，一下子拉近距离，走进内心。

2. 共同探讨，细致分析。本课的重点是探寻男女生相处之道。周老师设计了四个环节，与孩子们一起探讨。“不断学习，完善自己”强调立己之法；“互相学习，真诚沟通”侧重交友之道；“因时循序，学习为重”就具体事给出建议；“善于欣赏，不断进取”请家长做出指导。四个环节，生生互动、师生互动，聚焦了重点话题。

3. 热情寄语，祝福人生。课的最后，周老师强调“在人生的春天，孕育自己的花苞，将来在属于自己的花期开出最美丽的花朵，像这些伉俪一样”“花开有时令，相处亦有道。让我们不断学习，健康成长!”这样富有诗意的话语既扣题、点题，又表达了美好的祝福，余韵悠长。

37 想说爱你不容易

——学生过多地使用手机怎么办

湖南省岳阳市岳阳楼区东方红小学　罗智丽

问题的提出

刚接手我班的时候，有一个孩子（化名诚）的脸色引起了我的注意，他黑眼圈很深，一副睡眠不足的样子。我问他原因，他告诉我，完成了学校作业以外的额外任务，完成得较晚，没有睡好。我叮嘱他健康的身体才是学习的根本，要早些休息。

又有一段时间，班级课间里暗传一种游戏，游戏的规则有触及死亡等敏感字眼。我赶紧上网搜查，这个游戏源自日本小说，带有一种负能量气息。我问其中的孩子，为什么会玩这种游戏？他告诉我五年级时诚同学就在班级里介绍过这个游戏，大家都觉得新鲜好玩。

原来如此，我立刻找来诚同学，直截了当地告诉他，你的黑眼圈，其实是因为玩手机游戏造成的。他先是愕然地看着我，接着泪水涌出，说自己玩手机时无意中接触到这个游戏，谁知竟迷恋上这个游戏，为此，成绩下降。父母发现后，他拿不到手机，就以“做不好作业”“闹情绪”“发脾气”和父母争吵。他自己也很后悔，但总控制不住自己。五年级暑假的时候，父母为了帮助他，两个月不让他玩手机，有时间就带他户外运动，终于让他摆脱了手机游戏，只是眼圈留下了很深的印记。

现在他看到班级里有同学因为他带来的游戏而着迷，也感到内疚，不愿意再有同学深陷其中。他痛心地说，手机中有很多不良的信息、无聊的游戏，我们年纪尚小，不容易克制自己，建议还是尽量不要玩手机。

我也陷入思考：当手机越来越普遍，功能越来越多时，社会上到处可见低头玩手机的人，这无形中给孩子一种不良的参考。如何让学生正确看待手机，引导学生知道手机给我们生活带来了便利的同时，也有不少弊端，长时间的使用更是危害身体健康，影响正常的学习生活。近年来，教育部明确要求手机不得进校园。我校坚决执行有关规定，同学们也做得很好。但回家以后，特别是双休日，有些同学就控制不住自己，过多地使用手机。六年级的学生自控力不够，在日益信息化发展的大背景下，学会使用手机，养成良好的习惯，真的很重要。于是我决定在班级开展如何合理使用手机的班会课。

目标的思考

1. 通过视频和案例，引导学生正确看待手机的利与弊，认识过多使用手机的弊端。

2. 通过实验研究报告，让学生知道过多使用手机给身体带来的危害，影响正常的学习生活。

3. 通过活动，使学生知道合理使用手机，养成健康的生活习惯和良好的学习习惯。

课前的准备

1. 将诚同学的案例写成故事。

2. 制作学生使用手机相关问题的问卷调查和分析图。

3. 在家长微信群里与家长沟通，要求家长加强管理，指导孩子正确使用手机。

4. 设计家庭手机使用监督卡。

5. 制作课件。

课时的安排

20 分钟（中班会）

实施的过程

一、视频导入

师：同学们，手机这一最具时代特色的通信工具，从20世纪90年代后期开始进入寻常百姓人家。一时间，手机成了社会上一道“亮丽的风景线”。有一个获得奥斯卡奖的动画短片灵感就来自看手机的社会现象，我们一起来看看。

（播放谢承霖《低头人生》。视频简介：短片中，人人都拿着一部手机，低头沉浸于手机中的世界。上班族沉浸于手机中，将小猫碾死，医生沉浸于手机中，对病人随意医治，路人拿起手机与“惨状”合影。）

师：看了这个短片，你有什么感想？

（预设：有的学生会说，有些人每时每刻都低着头，成了手机的奴隶，手机就像他们的命根子，一秒钟都不能离开。有的学生会说，同在一片蓝天下，有些人被手机所困，真让人着急。）

师：作者用极度夸张的手法来描绘社会上许多人对于手机的过度依赖。我们今天讨论的话题就是——该如何使用手机。

二、讲述诚同学的故事

师：近年来，教育部明确要求手机不得进校园。我校坚决执行有关规定，同学们也做得很好。但回家以后，特别是双休日，有些同学就控制不住自己，过多地使用手机。最近有一位同学向我倾诉了他的烦恼。（出示课件）

老师，五年级时，我像往常一样在妈妈的手机网站里浏览。无意中被一种游戏迷住了，里面的剧情刺激而惊险，有时候我会玩半个小时，有时候一个小时都舍不得松开。手机放下时，我还沉浸在游戏中。即使身在课堂，心也飞到游戏中去了。最糟糕的是，我开始和父母、身边的伙伴争吵，脾气也变得暴躁，我的学习成绩一落再落。老师，我其实也很痛苦，可总也控制不住自己。父母很着急，暑假时，坚决不让我玩手机，终于让我摆脱了手机游戏的困扰。

现在有的同学迷上手机游戏，我不希望再有同学深陷其中。手机中有很多不良的信息、无聊的游戏，我们年纪尚小，不容易克制自己，希望大家不要玩手机。

师：老师想和大家交流的是，发生在这位同学身上的故事不是个案，手机的好处大家都很清楚，但过多地使用手机，又给我们的生活带来了哪些弊端呢？

（预设：有的学生会说，沉迷于手机中的游戏，会影响身心健康，造成学业的下降；还有的学生会说青少年没有能力购买手机，会增加家长的经济负担。）

三、介绍研究报告

师：手机是信息时代的产物，是人们获得信息、新闻、资讯、交友、阅读、沟通的重要工具。但过多地使用或者沉迷手机已经给我们造成了危害。请看有关报告。（出示课件）

美国圣地亚哥州立大学2016年的一项研究，追踪了全美40337个年龄在2～17岁的孩子。结果发现，孩子在每天使用手机等电子产品1小时后，每天看屏幕的时间越长，将会导致心理健康程度越低、好奇心减少、自我控制能力降低、注意力分散、朋友交往更加困难、情绪稳定性下降、难以照顾、无法完成任务，并且罹患焦虑症或抑郁症的概率更大。

英国的实验报告指出，老鼠被手机辐射5分钟，就会产生DNA病变；人类长时间受到手机微波辐射，也会产生DNA病变。青少年的耳朵和颅骨比成年人更小、更薄，因此使用手机时，大脑中吸收的辐射比成年人要高出50%。手机辐射会对脑部神经造成损害，引起头痛、记忆力减退和睡眠失调。手机游戏也可使孩子耳聋。

师：读了两份实验研究报告，你想说些什么？

（预设：同学们会出现惊讶的表情，有的学生会说原来手机的危害那么大，已经在不知不觉中侵害我们的身体和心理。也有的学生说手机可真像“彩色鸦片”啊。）

师：不少国家已将“手机禁令”推广至中小学校，英国政府明令禁止18岁以下未成年人使用手机；在法国的大部分幼儿园、中小学校园内，随处可见“禁用手机”的醒目图标。2018年4月20日，我国教育部办公厅也发布了《关于做好预防中小学生沉迷网络教育引导工作的紧急通知》。

四、分析课前调查

师：像诚同学一样过多使用手机的学生还有不少呢，我们一起看看老师在课前做的调查。（出示课件）

根据调查问卷统计：90%的学生使用手机，30%的学生使用手机每天在1个小时，与家长联系占20%，发信息聊天占50%，玩游戏占25%，刷抖音、小红书占80%，查找资料占40%，每月电话费50元左右占50%。

师：同学们，看到这样的调查，你又想说些什么？

（预设：有的学生会说手机不能帮助我们养成良好的学习习惯，玩游戏、刷抖音、聊天等行为反而耗费了大量应该属于学习的时间；有的学生会说有些信息、游戏并不适合我们，还有可能危害我们的身心；也有的学生说作为小学生，使用手机还增加了家庭的经济负担，很不应该。）

五、合理使用大家谈

师：同学们，通过今天的交流学习，你觉得现阶段应该怎样使用手机？

（预设：有的学生会说，我们现在要以学习为主，不要过度使用手机，查查资料，要限制好自己的时间；有的学生说，一定要学会自律；还有的学生说可以和父母一起商量、讨论和拟定一份“家庭手机使用约定”，一起养成良好的家庭生活学习方式。）

师：是啊，和爸爸妈妈制订一个家庭手机使用公约，我认为很有必要。使用手机问题比较多的同学，我们还可以做得细一点，比如可以制订手机使用监督卡，让家长监督我们。老师给大家推荐一份家庭手机使用监督卡，需要的同学带回家和爸爸妈妈一起完成，好吗？

____________家手机使用监督卡

姓名：________监督人：________

使用手机的不健康习惯：____________________

改进的方法和措施：____________________

定期的检查：

1. ____________________ 2. ____________________

六、总结全课，告诫全班

师：诚同学在自己的决心下，在父母的帮助下，最终远离了手机游戏。那一段经历让他深深地明白了一定要正确使用手机，做手机的主人，做专心学习、严于律己的人。六年级是毕业年级，是我们养成良好习惯、学会自主学习的重要阶段。希望每位同学学会正确使用手机，做手机的主人！

思考与建议

本课借用《低头人生》这部动画小短片，引发学生对手机影响人类生活的感慨，紧接着用自己身边的案例进行分析和教育，真实的实验研究让大家认识到手机对学生身心的危害。有人说，在现代家庭里，主角有三个：家长、孩子还有手机。有些孩子过度使用手机，源头还在父母那里。许多家长现在回到家，在孩子面前不停地玩手机，无形之中给孩子树立了不好的榜样。还有一些家长将手机给孩子自由使用，时间久了，父母才意识到手机的危害。因此，通过家长微信群和班会课向家长、学生推荐制订家庭手机使用公约和监督卡。通过公约和监督卡，推动家庭一起营造和谐的成长氛围。

课后，有同学写下“我一定要约束好自己，不成为手机的奴隶”，也有家长向我反馈，孩子主动将手机上交给了她。更有家长说，和孩子制订公约后，放下手机，陪伴孩子时间更多了，阅读、进行体育锻炼成了家庭里最美好的时光。

班会课后，还要定期调查学生使用手机的情况，分享父母管理孩子使用手机的宝典给家长，时时更新家长的教育理念，鼓励健康的家庭生活方式。

点 评

班会课，一定要解决问题。本课要解决的是一个难题：如何使用手机的问题。近年来，如何用好手机已成为许多学校必须正视的问题。所幸，教育部出台了有关文件，规定手机不能带进教室，但回家后，特别是双休日如何使用手机，仍成为班主任必须面对的问题。罗老师的这节课有三个特点：

1. 用好本班案例。罗老师班上正好有一个学生曾因迷上手机游戏严重影响学习，所幸在家长的坚决矫正下，得以重回正常的学习生活。这样的案例来自身边，用来例证曾经的危害，效果是明显的。有些老师班上可能缺乏典型案例，这一案例也可以借用。

2. 介绍研究报告。为什么不能过度使用手机，罗老师除列举生活中的实例外，还注意引用研究报告。用科学的道理来说明不能过度使用手机的重要性。再介绍许多国家的“手机禁令”，增强了说服力。

3. 加强家校协同。要解决学生过多地使用手机的问题，还必须家校协同。罗老师设计了家庭手机使用监督卡，让学生和家长一起完成。家长在使用手机方面为学生做榜样，定期调查学生使用手机的情况，及时分享家长管理孩子使用手机的宝典，注意更新家长的教育理念，鼓励健康的家庭生活方式，罗老师家校协同教育的组合拳还是不错的。

38 冠军与冠军精神

——在集体比赛中学生不积极参与怎么办

湖南省岳阳市岳阳楼区东方红小学　钟珊

问题的提出

学校举行篮球比赛，我班夺得了冠军，但我却对学生说，老师心目中真正的冠军不是自己班，而是隔壁班。因为他们班在比赛中，每个同学都参与其中：运动员在场上拼搏；啦啦队员在场边助威；其他同学在场外观看、喝彩。而我们班在整个赛程中只有运动员和啦啦队员在参与，其他同学有的在聊天，有的在逗打，有的在东游西逛，关注赛事不多。所以我认为：在冠军精神层面上，我们班输了。

下课后我做了一个调查，发现那些孩子不积极参与赛事的主要原因是：有的同学觉得篮球比赛跟自己没关系，他们无事可做。眼看着学校组织的“百年风华·红娃唱红歌”比赛即将拉开序幕，不少学生认为我班有些同学有天赋，训练过，唱得好，让他们参加就可以了，而类似的情况并不少见。六年级学生要毕业了，怎样让他们具有团队意识，怎样增强争先精神，怎样让班上每个孩子都能心往一处想，劲往一处使呢？为此，我特意设计了一节班会课：冠军与冠军精神，准备和孩子们一起解决这个问题。

目标的思考

1. 通过活动，切实增强学生班级主人翁的意识。
2. 通过活动，培养学生的集体荣誉感，增强班级凝聚力。
3. 通过活动，鼓励学生积极参加学校的各项活动，为集体争光。

课前的准备

1. 学生准备好自己喜欢的红歌。
2. 选定一个能力强的“总导演”，事先沟通好。
3. 准备相关视频。
4. 制作课件。

课时的安排

20分钟（中班会）

实施的过程

一、紧扣话题，理解交流

师：同学们，你们知道什么是冠军吗？

（预设：学生回答，在比赛中获得第一名的就是冠军！）

师：那什么是冠军精神呢？

（预设：学生回答，冠军精神应该是运动员夺冠时的拼搏精神。）

师：在比赛中，冠军精神还包括哪些精神呢？

（预设：学生回答，有合作精神；有集体精神；有永不言败精神；有坚持不懈的精神；等等。）

师：你们说得都很有道理。要想夺得冠军，得具备团结合作、奋力拼搏、永不言败的冠军精神。

二、小组合作，自主选歌

师：学校下周要举行“百年风华·红娃唱红歌”比赛，规定每班唱一首歌曲，我们班唱什么歌呢？大家先以小组为单位，每组选一首歌曲吧。

（小组合作：同学们在组内说出自己喜欢的歌曲，经小组讨论，选出大家认为最适合的一首歌。师巡视，收齐每组选的歌。）

师：全班八组共选出了六首歌，其中有几个小组选的歌一样，下面我把六首歌名写在黑板上，全班同学举手投票，票数最多的就定为我班的参赛歌曲。班长统计数据后向全班宣布。

（全班同学举手投票，班长进行统计后，向全班宣布。）

三、全员参与，分工合作

师：同学们，现在我们班选出了大家推选数最多的一首歌。老师想问，这次比赛想不想拿第一名？

（预设：学生回答，想！）

师：那什么样的节目才能拿第一呢？

（预设：有的学生说，节目设计巧妙，服装道具都很精美；有的学生说，歌曲有伴舞，合唱有气势，队形有变化；有的学生说，PPT 内容丰富，制作超炫；等等。）

师：呵呵，到底是六年级的大哥哥大姐姐，表演很有经验了。是的，那就请我们班的节目总导演卢睿麒来分配任务，安排人员吧。

（卢导演上，他也是经验丰富的“导演”了，课前已和他沟通。）

卢导演：根据大家刚才提供的好建议，我先选几个组长出来，再由组长选人，分配具体任务，要求人人参与，一个都不能少！歌曲组组长：陆雨萌；伴舞组组长：陈妍妤；服装组组长：潘燕；道具组组长；赵沁翔；音乐、PPT 制作组组长：王子牛和刘迪亚。组长们下课后到我那里开个会，我会提出具体要求的。欢迎大家踊跃报名！

师：我们采取的是组长“点将”与自愿报名相结合的方式，每个同学都将有为班级出力的机会。如果人员有重复或者人数不够，老师会和组长们共同协调好的。

大家对卢导演的安排还有补充的吗？

（预设：有的学生会说，表演时要请家长帮我们化妆；有的学生说，女生头发要统一式样，显得整齐；有的学生说，还要邀请家长拍照、摄像留作纪念；等等。）

师：大家考虑得很周全，给大家点赞！是的，像化妆、服装和道具等相关事务，我会联系家委会，取得家长们的支持的。

四、再做动员，鼓舞士气

师：同学们，刚才卢导演要求我们同学人人参与，一个都不能少，这是为什么呢？

（预设：有的学生回答，只有我们全班团结一心，认真排练，我们才能获得冠军；有的学生回答，这是集体活动，考验的是我们的团队精神；有的学生回答，我们是在为我们班这个集体而战！）

师：是的，孩子们，你们说得都对：冠军虽然只有一个，但冠军精神却属于我们每一个人！

五、回忆球赛，加强反思

师：同学们，还记得上次的篮球比赛吗？（出示篮球比赛中啦啦队的画面）那时你在干什么？你想对那时候的自己说些什么呢？

（预设：有的学生会说，我有时在看比赛，有时在聊天，现在我觉得有点惭愧；有的学生会说，那时我和同学逗逗打打，现在觉得自己很不应该；有的学生会说，我那时就在篮球馆里闲逛，我觉得那时的自己没有一点集体荣誉感，很不好意思，以后不会这样了；等等。）

师：刚才大家都说出了自己的真心话，老师很欣慰，当你意识到错了，其实你就开始对了！

六、观看视频，学习榜样

师：同学们，中国女排姑娘凭着顽强拼搏、永不言败的精神夺得2019年世界杯冠军，为国争光，鼓舞了无数中国人，下面就请大家看看她们在比赛时的情景吧。（播放视频。视频简介：2017年世界女排大奖赛总决赛的半决赛，中国对阵意大利，在比分落后的关键时刻，朱婷救球摔倒，手腕受伤，队员们担心不已，全都围上去关切询问。她个人想坚持打比赛，但队员们都希望她能下去稍微缓一下。就在这时，场上观众席传来了振奋人心的呐喊助威声：中国队，加油！中国队，加油！虽然那场比赛输了，但球迷们却从比赛中感受到了女排姑娘身上的女排精神——团结战斗，在困境面前也不低头。）

师：看完视频后，大家有什么感想呢？

（预设：有的学生会说，当我看到朱婷手受伤了，表情很痛苦，但她依然坚持打比赛，我很感动；有的学生会说，当我看到朱婷受了伤后，队员们全都围了上去关心她，我想：朱婷当时心里应该是暖暖的；有的学生会说，女排姑娘们输了一场球之后，没有互相埋怨，没有垂头丧气，而是抱在一起互相鼓励，可见她们很齐心；有的学生会说，朱婷受伤后，观众席上响起了震耳欲聋的声音：中国队，加油！加油，中国队！感觉这声音很有力量！）

师：看来，中国女排对大家的影响很深啊！就让我们以她们为榜样，努力向她们学习吧。

七、活动总结，殷切寄语

师：这节班会课，通过大家的齐心协力，我们确定了红歌比赛的曲目，也明确了各自的责任，希望大家在以后的日子里，团结一致，同心同德，把冠军精神发扬光大！

思考与建议

通过这节班会课，我班孩子明白了：什么是冠军精神？冠军精神就是全班同学心往一处想，劲往一处使，团结拼搏，奋力争先。

我们班的红歌排练正在进行中，让我开心的是：整个排练过程井然有序，同学们各就各位，各尽其职，排练效果超出了我的预想。王成涛平时是个内向、腼腆的男孩，十二岁的他正处于变声期，一副“公鸭嗓”在合唱中也尤为突出。他自己意识到了，对我提出请求：“老师，演唱时我能不能用很小的声音唱，这样就不会影响全班了。”李睿在家摔伤了脚，最近每天拄着拐杖上学。我批准他不用参加排练，他却说：“老师，我就坐在旁边看吧，一边记歌词，一边还可以记忆动作和队形。”

班会课后同学们的表现让我觉得：培养学生的冠军精神，我们不能只口头说教，而是要通过一系列的活动让学生亲身去体验、感悟，从而让他们从内心深处明白团结协作的重要性。

点评

伴随着教育改革的不断深入，对德育工作也提出了越来越高的要求。在这样的背景下，班主任的教育眼光也应该与时俱进。在众多来稿中，“冠军与冠军精神”吸引了我。仔细阅读了钟老师的文章，不禁为钟老师的做法叫好。

1. 关注学生发展的选题。学校篮球赛，班级夺得了冠军，但钟老师却对学生说，老师心目中真正的冠军不是自己班，而是隔壁班。因为他们班在比赛中，每个同学都参与其中：运动员在场上拼搏；啦啦队员在场边助威；其他同学在场外观看、喝彩。而自己班却明显不如他们，在精神层面上自己班输了。这样的认识让我们感动，不是图表面的荣誉，而是追求实质的发展。这样的选题将影响学生一生。

2. 凝聚全班力量的活动。在发现班级存在的问题后，钟老师抓住时机，利用参加唱红歌比赛的契机，进行了“全班总动员”。从选歌，从策划，从分工，人人出谋划策，个个尽己所能。又通过回顾篮球赛找不足，观看女排赛寻差距，进行了扎扎实实的思想洗礼。

也许有老师会说，正好有个赛红歌的机会。我想，确实正好有个赛红歌的机会，但只要是个有心人，教育时机无处不在，无时不在。

39 扬起理想的风帆

——六年级学生学习有所懈怠怎么办

武汉市万科西半岛小学　汪持群

问题的提出

六年级下学期，临近毕业检测。或许是习惯了压力，或许是进入了第二轮综合练习，不少学生反而松懈，有的表现疲惫，有的感到迷茫，还有的明显烦躁，学习积极性不高。课余，跟学生聊天，谈到先前他们曾立下的“豪言壮语”，学生兴致也不高。

我理解他们的感受，在与科任老师沟通后，我们一方面放慢进度并进行分层作业，另一方面商量着每周进行一次室外趣味活动。但我知道，这些还不够，思想上的“结”还得一节心灵对话的班会来疏解，孩子们需要扬起理想的风帆，以高昂的斗志给小学生活画上完美的句号。

目标的思考

1. 通过活动，让学生知晓理想的重要，初步树立明确的理想。
2. 通过活动，舒缓焦虑，增强信心。
3. 通过活动，鼓励学生为实现理想认真学习，夯实基础，养成良好习惯，努力向前。

课前的准备

1. 学生准备毕业赠言册。

2. 教师准备 3 位学生一年级的照片。

3. 准备宇航员刘洋演讲视频（3 分钟左右）；剪辑宇航员刘洋访谈视频（1 分 30 秒左右）。

4. 教师准备课件。

课时的安排

35 分钟（大班会）

实施的过程

一、话说留言，导入课题

师：同学们，时间过得真快啊！不知不觉，到了写毕业留言的时候了。小学六年的同窗生活，我们结下了深厚的情谊。你们打算给同学写些什么呢？

（预设：学生回答，写祝福；按照留言册的提示写；写几句名言，鼓励同学；祝你早日实现自己的理想，梦想成真；等等。）

师：是啊，激励的语言给人力量，美好的心愿给人温暖，特别是“实现自己的理想”，真是鼓舞人心！仿佛看到理想的风帆蓄势待发！

二、畅所欲言，共话理想

师：现在，我们就来一起聊一聊“理想”这个话题。老师想问问你们，你的理想，你的梦想，你将来想做什么工作啊？

（预设：学生回答，“我”将来想做工程师，想当警察，想当医生，想当明星，想当军人，想当快餐店老板，等等。在学生谈自己的理想时，教师要做必要的追问，比如你为什么想当警察？家里有人当警察吗？比如你为什么想当医生？医生工作很辛苦，你知道吗？这里的交流面要广一点。全班三分之一或更多的学生有发言的机会。当然也有学生会说还没有想好，有学生说现在感到很难或有学生不愿意当众说，老师也不要责备。）

师：看来，大家的理想是五彩缤纷啊！能坦诚地说出自己的想法，很好！

也有的同学勇敢地表达了自己的彷徨与困惑，真棒！针对这一点，我做了些功课，但愿能给同学们启发。

三、聆听故事，分享感悟

师：（出示图片：鲁迅）这是谁？我们读过他的哪些文章？

（预设：学生回答，鲁迅。《少年闰土》《从百草园到三味书屋》《朝花夕拾》《祝福》，等等。如学生说不出，老师做必要的介绍。）

师：他是著名的思想家、文学家、中国现代文学的奠基人之一，你们知道他最初的理想吗？

（预设：学生回答，不清楚，或学生回答，想当一名救死扶伤的医生。）

师：为什么会有这么大的变化。谁能说说？

（预设：学生回答，能大概说出。如说不清楚，老师补充。）

师：我想告诉同学们——（出示课件）

鲁迅 1881 年 9 月出生于浙江绍兴的一个大户家庭。祖父考中进士，曾在京城做官，父亲也曾考中秀才。但在鲁迅 13 岁时，家里遭到一场很大的变故，鲁迅家从此败落下来。而且祸不单行，鲁迅的父亲又得了肺病，经常吐血。鲁迅小时候常去买药，最后还是没能救回来，家业也败光了，所以他立志行医。

他东渡日本，在仙台医学专门学校学习。他想，如果能做一个有本领的医生，就能救治许多穷苦的病人。他暗下决心，一定要早日成才，造福国民。

不久，一件事改变了鲁迅的志向。有一次，在上细菌学课时，教室里放映了一部电影，其中有一个镜头：一群日军抓住一个中国人，说他是俄国人的间谍，要将他枪毙，周围竟然有许多目光呆滞的中国人在看热闹。看完影片之后，日本学生拍手欢呼，而鲁迅的心却被深深地刺痛了。在此后的数月里，他吃不下饭，睡不好觉。他认识到，精神上的麻木比身体上的虚弱更可怕，民众麻木的心灵是无法用药治好的。

他下定决心弃医从文，用笔作为医药来救治中国人麻木的灵魂，为改造国民精神而奉献自己的一生。从此，鲁迅把写作作为自己的终生事业。毛泽东主席评价他是伟大的文学家、思想家、革命家，是中国文化革命的主将。

他理想的转变，给你什么启示？

（预设：学生回答，理想随着年龄、阅历改变；有时候个人的理想还会与时代的发展、国家的命运有关；不管是确立什么理想，都需要不懈的努力；

等等。)

师：说得真好！(出示刘洋没穿宇航服的图片) 这一位，又是谁？

(预设：大部分学生不知道，如果能说出姓名，请学生简单介绍，原来她叫刘洋，我国第一位女宇航员。)

师：我们来听一听她的成长故事。(出示课件，讲述)

刘洋1978年出生于河南郑州，人生中的第一个理想——当一名公交车售票员。随着年龄的增长，刘洋曾想过当医生，当老师，当科学家。在1997年的时候，19岁的刘洋参加了高考，并且考出了比当地重点院校高出31分的好成绩，加上她本身优秀的身体素质，由此进入了空军长春飞行学院就读，成为我国在河南招收的首批女飞行员。

在学校里，刘洋仍然保持着旺盛的学习热情，如饥似渴地"吞食"着各种各样的知识，在大学的表现也一直名列前茅，2001年毕业后就被分配进入了广空航空兵。刘洋曾说："我在空军一共飞了1680小时，我当时最大的梦想就是有一天能够飞遍我们祖国的大大小小所有的机场。"为此，她努力着。寒来暑往，很快又过去了9年的光阴，因为在军队中的表现十分突出，飞行技术和个人素质也表现优异。在2010年的时候，她就被选为了航天员候选人之一，成为我国第二批航天员。

成为一名女宇航员，既光荣，又充满挑战。我们来看下面这段视频。(播放刘洋演讲的视频。视频概况：刘洋说我们都有航天梦。介绍了入选为宇航员后对理想的坚持与为实现梦想的艰辛付出，并寄语小朋友们：人生只要尽到自己最大的努力，就不会有遗憾。)

师：听了宇航员刘洋的追梦历程，我想大家一定有许多话要说。

(预设：学生回答，人要有理想；理想可能会改变，但一直要努力；机会是给有准备有实力的人的；在离心机上训练的介绍真让我佩服。)

师：大家的感想很多。所有航天员都要接受高强度的训练，支撑刘洋坚持下来的是什么？

(预设：学生回答：是心中的梦想，是坚守的信念，是尽到自己最大的努力，不留遗憾。)

师：心中的理想，坚忍的意志，让刘洋最终坚持了下来，通过选拔，在2012年，刘洋就跟着航天员景海鹏、刘旺共同乘坐神舟九号飞船上了天，圆满完成了神舟九号跟天宫一号的对接任务，为我国空间站的建设做出了极大贡献。刘洋也由此成为我国第一个真正上了天的女宇航员。刘洋说："我觉得支撑一个人梦想、理想的其实是这个伟大的时代，是我们国家的发展，是科技的进步，点燃了我成为航天员的梦想。”（出示课件）理想，看似是个人的事，家庭的事，其实，也是关乎国家命运的事。如果我们每一位同学，都心存理想，心中有追求，并克服困难，努力实现个人梦想的同时，何尝不是在为实现中国梦添砖加瓦。正所谓“少年强，则国强”。

说到这里，对理想、对人生目标进一步明确或信心增强了的请举手。

（预设：绝大多数学生举手。）

四、情景思辨，寻找对策

师：理想被点燃，心中的光与热需要行动给予能量。目前，我们正处于毕业前夕，大家处于紧张的学习生活中，会出现一些新的情况。比如：（出示课件）

情景题一：小华最近一想到要毕业检测，就无论干什么都提不起精神，跟父母、同学交流，没说几句，就烦躁了，晚上也常常难以入眠。

遇到这种情况，该怎么应对呢？

（预设：学生回答，这是情绪紧张的表现，要想办法让自己放松；听听自己喜欢的音乐；和好朋友来一场篮球赛；看场“搞笑”的电影；积极参加集体活动；等等）

师：面对这种情况，我们还可以采用想象平静法，让自己平静下来，放松一些。我们闭上眼，想自己喜欢的味道，比如新鲜柠檬的味道，深吸一口气，沁人心脾；想象躺在自己柔软的小床上，真舒服；想象来到河边、大海边，风儿轻抚小脸，鸟儿自由翱翔，细浪缓缓涌来；等等。让自己平静下来。

我们还可以回想在成长的历程中，曾经是如何越过一道道坎，闯过一道道关，我想，一定就是勇于面对，冷静应对，必要时寻求帮助。每个年龄都有自己应该承受的压力，勇敢点！“不经历风雨怎么见彩虹！”现在看第二题：（出示课件）

情景题二：午后，小天在座位上漫无目的地翻着练习册。好朋友小宇走过来，询问情况。得知小天昨天的语文选择题 10 题错了 3 题。这样的正确率在全班算倒数了。临近期末测试了，这对曾在报刊上发表过习作、怀揣文学梦的小天来讲，是一个“打击”。面对这样的情况，我们该怎样帮助他呢？

（预设：学生回答，小天应该振奋起来，不能一次没有考好，就否定自己；

应该感谢这次测试，暴露了自己的不足，发现了存在的问题；等等。）

师：同学们说得真好！最后的这段时间，我们更是要静下心来，稳住神。测试，不仅是检测知识，更是检测通过六年的学习是否养成了良好的学习习惯与心理素质。从一件件小事做起，培养好习惯。

刚才，我们看了宇航员刘洋的访谈，她谈到了第一次离心率训练，让她呕吐，让她哭泣，教员告诉她，她离优秀还有差距。我们知道，她最终克服了困难，她是怎么做的呢？我们来观看视频。（播放视频。视频简介：刘洋怎样做，才达到训练要求的。）

现在请同学们来谈一谈你的感想。

（预设：学生回答：她针对这个项目，反复练习；她认定目标，合理规划时间、抓紧时间、挤出时间，刻苦练习。）

师：刘洋，要实现宇航员的理想，体能方面得经历上百个科目的考验，离心力的训练，对于宇航员来说，是基础中的基础；对于我们，语文学科，病句辨析是基础知识之一，数学是计算，英语就是单词，这一阶段，我们要夯实基础，做扎实。在实践中不断突破自我、完善自我。就如刘洋所言：梦想从来不会轻轻松松实现。

理想与信念鼓舞我们行得远，良好的习惯与心态，过硬的本领保障我们行得稳，行得踏实！我相信，小天听了同学们的建议，一定会如释重负，重新鼓足劲为自己的理想而努力奋斗！

五、回顾成长，激励前行

师：今天，我们聊了很多。我大致了解了大家为什么出现懈怠，通过这节班会课，能说说你知道下一步该怎么办吗？

（预设：学生回答，要有理想，朝着目标克服困难，努力很重要，坚持很重要；要积极乐观地评价自己并保持这样的心态；学习上的难点，谁都会遇到，要用合适的方法去应对；等等。）

师：是啊，信心足了，精神振奋了，再谈理想，我们眼里都闪着光。请看这组图片（出示3位学生一年级的照片）。和现在比，他们的共同点是什么？

（预设：学生回答，都长高了，壮了！）

师：再看看你们自己，也都长高了，长壮了！你们是在哪一天长高的，长壮的？

（预设：学生说不知道或摇头。）

师：是的，我们说不上在这两千多个日子里自己是在哪一天长得这样颀长、茁壮！但我们每一位同学，都在努力成长！从点滴做起，正是“不积跬步，无以至千里；不积小流，无以成江海”，我们要为自己的理想不懈努力！

六、互写赠言，共绘明天

师：此时，你想给自己或小伙伴，写些什么呢？说说看。

（预设：学生回答，有关勇敢追求理想的诗句、名言或话语。指名 3～4 位同学发言即可，鼓励个性表达。）

师：请大家翻开留言册，写下对自己、给伙伴的赠言吧！

（预设：生写赠言，师巡视，相机写下给学生的鼓励话语。）

师：部分同学已经洋洋洒洒写下了对同学的赠言！我们请几位来读一读。

（邀请 4～5 位同学诵读。）

师：刚才，老师也在有的同学的留言册上写下了几句话。现在我把它送给全班同学。（出示课件：长风破浪会有时，直挂云帆济沧海。）

（全班同学诵读。）

师：读得有气势！鼓足的风帆必会乘风破浪，砥砺奋进。让我们浩浩荡荡一路携手同行！部分赠言没写好的同学，课下继续写，请组长推荐出优秀作品，下周一晨会时我们再交流。

最后，老师希望同学们扬起理想的风帆，以高昂的斗志为小学生活画上圆满的句号，为初中生活的启航做好充分的准备吧！

思考与建议

本节班会课，根据毕业前夕学生会因多种原因出现懈怠的现状，选取理想教育的角度来设计，通过交谈、观看、讨论等形式让学生说真话、说困惑、说收获，引导、激励学生了解“理想”，不畏困难，奋发向上。

学生因年龄的原因，理想可能不太确定或者处于变化时期，用鲁迅的故事，告诉学生，这是很正常的事情，不必因此不好意思说理想，更不必感到彷徨，让学生从心理上接受这个话题，轻松地进入接下来的活动。同时，也是对有此困惑的学生认知上的指引。具体的理想可能会有变化，但努力与付出不变，不断进取才可能成为“理想”的自己。

航天员刘洋的故事，孩子们很喜欢。第一个视频的观看与讨论，是让学生明白“有理想、有追求”的意义，这是从思想上进行的引导；第二个视频结合情景二，力图让学生通过实例明白“行动力”的意义，这是从行为上进行的引导。

情景题则根据班情来设计。情景一，就学生心理问题来展开。情景二，就学生学习上存在的困难来讨论。

整节课，力图让学生真正投入其中，言必由衷，话题设置贴合学生生活是基础，我认为，平常走近学生，关心学生，多与他们交流，走进他们的心灵，他们才会在师生对话、生生对话中敞开心扉，这是达成教育目标的根本保障。

点评

汪老师的这节课是小学六年级结束阶段的班会课，也是本书的最后一节课。作为小学教育的收官之作，我们可以有较多的选题。汪老师的这节课认真谋划，彰显特色，其中有三点让我印象深刻：

1. 关注日常，立足高远。这节课紧扣学生的实际设计，六年级的总复习让不少学生感到疲倦，学习懈怠，干劲不足。这时需要鼓劲，需要振奋精神。汪老师不是简单地就事论事，而是立足高远，和孩子们谈理想，交流心中敬仰的英雄人物的成长故事，从中汲取精神的力量。这种重在治本的做法，我很赞同。

2. 聚焦问题，形成共识。“班会课，就是要解决问题”，汪老师认真梳理存在的问题，着眼于问题的解决。特别是情景思辨题的设计，紧扣班情，各有侧重，对学生出现的问题不回避、不忽略，认真研讨，力求形成共识。

3. 首尾呼应，突出重点。开头从写留言卡谈起，最后再鼓励学生写好留言卡。从形式看，首尾呼应，从内容上看，既有对一年级往事的回顾，更有对当下的思考，对今后的展望。有发展，有提升，而发展、提升都紧扣是否有理想，是否为实现理想开始了不懈的努力。

小学是学生学习成长的初始发展阶段，而六年级到了学生学习成长的重要阶段。从学生成长考虑，从国家发展考虑，这一阶段加强理想教育是十分重要的。让我们扬起理想的风帆，坚定地向着光明的彼岸出发！